Strategy and Practice
of Performance Testing in the Banking Data Center

数据中心一体化运营管理三步曲

银行业数据中心
性能测试的策略与实践

主　编／杨志国
副主编／臧大庆

人民邮电出版社
北京

图书在版编目（CIP）数据

银行业数据中心性能测试的策略与实践 / 杨志国主编. -- 北京：人民邮电出版社，2019.8
ISBN 978-7-115-51584-1

Ⅰ．①银… Ⅱ．①杨… Ⅲ．①银行－数据管理－性能－测定 Ⅳ．①F830.49

中国版本图书馆CIP数据核字（2019）第132062号

内 容 提 要

本书从银行业数据中心性能测试的概述、管理体系建设、环境管理、项目群管理实践、方法论、工具和技术、案例以及新趋势探索几个方面做了深入全面地阐述，本书内容深入浅出、理论联系实际，特别适合金融业管理者、数据中心管理人员、数据中心监管部门人员、相关技术人员阅读，也适合作为数据中心的设备厂商的技术和销售人员的参考用书。

◆ 主　　编　杨志国
　　副 主 编　臧大庆
　　责任编辑　王建军
　　责任印制　马振武

◆ 人民邮电出版社出版发行　　北京市丰台区成寿寺路 11 号
　　邮编　100164　电子邮件　315@ptpress.com.cn
　　网址　http://www.ptpress.com.cn
　　大厂聚鑫印刷有限责任公司印刷

◆ 开本：690×970　1/16
　　印张：17　　　　　　　　2019 年 8 月第 1 版
　　字数：280 千字　　　　　2019 年 8 月河北第 1 次印刷

定价：128.00 元

读者服务热线：(010)8105493　印装质量热线：(010)81055316
反盗版热线：(010)81055315
广告经营许可证：京东工商广登字 20170147 号

学术指导

李世京　陶海昆　丁富力　宋　立
傅永恒　颜永国　徐雷鸣

编 委 会

推荐语（一）

目前，国内大型商业银行都在加快全球化网点的布局，致使其数据中心直接面临日趋严格的海内外监管要求，面临新技术日新月异、业务需求旺盛等诸多挑战，如何在这些技术变化、业务挑战发生时确保数据中心运维系统的强壮性，预判生产峰值并提出有效的预防及应对措施，性能测试的管理和实施作为其中的一项手段，可以有效地解决这些难题。编者站在数据中心运维的角度，提出利用数据中心的技术及资源优势，通过有效的性能测试管理及实施，保障生产安全。这样的观点及策略是编者在数据中心工作三十余年的工作经验及理论研究的总结。我相信这本书不仅可以作为软件性能测试从业人员的专业技术指导书，也可以为从事数据中心运维的管理及技术人员提供有效的帮助。

2019.7.30

推荐语（二）

　　互联网金融为传统金融业带来深刻的变革，是机遇也是挑战。本书提供了在这个大背景下银行业数据中心性能测试的实施策略和实践经验，除了探讨银行产品的传统性能测试外，还探索了敏捷和持续交付模式下的性能测试，相信本书可以激发从业者的思考和讨论。

推荐语（三）

性能测试工作对保证银行系统稳定运营有着至关重要的作用，如何降低测试管理成本，提高测试效率，将测试结果与生产快速、紧密地结合，是银行业追求的共同目标。本书详细描述了大型商业银行数据中心在多年应用系统性能测试实践中摸索、总结出的宝贵经验，不仅对于银行业，对于不同行业性能测试工作都有借鉴和参考的意义。

推荐语（四）

服务的受众和服务提供方是一枚硬币的两面。互联网金融除了让用户享受到越来越便捷的线上金融服务，同时也让用户变得越来越"挑剔"，在用户体验至上的今天，不乏由于线上服务的卡顿引来用户的抱怨甚至投诉。站在服务提供方的角度看，我们身处在 VUCA(Volatility，Uncertainty，Complexity，Ambiguity) 时代，要在竞争激烈的市场中取得优势，我们就必须能够迎接多变和复杂环境的挑战。

科技赋能金融，一项金融服务的推出，背后意味着支撑这项金融服务的软件系统的升级和投产。作为金融行业里的 IT 从业者，深感功能性测试仅只是及格测试。非功能性测试，尤其是性能测试越来越突显其重要性！

本书内容源于大型商业银行丰富的测试经验的总结。从性能测试建模到测试方法论，从测试项目管理到与服务管理体系的融合，从测试技术工具到测试环境管理，从实践总结到案例分享，从传统软件测试到敏捷、DevOps 模式下的性能测试，全面、系统地覆盖了银行业软件测试的各个方面。本书内容详实，堪称金融行业，乃至其他行业软件测试从业者的一本实用宝典。

北京趋势引领信息咨询有限公司

董事长

序一

　　当今，我们生活在一个科技日新月异的新时代，互联网的发展和金融科技浪潮的兴起，正深刻改变着人们的行为方式，重塑着商业模式和金融生态。对于传统银行业，这既是机遇也是挑战。以技术为驱动，紧跟技术发展趋势，深度运用大数据、云计算、人工智能等新技术成果，结合业务场景实现各类技术的综合运用，促进技术与业务的融合发展，将成为银行业未来发展的必然方向。

　　因此，信息科技已成为银行业金融机构增强竞争力和抵御风险的关键。而数据中心作为银行信息科技应用服务的提供中心，承载着银行的核心运营、核心计算和核心存储。银行业务的开展和发展离不开数据中心的支持和保障，一个高效、稳定的数据中心是必不可少的。

　　银行业的服务对象是银行内外部客户，客户的体验感受是我们从业人员最关注的事情。响应快速、系统稳定、承压能力强是我们对银行业应用系统共同的目标和追求。保障银行业应用系统能够在高负载压力下稳定运行，银行业务能在多人同时使用时顺利进行，对银行业的应用系统开展性能测试是一条非常有效的途径。因此，性能测试工作也日益受到银行业的重视。由于性能测试的特殊性，测试结果是否有效、可靠很大程度上依赖于测试环境、测试数据、测试场景与实际生产的一致性。将性能测试工作纳入银行业数据中心的管理中，可以充分利用数据中心自身的特点和优势，降低管理成本，提高测试效率，便于将测试结果与生产快速、紧密地结合，形成测试、投产、运维的充分互联。

　　银行应用系统的性能水平在一定程度上标志着银行数据中心的技术能力水平，也反映了银行为客户提供服务的能力水平。本书从管理体系、测试环境、方法工具等几个方面对如何在银行业数据中心开展性能测试工作做了详尽的阐述，并对银行业数据中心未来性能测试的技术和发展方向进行了探索和展望，具有较强的指导和实践意义。衷心希望本书能够对银行业数据中心，尤其是性能测试相关的从业人员有所裨益，共同推动我国银行业金融机构服务能力和服务水平的不断提升。

序二

本书是编者主编的银行业数据中心一体化运维管理三部曲的第三部,前两部分别是《管理体系在银行业数据中心的创新与实践》《应急管理在银行业数据中心的策略与实践》。这三本书是编者从业三十余年银行业数据中心工作经验的总结和理论提炼,其中囊括了大型商业银行数据中心的管理体系建设、应急能力提升、运维质量控制等相关内容。

众所周知,商业银行的数据中心是其业务系统可持续运营的"心脏",如何通过有效的"健康性体检",验证这颗"心脏"是否强壮,是否可以有效支持所有"器官"7×24 小时正常运转,训练并优化这颗"大心脏"有能力应对运转的峰值压力,这就是性能测试在数据中心要发挥的作用。

大型商业银行基于 IT 运维实践,将与银行业务系统运维联系更紧密的性能测试纳入数据中心统一管理,在发挥原有性能测试技术专长的基础上延伸技术测试领域,充分发挥数据中心基础环境及系统管理等方面的技术特长和优势,将原有性能测试以项目为主体、生产需求为辅的测试模式发展为两者并重、更好地为生产保驾护航的测试模式,让性能测试直接体现生产运维需求及效能,优先解决生产上可能出现的非业务功能问题,重点保障运维特殊时点的系统承压能力,加大对生产系统的性能调优验证,有效防范生产风险,保证生产平稳运行,正是本书力图展示给读者的核心内容。

本书依然从运维体系建设的角度出发,以性能测试管理作为体系建设的一个切入点,重点介绍了性能测试在大型商业银行数据中心管理、实施的方法、规范和流程,通过性能测试在数据中心落地的最佳实践,阐述了性能测试在银行业数据中心质量控制体系中扮演的重要角色。本书既有性能测试管理、实施的理论及方法,也有具体的实践和案例,由浅入深,希望能为读者在测试管理、性能测试实施等方面带来有效的指导和借鉴,也能为数据中心运维从业同仁在提高安全生产关键性能指标、持续降低运维成本等方面提供参考。

杨志国

前言

本书以我国银行业数据中心性能测试实践为基础，旨在为我国金融行业或其他行业数据中心性能测试管理实施的策略与实践贡献微薄之力。本书以 A 银行为示例，总结我国银行业数据中心参考国内外标准或实践所建立的性能测试管理体系和性能测试方法论，并基于银行业数据中心特点和实践经验展开介绍经典测试案例与工具技术，为银行业数据中心性能测试的发展提供知识共享。

本书假设 A 银行为商业银行，其 IT 组织架构为"一部两中心"，分别是信息科技部、软件中心和数据中心。测试职能按照测试类型及下属机构原职能特点划分归属，开发中心承担功能测试职能，数据中心承担性能测试职能。

本书共分 8 章，包括概述、银行业数据中心性能测试管理体系建设、银行业数据中心性能测试环境管理、银行业数据中心性能测试项目群管理实践、银行业数据中心性能测试方法论、银行业数据中心性能测试的工具和技术、银行业数据中心性能测试案例、银行业数据中心性能测试新趋势探索。

本书以 A 银行数据中心性能测试管理体系解析为主线，涵盖了 A 银行数据中心性能测试从环境管理、项目群管理到具体项目的性能测试方法论、工具技术和丰富测试案例，并展望与敏捷、DevOps、容量管理相结合的性能测试发展新趋势。本文立足实践，重于实用，案例翔实，易于上手。

本书的主要读者对象包括银行业数据中心管理者、银行业数据中心管理人员、性能测试从业人员、应用性能管理人员，以及在测试和性能测试等前沿领域从事研究工作的学者等。本书可作为性能测试从业人员的教材使用，也可供各类金融业数据中心关注应用性能管理的运维人员和管理人员等参考阅读。

作者
2019 年 5 月

目录

第 1 章

概述

1.1 银行业 IT 建设

随着信息相关技术的快速发展并融入各个领域，IT 技术的无处不在也使其被赋予更多的商业职能。一方面对信息技术的高度依赖，另一方面也让银行信息系统的安全性、可靠性和有效性直接关系到整个金融体系的安全与稳定。伴随着信息行业的飞速发展，信息化大数据成为趋势，新兴应用不断深化，银行业 IT 建设进入快速发展的阶段。未来几年将是我国银行业通过科技创新进行业务和管理再造，实现可持续发展和建设现代商业银行的重要时期，新业务、新产品的不断推出对科技创新提出了更高的要求和更大的挑战。

1.1.1 银行业 IT 职能

商业银行的 IT 部门主要是负责全行业务处理软件的开发及综合业务系统的运行和维护，比如：根据总行的经营规划，负责研究、拟订并组织实施本行电子化建设中长期发展规划和年度规划；负责计算机及网络等设备的选型及管理；负责全行计算机系统的建设、指导和安全运转；负责全行科技应用开发，制定技术开发规章制度；负责组织实施软件开发和改良工作；负责综合业务信息的汇总、分类分析和反馈；负责总行新产品开发委员会的日常事务等。其中，IT 技术类管理委员会负责管理 IT 技术人员，同时负责制定、解释和修改各类专业技术职务任职标准及考核办法。

从 IT 部门的职能定位中可看出信息科技在银行业中所具有的基本特征：首先，IT 信息技术为银行业务处理搭建了操作平台；其次，为银行管理信息化的实现提供了保障，如集中式信贷管理、财务管理、代理业务分析、支付信息分析、银行卡业务统计分析等应用系统都分别从内部管理和业务经营分析方面为银行管理提供了信息平台；最后，银行 IT 为各商业银行的战略决策提供依据。一个完善的信息系统包括了数据采集、数据提取、数据加工、形成决策报告和对外信息披露等决策子系统，这些都为银行管理层的战略决策提供强有力的信息依据。

1.1.2 银行业 IT 组织架构

不同业务性质和发展阶段的企业，对组织架构功能的要求是有所偏重的。在创业期，企业尤其是互联网企业通常要求具备较高的运作效率，组织架构以直线职能为主，强调高效率。大型企业尤其是金融性质企业更关注风险控制和持久经营，因此更多地强调高效能和安全性。银行业 IT 部门建立合理的组织架构形式和清晰明确的职能定位，对于达成业务目标，实现高效能、高效率、高安全性的信息系统运维具有巨大的牵引和指导作用。合理的组织架构设计能够引导合理的流程流转、紧密的部门协作、清晰的职能界定、规范的责权设定，同时也有利于充分调动人的主观能动性，让组织架构的效率充分体现出来，实现人事相宜，上下同心。

目前，国内外商业银行信息科技体系普遍采用的组织架构有两种模式，分别是"一部三中心"和"一部两中心"。

1. "一部三中心"

"一部三中心"中的"部"是指总行本部信息技术类的管理部门，一般称为"信息科技部""技术管理部"或"信息技术部"，负责全行电子化建设的组织和管理，制定全行信息科技发展规划、制度和办法，组织全行科技项目管理、信息工程建设和安全运行。信息科技部属于银行 IT 线的最高机关，编制人员较少，通常会划分规划、安全、项目、采购等具体职能团队，主要职责为项目管理、技术架构管理、技术和项目的协调、IT 资源采购、下属单位及分行科技管理等。

"三中心"指管理机关下属的"数据中心""开发中心"与"测试中心"，但是三中心仅是逻辑概念，并不是说只有一个数据中心或一个开发中心。

从管理职责的角度来看，数据中心是承担信息化技术体系建设和运行维护管理的部门，其主要职责是组织实施信息技术的运行维护及管理工作；承担信息数据的安全管理与实施工作；指导单位或公司系统内信息化技术体系的建设；参与编制单位或公司系统信息化建设规则。大致工作包括机房建设与管理、终端设备管理与维护、数据库的建设与维护、存储管理与查询、主机与服务器管理、系统软件管理、网络管理、安全管理、电子设备采购协助、技术支持与培训、应用软件维护等。

数据中心往往采取"两地两中心"或"两地三中心"的互备模式，即一个"生产中心"，一个与"生产中心"在同一座城市的"同城灾备中心"，一个与"生产中心"不在同一城市的"异地灾备中心"。组织架构中往往设立专门的容灾领导小组或职能部门。

开发中心一般会根据开发的具体内容划分，具体工作是把业务需求转化为技术需求，根据技术需求制作出软件产品，交付测试中心验证，然后交付数据中心投产。此外，开发中心与企业内部各部门（诸如信息规划部、信息安全部、数据中心、审计部门、采购部门等）均需要保持良好的互动和密切的配合，因此也会考虑增加相关的职能子部门。

开发中心主要是根据系统所属的业务条线或事业部条线进行划分的；如果按照业务条线或所属领域划分的话，大致可以分为核心应用开发、电子银行开发、中间业务开发、管理信息类开发等条线。另外，开发中心也会按照事业部条线进行划分，这样做能够更有针对性地开展工作，和业务部门的结合更加紧密，一般会划分为零售银行开发、公司银行开发、金融市场开发、其他事业部开发等条线。同时，随着热门技术或领域的推广，例如大数据、移动互联网、智慧银行、金融创新等，开发中心为了更好地在这些领域深耕，在中心划分上也会体现这一点，例如划分出大数据应用开发中心、智慧银行开发中心、金融创新开发中心等。

测试中心的工作内容大致可以分为测试管理工作、测试资源的管理、版本管控、测试实施等，作为独立的职能机构行使针对软件产品质量的测试及验证工作，并最终对软件产品的质量进行评价。与开发中心的划分原则大致相同，原先是采用业务条线划分的方法，后续也相应改为以事业部条线进行划分，这也是为了和业务、开发结合更紧密，更有利于测试工作的开展。该模型能够较好地保证测试职能的独立性。

2. "一部两中心"

与"一部三中心"模式的主要区别在于测试职能在组织架构中的归属。通常又有以下两种方式。

① 测试职能归属开发中心。

测试作为开发中心的一项职能，通常以开发中心下设部门的形式存在，该架构是银行业的传统做法。便于产品交付前全流程的项目管理，有利于开发与测试的协作沟通和资源平衡。同时，测试的独立性将受到削弱。

② 测试职能按照测试类型及下属机构原职能的特点划分归属，开发中心承担功能测试职能，数据中心承担性能测试职能。

对于"一部三中心"和上文第一种"一部两中心"模式都存在一个劣势，即对于运维相关的性能需求可能因组织架构受限而存在沟通壁垒，虽然业务功能达到预期，然而技术架构、可维护性、性能承载各方面仍存在较大风险。

实践表明，将与银行生产系统运维联系更紧密的性能测试纳入生产维护部门统一管理，能更有效地防范生产风险，直接体现生产运维需求及效能，优先解决生产上可能出现的非业务功能问题。

本书将要介绍的内容即是基于最后这一种架构模式，将性能测试及其相应的管理方法和实施规范组成了数据中心测试质量控制体系，成为保证安全生产的关键环节。

1.2　测试的概念与分类

1.2.1　测试的基本概念

从 1946 年第一台计算机产生开始，就有了"程序"的概念。随着计算机软件和硬件的飞速发展，计算机应用范围越来越广泛，软件的规模和复杂性与日俱增，软件的质量也开始越来越难以控制。因此在 20 世纪 50 年代后期，人们开始认识到软件测试的重要性，软件测试理论与技术也逐步发展和成熟。

1983 年，美国电气和电子工程师学会（The Institute of Electrical and Electronics Engineers，IEEE）提出的软件工程标准术语，软件测试定义如下："使用人工和自动手段来运行或测试某个系统的过程，其目的在于检验它是否满足规定的需求或是弄清预期结果与实际结果之间的差别"。

1990 年，IEEE 再次给出软件测试的定义如下：

① 在特定的条件下运行系统或构建，观察或记录结果，对系统的某个方面做出评价；

② 分析某个软件项以发现现存的和要求的条件的差别并评价此软件项的特性。

现在的软件开发是以软件工程理论为基础的，开发过程分为需求分析、设计、编码等，除了对系统编码进行测试，还要检查和评审软件系统相关文档，以确认这些文档的内容是否满足用户需要。软件产品由文档、数据和程序组成，那么软件测试就是对软件开发过程中形成的文档、数据以及程序进行相关的测试。

质量特性决定测试内容，如图 1-1 所示质量特性包括功能性和非功能性：功能性要求是描述软件系统的行为；非功能性要求是描述软件系统的性能或可用性，包括效率、安全性、可靠性和其他很多方面。

所以，测试也分为功能测试和非功能测试：功能测试是根据需求进行功能上的测试，即根据产品的需求规格说明书验证产品的功能实现是否符合产品的需求规格；非功能测试则针对更广泛的质量问题进行测试，包括性能测试、安全性测试、易用性测试、可维护性测试和兼容性测试等。非功能测试有时也被称作行为测试或质量测试，非功能测试的众多属性的一个普遍特征是一般不能直接测量，这些属性可以被间接地测量。

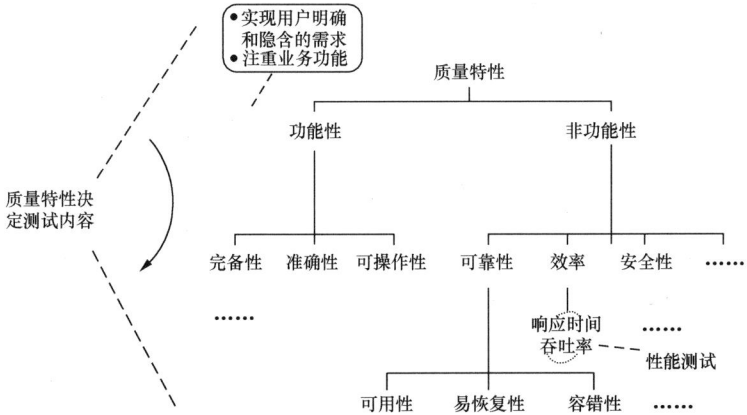

图 1-1　质量特性决定测试内容

1.2.2　功能测试分类

软件测试的策略、方法和技术是多种多样的，可以从不同的角度进行分类，如图 1-2 所示。

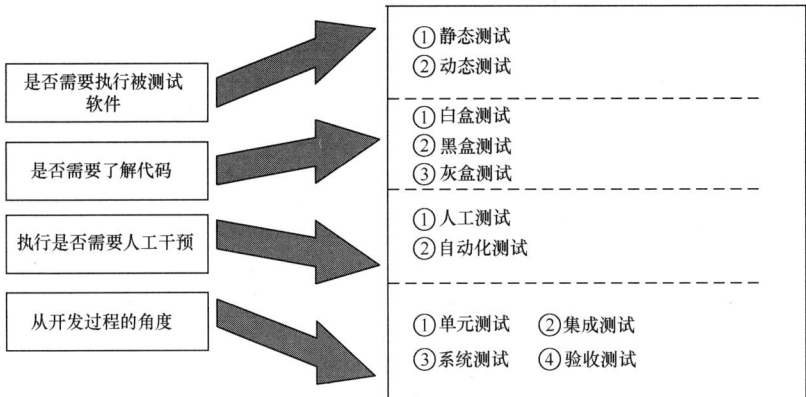

图 1-2　不同角度的软件测试分类

① 根据是否需要执行被测试软件的角度划分为静态测试与动态测试。

静态测试指不需要执行被测软件，而是采用分析和查看的方式来发现软件中的缺陷，包括需求文档、源代码、设计文档以及其他与软件相关文档中的二义性和错误。从理论上讲，静态测试应从项目立项开始后即可以进入测试，然后始终贯穿整个项目的过程中。有统计表明，使用这些技术能够有效发现 30% ~ 70%

的逻辑设计和编码的错误。

动态测试指通过运行实际的被测试软件，通过观察程序运行时所表现的状态、行为等来发现软件的缺陷，并对被测程序的运行情况进行分析对比，以发现程序表现的行为与设计规格或用户需求不一致的地方。

② 根据是否需要了解代码的角度划分为白盒测试、黑盒测试与灰盒测试。

白盒测试又称为结构测试或逻辑驱动测试，是针对被测试程序单元内部如何工作的测试，特点是基于被测试程序的源代码，而不是软件的需求规格说明。

黑盒测试将被测程序视为一个不能打开的黑盒子，注重程序的外部结构，主要对软件功能要求、软件界面、外部数据库访问及软件初始化等方面进行测试。

灰盒测试是介于白盒测试与黑盒测试之间的一种测试，多用于集成测试阶段，不仅关注输出和输入的正确性，同时也关注程序内部的情况。

③ 根据是否需要人工干预的角度划分为人工测试与自动化测试。

人工测试指在测试过程中，人工地按照测试计划一步一步执行程序，得出测试结果并分析的测试行为。

自动化测试指的是利用测试工具对各种测试活动的管理和执行，并对测试结果自动进行分析。在测试执行的过程中，一般不需要人工干预。

④ 从开发过程的角度划分为单元测试、集成测试、系统测试和验收测试等。

单元测试是在软件开发过程中要进行的最低级别的测试活动，或者说是针对软件涉及的最小单位——程序模块进行正确性检验的测试工作。这些最小单元可以是一个类、一个函数或一个子程序。

集成测试又称为组装测试或者联合测试，是根据实际情况采用适当的集成测试策略将程序模块组装起来，对系统的接口以及集成后的功能进行正确性检验的测试工作。

系统测试就是将已经集成的软件系统作为整个计算机系统的一个元素，与计算机硬件、外部设备、某些支持软件、数据和人员等其他系统元素结合在一起，在实际运行（使用）环境下，对计算机系统进行一系列的集成和确认测试。

验收测试通常是系统测试的延续，是以用户为主的测试，由用户参加设计测试用例，在用户界面输入测试数据，并分析测试的输出结果。验收测试的目标是验证软件是否符合用户的各项需求。

1.2.3　性能测试分类

软件的性能是软件的一种非功能特性，它关注的不是软件是否能够完成特定的功能，而是在完成该功能时展示出来的及时性。性能关注的是软件的非功能特性，所以一般来说性能测试介入的时机是在功能测试完成之后。另外，由定义中的及时性可知性能也是一种指标，可以用时间或其他指标来衡量。

性能测试是指通过自动化的测试工具模拟多种正常、峰值以及异常负载的条件来对系统的各项性能指标进行测试。性能测试的分类包括以下几点。

① 基准测试：在给系统施加较低压力时，查看系统的运行状况并记录相关数作为基础。

② 负载测试：是指对系统不断地增加压力或增加一定压力下的持续时间，直到系统的某项或多项性能指标达到安全临界值，例如某种资源已经达到饱和状态等。

③ 压力测试：压力测试是评估系统处于或超过预期负载时的运行情况，关注点在于系统在峰值负载或超出最大载荷情况下的处理能力。

④ 稳定性测试：在给系统加载一定业务压力的情况下，使系统运行一段时间，以此检测系统是否稳定。

⑤ 并发测试：测试多个用户同时访问同一个应用、同一个模块或者数据记录时是否存在死锁或者其他性能问题。

性能测试应用场景（领域）主要有能力验证、规划能力、性能调优、缺陷发现、性能基准比较，表 1-1 简单介绍和对比了这几个场景的各自用途和特点。

表1-1　性能测试的主要应用场景对比

	主要用途	典型场景	特点	常用性能测试方法
能力验证	关注在给定的软硬件条件下，系统能否具有预期的能力表现	在要求平均响应时间小于 2s 的前提下，如何判断系统是否能够支持 50 万用户/天的访问量	① 要求在已确定的环境下运行 ② 需要根据典型场景设计测试方案和用例，包括操作序列和并发用户量以及需要明确的性能目标	① 负载测试 ② 压力测试 ③ 稳定性能测试
规划能力	关注如何使系统具有我们要求的性能能力	某系统计划在一年内用户增长量达到×××万，系统到时候能否支持这么大的用户量？如果不能，需要如何调整系统的配置	① 它是一种探索性的测试 ② 常用于了解系统性能和获得扩展性能的方法	① 负载测试 ② 压力测试 ③ 配置测试

	主要用途	典型场景	特点	常用性能测试方法
性能调优	主要用于对系统性能进行调优	某系统上线运行一段时间后的响应速度越来越慢，此时应该如何办	每次只改变一个配置，切忌无休止地调优	① 并发测试 ② 压力测试 ③ 配置测试
缺陷发现	缺陷发现或问题重现、定位手段	某些缺陷只有在高负载的情况下才能暴露出来，如线程锁、资源竞争或内存泄漏	作为系统测试的补充，用来发现并发问题，或是对系统已经出现的问题进行重现和定位	① 并发测试 ② 压力测试
性能基准比较	常用于敏捷开发的过程中，敏捷开发流程的特点是小步快走，快速试错，迭代周期短，需求变化频繁。很难定义完善的性能测试目标，也没有时间在每个迭代开展详细的性能测试，可以通过建立性能基线，通过比较每次迭代中的性能表现变化，判断迭代是否达到了目标			

1.2.4 功能测试与性能测试的比较

功能测试和性能测试是最常见的测试类型。软件的功能和性能都是来自于用户需求：功能是指一般条件下软件能为用户做什么，能够满足用户什么样的需求，重点在于"做什么"，关注软件"主体"发生的"事件"；性能是衡量软件好坏的重要因素，重点在于"做得如何"，表现为软件对"空间"和"时间"的敏感度（资源和速度）。所以，功能测试关注是否实现产品的所有功能，性能测试主要关注与产品整体的多用户并发下的稳定性和健壮性。就如银行的网银产品，是否能按业务需求实现用户登录、账户管理、转账、购买理财产品等功能，这是需要靠功能测试来判定的；而对网银的响应时间、交易吞吐量、并发用户数、资源使用率、系统运行的平稳性等，这就需要靠性能测试来判定。

从测试目标上看，功能测试的主要目的是发现（和改正）软件缺陷，使软件满足用户的功能需求；由于软件的性能在开发时难以精准确定，而且影响软件性能的因素不仅仅包括软件本身，因此软件性能测试的目标不仅仅是发现（和改正）性能缺陷，还包括探索和规划软件的实际性能，比如进行性能调优等工作。从测试方法上看，软件的功能测试可以是手工测试，也可以是自动化测试，常采用黑盒测试的方法；而性能测试主要是通过自动化的测试工具模拟多种正常、峰值以及异常负载的条件来对系统各项性能指标进行测试。

由于银行业金融服务的特殊性，非常注重信息系统的实时高效和安全可靠，因此性能测试成为银行业信息科技体系里重要的一环。

1.3 银行业性能测试

性能测试能在排查投产风险和隐患的同时为合理配置生产系统资源提供依据，是银行业投产前验证和优化应用系统性能的最有效方法。目前，商业银行性能测试主要用于软件版本投产前的验证测试、生产问题解决及性能调优测试、特殊时点的高峰压力测试等（如"双 11"、春节前后、决算日等，确保并发数量激增时系统能平稳安全运行）。针对常用的重要系统，建立了性能测试常备环境，进行定期的常规性能测试，以确保行内重要系统的平稳运行。

1.3.1 不同视角下的软件性能

1. 用户视角的软件性能

从用户的角度来说，软件性能就是用户操作软件的响应时间；用户所体会到的"响应时间"既有客观的成分，也有主观的成分。例如，用户执行了某个操作，该操作返回大量数据，从客观的角度来说，事务的结束应该是系统返回所有的数据，响应时间应该是从用户操作开始到所有数据返回完成的整个耗时；但从用户的主观感知来说，如果采用一种优化的数据呈现策略，当少部分数据返回之后就立刻将数据呈现在用户面前，则用户感受到的响应时间就会远远小于实际的事务响应时间。对于典型的交互系统，2s 之内的响应时间通常是被用户所接受的；如果响应时间为 5s 时，用户的满意程度将会受到一定的影响；当交易响应时间为 10s 时，那么大多数用户将会不耐烦地关闭交易页面，显然这是非常糟糕的用户体验。

2. 管理员视角的软件性能

管理员视角有时候也就是运维人员的视角。对于运维人员来说，响应时间当然也很重要，运维方关注更多的是系统运行是否平稳（响应时间或者交易吞吐量是否有剧烈波动），CPU、内存、存储等关键资源是否充足。另外，对于银行这样拥有海量用户和较高交易吞吐量的企业来说，系统是否具有较好的可扩展性也是很关键的（这决定了是否能够通过资源调配和扩充平稳度过业务高峰），包括：

① 系统的响应时间；

② 系统状态的相关信息，如 CPU、内存、应用服务器状态、JVM 可用内存、数据库的状态等；

③ 系统的可扩展性，即处理并发的能力；

④ 系统可能的最大容量和可能的性能瓶颈，通过更换哪些设备或是进行哪些扩展能够提高系统的性能；

⑤ 长时间运行是否足够稳定，是否能够不间断地提供业务服务等。

3. 开发视角的软件性能

开发人员对性能的关注点更多的是系统投产上线后，响应时间是否达到了用户需求说明书中的相关要求。此外，开发人员更加关注编写代码的运行效率、数据库访问是否按照设想的访问路径以及索引设置是否合理等，包括：

① 用户和管理员关心的软件性能；

② 如何通过调整设计和代码实现，或是如何通过调整系统设置等方法提高软件的性能表现；

③ 如何发现并解决软件设计和开发过程中产生的由于多用户访问引发的软件故障，也就是通常所说的"性能瓶颈"和系统中存在的在大量用户访问时表现出来的缺陷。

1.3.2 银行业关注的性能衡量指标

1. 响应时间

定义：从用户发送一个请求到用户接收到服务器返回的响应数据这段时间就是响应时间。

关键路径：图 1-3 为一次 http 请求经过的路径，请求会经过网络发送到 Web 服务器进行处理，如果需要操作 DB，再由网络转发到数据库进行处理，然后返回值给 Web 服务器，Web 服务器最后把结果数据通过网络返回给用户端。

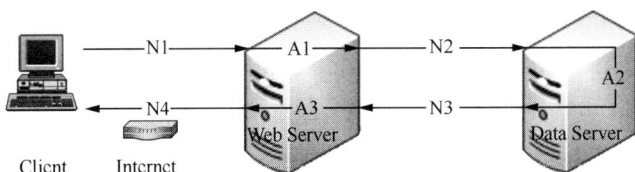

图 1-3 一次 http 请求经过的路径

计算方法：Response time = (N1+N2+N3+N4)+ (A1+A2+A3)，也就是网络时间与应用程序处理时间之和。

响应时间—负载对应关系如图 1-4 所示。

图 1-4 中拐点说明如下：

① 响应时间突然增加；

② 意味着系统的一种或多种资源利用达到的极限；

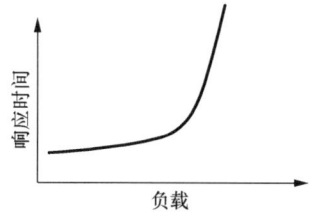

图 1-4　响应时间—负载对应关系

③ 通常可以利用拐点来进行性能测试分析与定位。

从直观上看，交易响应时间这个指标与人对应用系统性能的主观感受是非常一致的。从交易路径的角度来看，交易响应时间又可以细分成端到端响应时间、系统响应时间等。根据统计口径的不同，交易响应时间又能细分成平均交易响应时间、最大交易响应时间以及 90% 交易响应时间。交易响应时间如图 1-5 所示。

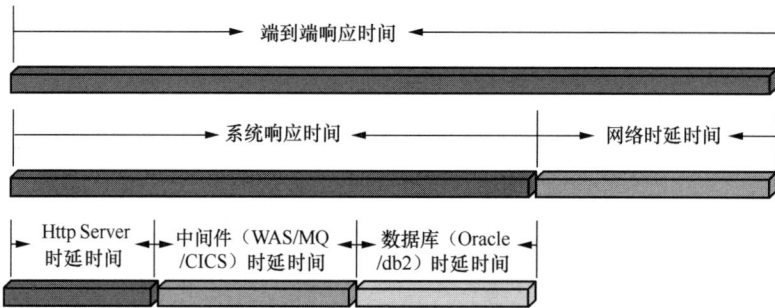

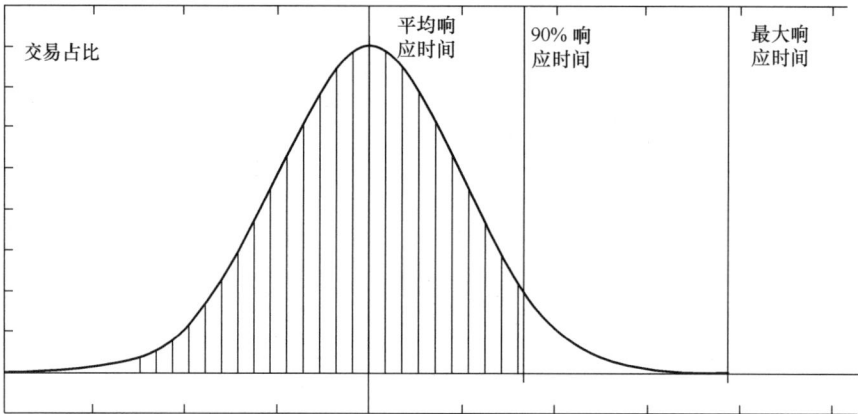

图 1-5　交易响应时间

端到端响应时间是从交易请求发出到接收到交易响应的时间，这段响应时间完整地涵盖了处理交易请求的过程时整个应用系统前后端的处理时间以及网络传输的时间。端到端响应时间通常是由系统响应时间和网络时延时间组成的。

系统响应时间又可以进一步细分，例如典型的 Web 应用系统响应时间可以细分为 Http Server 的处理时间、中间件（WAS/CICS/MQ）的处理时间，如果有数据库系统，可能还有数据库的处理时间。这种响应时间的细分对于终端用户是透明的，但是对于系统运维人员和开发人员来说，更加详细的响应时间分层有助于判断系统的运行状态是否正常，也有助于快速分析定位性能问题。

再来看响应时间的统计，通常大家更加关注的是平均响应时间，这也是直观反映系统响应速度的常见指标，但是仅仅关注平均响应时间是不够的。从图 1-5 中可以看出来，通常交易的响应时间统计是符合正态分布的，最大交易响应时间是指统计时间段内交易响应时间的最大值，对于某些时效性要求较高的交易，该指标具有较强的指导意义。例如外汇交易系统的牌价更新，由于外汇牌价是动态变化的，那么更新外汇牌价交易的时效性要求就很高，如果在指定时间内（例如 7s）未能完成外汇牌价的更新，将会导致后续外汇交易使用的不是最新牌价。

另一个关键的指标是 90% 交易响应时间，具体含义是指统计时间段内有 90% 的交易响应时间低于该值。显然，这个统计值与平均交易响应时间越接近，表示系统交易时间越稳定，交易响应时间的方差越小；这个值与平均交易响应时间相差越大，表示系统交易响应时间波动较大，系统响应时间的稳定性越差。

2. 吞吐量

定义：单位时间内系统处理的用户端请求的数量。

计算单位：一般使用请求数 /s 作为吞吐量的单位，也可以使用页面数 /s 表示。另外，从业务角度来说，也可以使用访问人数 / 天或页面访问量 / 天做为单位。

计算方法：Throughput = (number of requests) / (total time)。

吞吐量—负载对应关系如图 1-6 所示。

图 1-6 中拐点说明如下：

① 吞吐量逐渐达到饱和；

② 意味着系统的一种或多种资源利用达到的极限；

③ 通常可以利用拐点来进行性能测试分析与定位。

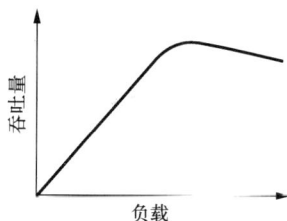

图 1-6　吞吐量—负载对应关系

对于联机交易，通常用 TPS（每秒钟交易笔数）衡量系统的交易吞吐量。TPS 是衡量系统联机交易处理能力的主要指标。举个例子，某个应用系统一天运转 8h，期间需要完成 1000000 笔交易，那么该系统的平均交易吞吐量为 1000000/8/3600 =34.7 笔 /s。当然，一般来说，应用系统处理的交易量并不是在运行时间内平均分布的，会存在业务的高峰时间段。例如，核心银行系统某一天的业务量可能有 80% 集中在上午 9:00-11:00，以及下午 2:00-4:00 两个高峰时间段内完成。所以，计算应用系统实际的业务高峰 TPS 应该用高峰时段的交易总量除以高峰时段时长。

3. 并发用户数

并发用户数也经常被用来作为衡量系统并发处理能力的指标，并发用户数是指系统可以同时承载的正常使用系统功能的用户数量。这个指标也经常被当作衡量系统处理能力的重要指标。实际上，笼统地将并发用户数的大小作为衡量系统并发处理能力的指标并不是十分科学的，因为并发用户又可以细分为在线用户数和严格的并发用户。

在线用户是指在同一时刻处于登录状态的用户，在线用户数仅仅表明有多少用户处于登录状态，并不能说明这些用户正在进行操作，在某些情况下，系统在线用户数可能比较高，但是每秒处理交易数量有可能并不高。

严格的并发用户是指在同一时刻执行统一操作的活跃用户。较少的严格并发用户数可能就会给系统造成较大的压力，实际上绝大多数未经过性能测试和未做过调优的应用系统，5 ～ 10 个严格并发用户就能或多或少地给系统造成性能问题。

系统用户数是指系统注册的总用户数。

三者之间的关系：系统用户数≥在线用户数≥严格的并发用户数

4. 批量运行效率

前面介绍的各项指标都是针对在线交易（OLTP）系统的典型性能相关指标，那么还有另一类应用系统，其功能以批量作业为主，这一类应用系统我们主要通过批量运行效率来衡量其性能。一种较为直观的方法是统计批量作业关键路径的执行时长。复杂的批量处理系统，一个功能模块可能包含几十、几百甚至上千个具体的作业。在执行的时候，各个作业可能存在前后继关系，也可能根据不同作业并行度存在多作业并发的关系，所以比较合理的衡量批量效率的方法是统计整个模块关键路径的执行时长（有必要可以解释关键路径的具体含义，即从批量模块起始作业到最后结束作业经过的延时最长的逻辑路径），如图 1-7 所示。

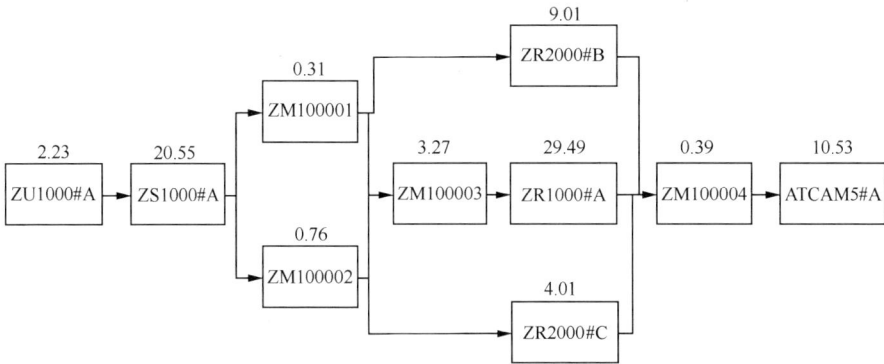

图 1-7 批量运行效率示意

另一种是考量单个批量作业处理的效率，这种方法适用于批量作业功能单一、效率比较稳定的情况。例如核心系统的计息模块，不同省、不同分区可能存在上千个并发计息作业，但是每个作业的处理逻辑和功能都是完全一致的，在这种情况下，可以统计典型作业处理账户数的效率，根据存款分区账户数以及分区作业并发数量推算计息模块的执行时长。

5. 资源利用率

无论是在线交易系统，还是批量处理系统，资源使用率都是与性能相关的重要指标。资源使用率反映在一段时间内资源平均被占用的情况。可以是单一资源被占用的时间与整段时间的比值，也可以是该段时间内平均被占用的资源数与总资源数的比值。常见的资源使用率指标包括 CPU 使用率、内存使用率、存储设备的 IOPS、网络带宽占用率等。资源使用率的定义，指的是对不同系统资源的使用程度，通常以占用最大值的百分比来衡量。

通常需要关注的服务器资源如下。

① CPU：就像人的大脑，主要负责相关事情的判断以及实际处理的机制。

② 内存：大脑中的记忆块区，记录眼睛、皮肤等收集到的信息的地方，以供 CPU 判断，但是临时的、访问速度快的数据，如果关机或断电，这里的数据就会消失。

③ 磁盘 I/O：大脑中的记忆区块，将重要的数据保存起来（永久保存，关机或断电不会丢失，速度慢），以便将来再次使用这些数据。

④ 网络：大脑中的传输渠道。

资源利用—负载对应关系如图 1-8 所示。

图 1-8 中的拐点说明如下：

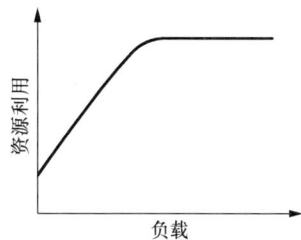

图 1-8 资源利用—负载对应关系

① 服务器某种资源使用逐渐达到饱和;

② 通常可以利用拐点来进行性能测试分析与定位。

6. 其他常用的概念

每秒事物数 (TPS): Transactions Per Second, 系统每秒处理的事务数或交易数。

思考时间:用户每个操作后的暂停时间,或者叫操作之间的间隔时间,在此时间内是不对服务器产生压力的。

点击数:用户每秒向 Web 服务器提交的 Http 请求数。这个指标是 Web 应用特有的一个指标:Web 应用是"请求—响应"模式,用户发出一次申请,服务器就要处理一次,所以点击是 Web 应用能够处理交易的最小单位。如果把每次点击定义为一个交易,点击率和 TPS 就是一个概念。容易看出,点击率越大,对服务器的压力越大。点击率只是一个性能参考指标,重要的是分析点击时产生的影响。需要注意的是,这里的点击并非指鼠标的一次单击操作,因为在一次单击操作中,用户端可能向服务器发出多个 Http 请求。

页面访问量 (PV):访问一个 URL,产生一个 PV(Page View,页面访问量),每日每个网站的总 PV 量是形容一个 网站规模的重要指标。

用户访问 (UV):作为一个独立的用户,访问站点的所有页面均算作是一个 UV(Unique Visitor,用户访问)。

1.3.3 银行业性能测试的特点

说到性能测试,通常都认为测试考察的是软件程序的效率,对于金融系统来说,实际上影响应用系统性能表现的包括操作系统、中间件、数据库、网络、硬件设备等诸多方面的因素,而应用程序本身只是诸多因素中的一个,因此性能测试不应该仅仅关注软件程序本身,更应该把基础软硬件环境和应用程序当作一个整体来看待。

一个典型的基于 WAS 的 Web 应用系统如图 1-9 所示,整个系统架构包括有用户的终端、广域网(城域网)、交换机、路由器、防火墙、入侵检测、负载均衡器等设备以及网络服务器、应用服务器和数据库系统。其实,真正的应用系统可能远比图中的架构要复杂,可能还包括外联的其他应用系统和后台的账务系统等。

在这个应用架构中,对系统性能有影响的可能包括网络基础设施,例如网络带宽是否充足、网络时延是否正常以及网络连接数是否合理;还包括网络路由及安全设备,例如防火墙的处理时延、访问控制策略、入侵检测和防御系统的时延及策略、路由器和交换机的处理能力等；还可能包括网络负载均衡器，其负载均衡策略（轮回、最少负载等）以及负载均衡设备的处理能力也会对系统性能造成影响；还可能包括网络服务器、Webserver 的 server 数量配置是否合理，进程数量是否够用；接下来是应用服务器，这一层面大量的中间件都是影响系统性能的关键因素；到了数据库层面，影响系统性能表现的因素就更多了，比如访问路径是否合理、索引设置是否合理等；最后，所有的服务器都是搭建在特定的操作系统和硬件设备之上的，那么 CPU 的使用率、内存的占用率、涉及虚拟机时包括物理 CPU 和虚拟 CPU 的比例、磁盘存储设备的响应时间等也会成为影响系统性能的因素。

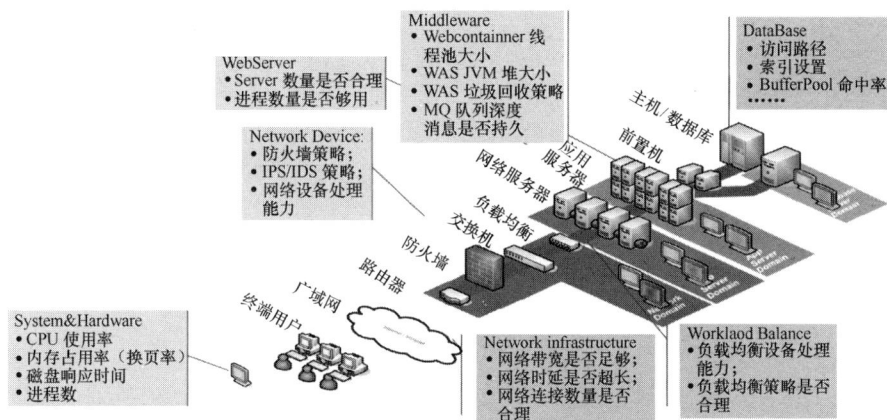

图 1-9　一个典型的基于 WAS 的 Web 应用系统

由此可以看出，银行业数据中心性能测试实际上是对包括运行环境、运行数据以及应用程序在内的整个应用系统的性能评估，绝不应该仅仅把性能的问题归结为程序开发或者系统配置的问题。它具有以下特点。

1）性能测试是对整个运行环境、运行数据以及应用程序在内的整个应用系统的性能评估，因此对测试环境的要求也和功能测试的要求有显著的差异。

功能测试环境资源需求如下：

① 保证系统功能正常运转即可，对性能基本无要求；

② 硬件型号、容量与生产相差较大；

③ 系统架构无需与生产严格保持一致。

性能测试环境资源需求如下：

① 硬件资源配置应与生产保持一致或者可比；

② 硬件设备型号应与生产一致或者与生产同档配置；

③ 系统架构应与生产保持一致。

2）性能测试离不开自动化测试工具。

性能测试往往涉及大量的并发用户，让实际用户从终端进行测试基本上是不太现实的，虽然使用测试工具模拟用户的行为在多样性上可能不如真实用户那样丰富，也存在着很多技术上或者实现成本上的约束，但是总的来说，使用自动化测试工具仍然是进行性能测试的必然选择。

压力发起工具的工作原理是通过线程或者进程生成虚拟用户（Virtual User，VU）来模拟实际用户的行为，从而产生压力。

VU 进程（线程）通过执行特定的脚本模拟特定的动作（交易）。

VU 的脚本是通过录制实际用户与应用系统之间的网络数据流或者通过脚本语言编写生成的。

对相关性能指标的监控、收集与整理呈现同样需要通过特定的测试工具实现。监控工具可能与发起工具集成在一起，也可以是单独的测试工具。

现在业界比较流行的测试工具是惠普公司的 LoadRunner，微软等著名软件公司也在自己的产品体系里提供了 Visual Studio 等性能测试工具（此外还有一些开源的性能测试工具，例如 Jmeter 也得到了广泛的应用）。

3）第三个特点是性能测试不能解决所有的性能问题。

① 性能缺陷属于软件缺陷的范畴，我们是无法避免软件缺陷的。

② 性能测试属于软件测试的特定类型，无法通过测试发现和消除所有的缺陷（测不尽原理）。

③ 性能缺陷与所有类型的软件缺陷一样，存在集群效应，即 80% 的缺陷产生于 20% 的软件。

④ 性能测试不能完成以下目标：

- 证明软件产品不存在性能缺陷；
- 找出并修正软件产品的所有性能缺陷。

1.3.4　测试的场景设计和交易选取

1. 场景设计

前面我们介绍了软件质量、软件性能以及应用系统性能测试的一些概念和特点，下面我们简单介绍一下性能测试的场景设计。性能测试需求分析的具体要求简单来说就是全面、量化，具备前瞻性，详细准确。

1）性能测试需求分析首先要全面。与所有软件测试一样，性能测试的场景设计也是以测试需求为导向的。前面提到了性能测试的不同角色的不同视角，显然视角不同会导致对于性能测试的需求不一样，因此性能测试的需求分析需要收集应用系统各方面关系人的关注点和测试需求。

从最终用户的角度出发，可能会希望通过混合负载测试验证应用系统的交易响应时间是否迅速。

运维人员可能会希望通过稳定性测试及扩展性测试来验证系统长时间运转的稳定性，或者通过扩展性测试来验证系统吞吐量与系统资源配置的线性度。

开发人员更多地希望通过性能测试验证应用程序优化的效果，以及某些关键交易或者功能的性能数据，因此，有针对性的对比测试及其他专项测试是开发人员更加关注的。

而技术部门的管理层或者架构人员则更加关注高可用性和配置测试，希望通过测试降低 IT 成本并尽可能提高系统的高可用性以保障安全生产。

2）性能需求需要精确量化。业务人员或者说非专业测试人员通常对于性能测试需求的描述是笼统、模糊和非量化的。举个例子：业务人员对于业务量的描述可能类似于"每日完成 50 万笔交易，在 8 小时（h）内完成"；对于交易响应时间的期望值可能类似于"交易响应时间尽可能地短快"。这样模糊、非量化的需求显然是不能直接用于评判系统性能表现的。如果每日 50 万笔交易，其中 80% 的交易集中在 2h 内完成，那么高峰时间段的 TPS 约为 $(500000 \times 80\%)/(2 \times 3600)=55.6$ 笔 /s。同样的，交易响应时间较快的需求也应该对应转化为对平均交易响应时间或者 90% 交易响应时间量化的需求，例如平均交易响应时间小于 2s。

3）性能测试需求必须具备前瞻性。评估系统的业务吞吐量等性能要求不能仅仅只考虑目前的业务需求，还应该考虑应用系统生命周期内的业务量增长情况，例如随着用户数量的增加和业务的推广，每日交易量可能会有一定程度的自然增长；另外，外部监管的要求和国家地区政策的变化也可能造成某类业务量的急剧变化，例如移动终端的快速普及可能带来手机银行等系统交易量的快速上升；类似于年末和特殊时点的大型促销活动，可能会造成某些应用系统的特定交易量急剧上升，例如双 11 电商促销可能造成信用卡及借记卡快捷支付交易路径上的应用系统峰值 TPS 激增上百倍。这些都是在性能测试需求分析阶段需要预先考虑并在场景设计中进行体现的。

4）性能测试需求必须详细准确。详细明确的测试需求描述是后续测试场景设计的基础，只有在需求分析阶段明确测试数据的要求、压力大小、执行时间和监控的主要指标等，后续的设计及实施阶段才能真正落地。

2. 性能测试交易选取

性能测试交易选取与功能测试存在显著差异：功能测试强调功能覆盖，希望测试案例覆盖到所有的交易路径和程序分支，同时也希望输入值涵盖边界值和特殊值；而在性能测试中，测试主要借助自动化测试工具实施，测试数据的需求量比功能测试大很多，将所有交易都纳入测试范围会导致测试复杂度和测试成本的快速攀升，甚至可能导致测试时间成本失控，因此，并不是所有交易都适合做性能测试。挑选性能测试交易主要从下面 5 个方面来考虑。

① 交易量占比。在实际生产系统中，主要的交易量在绝大部分情况下并不是平均分配在所有交易上的，例如可能有 80% 的交易量集中在 20% 的交易种类上。系统承载的业务压力主要来自于这 20%（甚至更少）的交易，因此应该挑选交易量占比比较大的交易作为性能测试交易。

② 考虑被测交易的交易覆盖度。在某些情况下，绝大部分交易量都集中在部分功能模块中，如果仅仅挑选这些交易进行测试，那么其他功能模块的性能情况就完全得不到体现。以核心系统性能测试为例，除了存款、借记卡等交易量集中的功能模块外，其他贷款、支付、核心模块也应该挑选部分交易进行测试。

③ 如果同一个模块的类似交易在业务逻辑以及实现逻辑上存在较高的相似性，例如存款模块的查询交易，交易种类多且处理逻辑高度相似，如果可以选取具有代表性的典型交易代表此类交易，可以在保证测试质量的前提下减少数据准备量和脚本开发量，降低测试实现的复杂度。

④ 在某些情况下，某些交易或者功能业务量可能并不大，但是此交易的重要性非常高或者对某些指标有非常严苛的要求，应尽量纳入性能测试范围，例如外汇交易系统的外汇牌价获取，可能每隔几秒才有一笔交易，但是该交易决定了其他外汇买卖交易是否有效，这样的关键性交易也应该纳入性能测试交易的范围。

⑤ 从程序实现复杂度的角度出发，如果某交易逻辑复杂，牵涉的数据表较多，资源消耗较大，则应将该交易纳入被测交易的范围，以正确衡量此类交易对于资源消耗的依赖程度。

总而言之，性能测试交易选取需要从多个维度选取被测交易，在测试覆盖面和测试复杂度之间取得最佳的平衡点。

3. 测试场景分析

性能测试场景的分析应从业务场景的特征、生产运行情况以及测试的需求三方面入手，如图 1-10 所示。

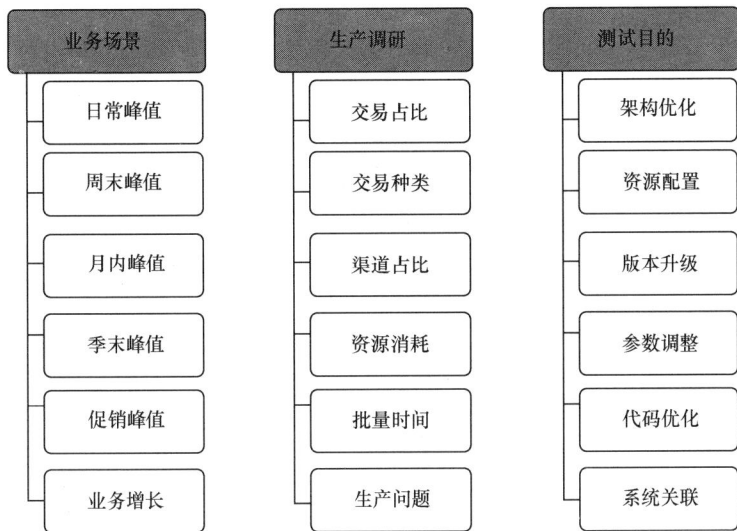

业务场景	生产调研	测试目的
日常峰值	交易占比	架构优化
周末峰值	交易种类	资源配置
月内峰值	渠道占比	版本升级
季末峰值	资源消耗	参数调整
促销峰值	批量时间	代码优化
业务增长	生产问题	系统关联

图 1-10 性能测试场景分析

业务场景的分析包括系统日常业务峰值、周末业务量峰值、月度或者季度峰值以及业务促销时间段的交易量峰值大小和峰值持续时间，同时还要关注业务推广和发展的情况。

对于已经投产的业务系统，生产调研的情况包括生产系统各交易量占比情况、交易上送不同渠道的占比、系统资源日常消耗情况、系统批量运行时间窗口，此外还要特别了解生产运维过程中是否存在性能方面的问题、风险和其他困扰。

所有的测试活动都是以测试需求为根本导向的，通过详细了解测试的需求和目的，是为了进行架构优化、资源配置建议，还是系统（应用）版本升级对比、关键参数调整效果验证，或者是生产性能问题的修复，或者是关联系统相互影响的分析，只有准确定位测试目的，才能有针对性地设计测试场景，满足测试需求。

4. 测试场景分类

通常一个性能测试项目的测试场景包含标准测试场景和专项测试场景两类。

标准测试场景包含以下 6 种。

① 单交易基准测试是指通过单个虚拟用户逐笔发起交易，该测试用于获取交易的性能基线。

② 单交易负载测试是指通过一定量的并发用户，对某个被测交易施加较大的压力，通过单交易负载测试能够暴露被测交易自身的性能问题，并进行调优。

③ 混合负载测试是按照特定的比例，并发发起多个被测交易，混合负载测试是最接近生产实际情况的测试场景，通常用于考察应用系统在生产日常运行中的性能表现。

④ 批量测试是指对于需要考察批量作业执行效率的应用系统，考察主要批量作业运行的时间窗口是否满足生产的需要。

⑤ 某些应用系统，特别是 7×24h 的应用系统可能会在某些时段存在批量与联机交易并存的情况，通过联机批量叠加测试考察评估联机与批量作业之间的相互影响情况。

⑥ 一些特殊的性能缺陷，例如内存泄漏，或者其他资源回收机制的缺陷，只能通过长时间一定压力的持续运行才能暴露出来，通过系统稳定性测试考察系统长时间平稳运行的能力。

标准测试场景按照从单个交易到多个交易，从只包含联机到联机批量混合，是一个循序渐进地逐步排查问题的过程，按照这个流程能排查大部分的性能缺陷，出于节省时间或者图省事跳过必要的标准测试场景反而可能导致事倍功半。

专项测试场景是按照特殊测试需求设置的测试场景，测试的目的性和针对性很强，例如扩展性测试是通过横向或者纵向扩展考察系统的可扩展性；通过极限测试考察特定配置下系统的最大处理能力；通过容错性测试，判断系统在部分组件失效的情况下是否能够保持一定的业务处理能力和恢复能力；通过参数配置测试，考察关键参数对系统性能的影响；此外还有特殊业务场景测试，例如双11专项测试考察特殊业务场景的性能表现，优化对比测试，考察优化的交易或者功能模块性能改善程度等。

场景标准化有利于提升测试规范化程度，专项测试场景涵盖特殊的测试需求，提高测试针对性。

第 2 章
银行业数据中心性能测试管理体系建设

2.1 性能测试管理体系常用参考标准

2.1.1 项目管理

在国际项目管理领域的实践中,由美国项目管理协会(Project Management Institute,PMI)推广的项目管理专业人员资格认证(Project Management Professional,PMP)、英国政府商务部(OGC)推广的受控环境下的项目管理(Project IN Controlled Environment,PRINCE)、国际项目管理协会(International Project Management Association,IPMA)推广的国际项目经理资质认证(International Project Manager Professional,IPMP)最为主流,其中PMP与PRINCE2已被推广到100多个国家和地区,受到了广泛的认可。PMP是指南,PRINCE2是方法论,本书核心的性能测试管理体系主要引入这两项国际主流项目管理的实践,打造性能测试管理体系,本节将简要介绍这两项良好实践的框架。

(1)PMP

PMP体系的核心内容如下。

① 项目及生命周期:项目定义、项目管理定义、项目生命周期定义。

② 项目组合、项目集与项目的关系如图2-1所示。

• 项目组合管理:项目组合是为了实现战略目标而组合在一起管理的项目、项目集、子项目组合和运营工作。组合中的项目和项目集不一定彼此依赖或直接相关。项目组合管理是指为了实现战略目标而对一个或多个项目组合进行的集中管理。

• 项目集:包含项目和项目集。项目集是一组相互关联且被协调管理的项目、子项目集和项目集活动,以便获得分别管理所无法获得的利益。例如:为实现组织的一系列目的和目标,可能需要实施多个项目,在这种情况下,项目可能被归入到项目集中。项目集管理就是在项目集中应用知识、技能、工作和技术来满足项目集的要求,获得分别管理各项目所无法实现的利益和控制。各个项目通过产生共同的结果或整体能力而相互联系。

• 项目:项目组合的组成部门,可能是单个也可能是在项目集内。

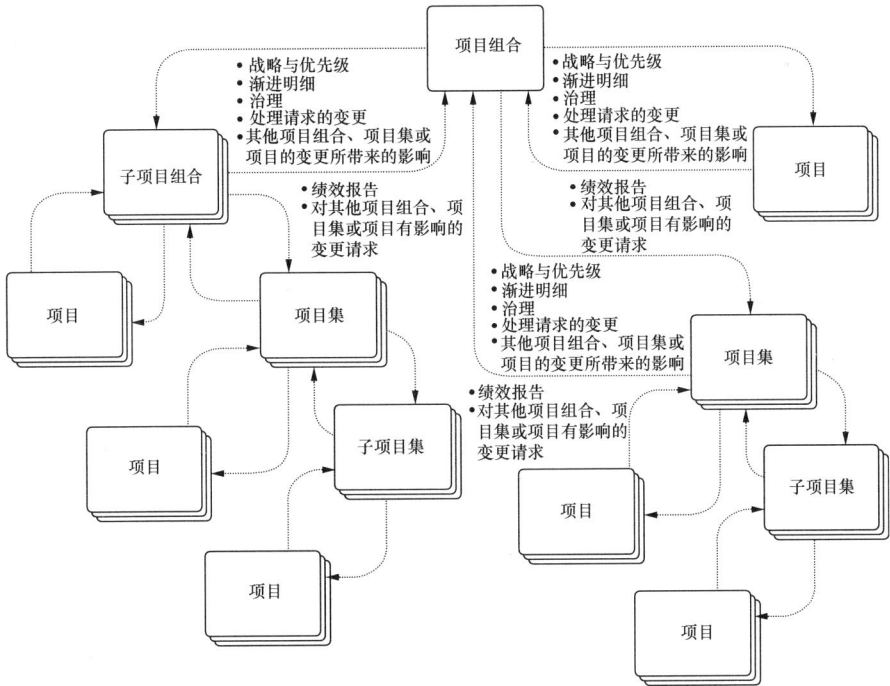

图 2-1　项目组合、项目集与项目的关系

③五大过程：启动、规划、监控、执行、收尾。

④十大知识领域：整合、范围、成本、进度、质量、人力资源、沟通、风险、采购、相关方。

⑤49 个关键过程。

项目集管理专业人士认证（Program Management Professional，PgMP）是 PMI 推出的以《项目集管理标准》为框架，为项目管理高端人员提供了统一、规范认证标准。该知识体系标准为如何管理项目集活动，阐述成功管理项目集的做法和必要步骤。

（2）PRINCE2

PRINCE2 是由英国政府商务部（OGC）所有，于 1996 年开始推广。PRINCE2 描述了如何以一种逻辑性的、有组织的方法，按照明确的步骤对项目进行管理。它是结构化的项目管理流程，经过大量实践检验的 PRINCE2® 能够有效提高项目执行的效率和效益。

PRINCE2 体系的核心内容如下。

① 七大原则：持续的商业论证、依靠以前的经验、定义角色和责任、分阶段管理、例外管理、重点关注产品、更具项目环境裁剪。

② 七大主题：商业论证、组织、控制、风险、质量、变更、进展。

③ 七大过程：项目准备、项目启动、项目指导、阶段控制、阶段边界管理、产品交付管理、项目收尾。

④ 根据项目裁剪 PRINCE2。

成功的项目群管理（Managing Successful Programmes，MSP）由英国政府商务部（OGC）于 1999 年首次出版，于 2003 年经历了一次重大修订，MSP 被越来越多的人视为项目群管理的全球标准，而且在很大程度上是与 PRINCE2 的发展一致。从公共及私营组织中吸取经验，证明了成功交付转型变革项目群管理的良好实践。

随着经济快速发展，全球化战略视角下项目与组织战略目标之间的联系日益紧密和关键，如今的组织处于一个不得不变革的状态。经常会有很多动态的或者是矛盾因素驱动的变革，包含技术创新、工作实践等。无论什么样的组织，无论在何处，无论什么样的结构，其变革的频率是逐渐增加的。项目群管理被愈来愈多的人认为是实现组织战略目标及管理转型的重要工具。这套项目群管理的方法论，保障了组织转型的成功并持续走向繁荣。

PMP 与 PRINCE2 是项目管理业界良好的实践，其每四年的修订更新保证了项目管理理论的新鲜与持续改进。它适用于各行各业的项目管理至组织级的项目管理，同样适用于性能测试项目管理领域。引入借鉴上述理论能够帮助提升项目管理水平，从而保障项目的成果交付与价值交付。

2.1.2 信息安全管理

随着世界范围内信息化水平的不断发展，信息安全逐渐成为人们关注的焦点，世界范围内的各个机构、组织、个人都在探寻如何保障信息安全的问题。目前，在信息安全管理方面，ISO27001——信息安全管理体系标准已经成为世界上应用最广泛与典型的信息安全管理标准，是由英国标准 BS7799 转换而成的，最新版本为 ISO27001：2013。

BS7799 标准于 1993 年由英国贸易工业部立项，于 1995 年英国首次出版 BS7799-1：1995《信息安全管理实施细则》，它提供了一套综合的、由信息安全最佳惯例组成的实施规则，其目的是作为确定信息系统在大多数情况所需控制范围的参考基准，适用于大、中、小组织。2000 年 12 月，BS7799-1 ： 1999《信息安全管理实施细则》通过了国际标准化组织（ISO）的认可，正式成为国际标准 ISO/IEC17799 ： 2000《信息技术——信息安全管理实施细则》，后来该标准已升级为 ISO/IEC17799 ： 2005。2002 年 9 月 5 日，BS7799 ： 2 ： 2002 正式发布，2002 版标准主要在结构上做了修订，引入了 PDCA 的过程管理模式，建立了与 ISO9001、ISO14001 和 OHSAS 18000 等管理体系标准相同的结构和运行模式。2005 年，BS 7799-2 ： 2002 正式转换为国际标准 ISO/IEC 27001 ： 2005。

ISO27001 标准用于为建立、实施、运行、监视、评审、保持和改进信息安全管理体系（Information Security Management System，ISMS）提供模型。ISO27001 已经成为世界上应用最广泛与典型的信息安全管理标准，相当数量的组织采纳并进行了信息安全管理体系的认证。越来越多的行业和组织认识到信息安全的重要性，并把它作为基础管理工作之一开展起来。在我国，自从 2008 年将 ISO27001 ： 2005 转化为国家标准 GB/T 22080 ： 2008 以来，信息安全管理体系认证在国内进一步获得了全面推广，目前最新版本为 GB/T 22080—2016。

ISO27001 标准指出"像其他重要业务资产一样，信息也是一种资产"，信息对一个组织具有价值，因此需要加以合适地保护。信息安全防止信息受到的各种威胁，以确保业务的连续性，使业务受到损害的风险降至最低，使投资回报和业务机会最大。

信息安全是通过一组合适的控制措施实现的，控制措施可以是策略、惯例、规程、组织架构以及软件功能。组织需要通过建立这些控制措施确保满足组织的特定安全目标。ISO27001 ： 2005 有 11 个控制域、39 个控制目标、133 项控制措施。新版 ISO27001 ： 2013 修订为 14 个控制域、35 个控制目标、114 个控制措施，ISO27001 ： 2013 整体框架如图 2-2 所示，14 个控制域包括：信息安全策略、信息安全的组织、人力资源安全、资产管理、访问控制、密码、物理和环境安全、通信安全、操作安全、系统获取 / 开发和维护、供应商关系、信息安全事件管理、业务连续性管理和符合性。

信息安全对每个企业或组织来说都是需要的，所以信息安全管理体系认证具有普遍的适用性，不受地域、产业类别和公司规模的限制。从目前获得认证的企业情况看，较多的是涉及电信、保险、银行、数据处理中心、IC 制造和软件外包等行业。

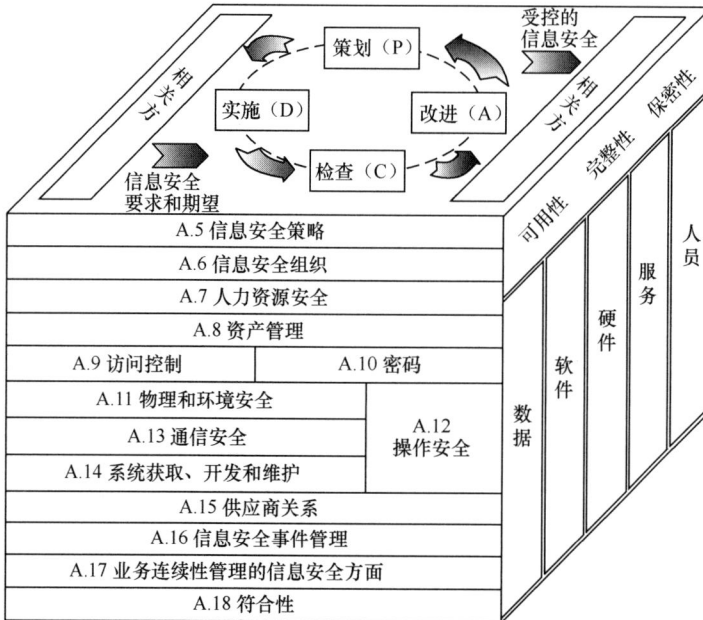

图 2-2　ISO27001：2013 整体框架

ISO27001 标准的价值在于：

① 通过定义、评估和控制风险，确保经营的持续性和能力；

② 减少由于合同违规行为以及直接触犯法律、法规要求所造成的责任；

③ 通过遵守国际标准提高企业的竞争能力，提升企业形象；

④ 明确定义所有组织的内部和外部的信息接口目标：谨防数据的误用和丢失；

⑤ 建立安全工具使用方针；

⑥ 谨防技术诀窍的丢失；

⑦ 在组织内部增强安全意识；

⑧ 可作为公共会计审计的证据。

ISO27001 认证逐渐成为各种组织（包括政府部门）的热门需求，这其中有两个关键性的驱动因素：一是日益严峻的信息安全威胁；二是不断增长的信息保护相关法规的需求。过去十年，围绕信息和数据安全问题建立起来的法律法规体系从无到有、不断壮大，其中包括专门针对个人数据保护问题的，也有针对企业财政、运营和风险管理体系建立的法规保障问题的。一套正式规范的信息安全管理体系应当可以提供最佳实践部署指导。目前，建立这样的管理体系逐渐成为诸多合规项目的必要条件。

近年来，银行监管部门对 IT 风险监管的要求越来越高。在银行的企业风险管理中，银行三大风险分别为信用风险、市场风险和操作风险，当前 IT 风险已经成为操作风险的重要组成部分，近年来，监管部门针对银行 IT 风险出台了多个监管规范。2009 年 3 月，银监会发布新版《商业银行信息科技风险管理指引》，系统地对银行 IT 风险的控制提出了基本要求，涉及信息科技管理的各个业务领域，重点提出了 IT 治理机制、IT 风险管理的制度与流程、IT 运维、应用开发、IT 审计、用户数据保护方面的管控要求，可以有效地指导商业银行系统地对 IT 风险进行管理。银监会还陆续出台了一系列相关指引、法规要求，如《商业银行内部控制指引》《商业银行合规风险管理指引》《业务连续性监管指引》《外包监管指引》等，以指导商业银行全方位地推进 IT 风险的管理工作。同时，人民银行也发布了《银行信息系统信息安全等级保护实施指引》《银行信息系统信息安全等级保护测评指南》等，对商业银行的信息安全提出了明确要求。此外，根据监管部门的规划，银行 IT 风险年度评级要被纳入银行的整体评级之中，包括信息科技风险在内的银行操作风险将变得与信用风险、市场风险一样重要，银行高级管理层开始真正重视信息科技风险。

因此，在建设银行业信息科技风险体系时，要考虑到设计并建立适宜的科技风险管理体系、有效的 IT 内部控制与信息安全控制机制，建立与巴塞尔新资本协议所要求的操作风险的接口，同时探索建立与信息科技风险相关的操作风险评估的实现方法。

2.2　性能测试管理体系建设

2.2.1　组织架构

银行业数据中心性能测试管理通常由测试管理与测试实施方组成，并涉及信息科技部门、软件开发部门及外包厂商、业务部门等多方相关人员，相关架构如图 2-3 所示。

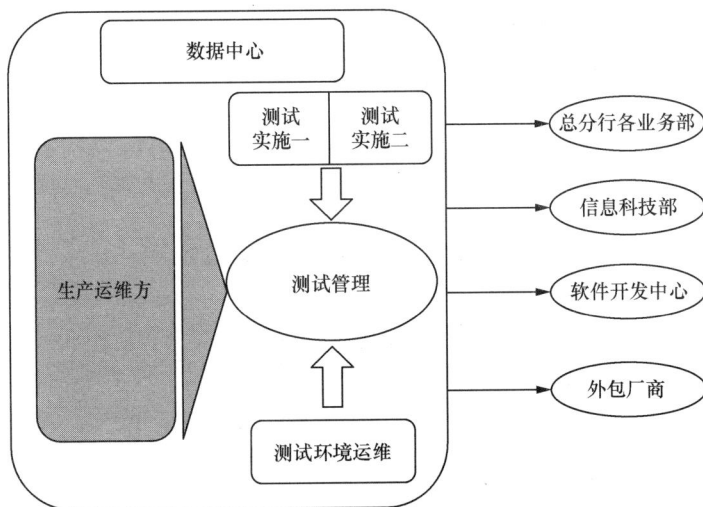

图 2-3 银行业数据中心性能测试管理相关方构成

2.2.2 性能测试管理体系模型

基于 PMP、PgMP 等业界项目管理的良好实践，结合银行业数据中心性能测试管理工作的特点，根据测试工作的全生命周期，银行业数据中心性能测试管理全景如图 2-4 所示。测试管理不只关注单个项目的管理，还需从整体上考虑项目活动，即关注项目之间的资源分配与共享、考虑资源约束条件下如何做到测试产出最大化。在性能测试管理的过程中，设立了性能测试专用资源池：环境通过设立台账将资源信息具体化、平面化，根据测试项目的排期计划、资源需求匹配对应的环境资源；从空间与时间两个维度做好资源的精细化调配管理。针对某些需特定资源的项目测试，采取错峰测试，多运用空闲窗口，尽量降低资源竞争对测试工作的影响。

管理体系具备环境管理、项目群管理、项目管理三个管理维度，各管理维度的管理目标、管理职能、主要管理活动和关键交付物如下。

1. 环境管理

（1）基础环境管理

管理目标：通过对资源池的统筹管理，最大化地利用资源，增大测试项目并测能力，提升产能。

管理职能：统筹管理性能测试资源池，统一调度基础环境的新搭、扩容、释放、错峰压测排期等。

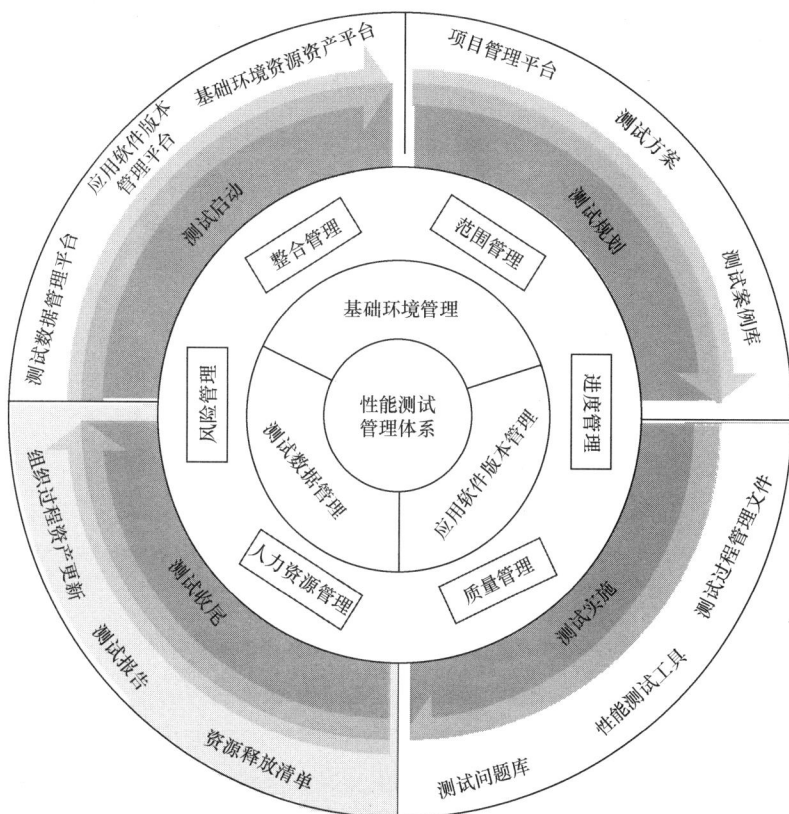

图 2-4 银行业数据中心性能测试管理体系

主要活动：搭建 / 扩容 / 释放申请、申请审核、指令发布、搭建扩容、环境交付、错峰压测排期、台账更新发布。

关键交付物：基础环境搭建 / 扩容单、基础环境交付单、基础环境释放单、基础环境跟踪表。

（2）应用软件版本管理

管理目标：通过对应用软件版本管理，使测试环境最大限度接近未来投产的应用环境，确保测试有效性与一致性。

管理职能：根据测试任务的应用软件版本基线要求，搭建应用环境并升级管理。

主要活动：版本申请、版本分析确认、版本出库、版本部署、版本归档。

关键交付物：应用软件版本出库申请单、部署通知单、版本记录清单。

（3）测试数据管理

管理目标：防止生产数据敏感信息在测试环节被泄漏，确保数据安全。

管理职能：全流程管控测试借用的生产数据，从生产数据漂白至测试数据清理。

主要活动：测试数据申请、测试数据审批、测试数据脱敏、测试数据交付、测试数据使用、测试数据清理。

关键交付物：测试数据借用申请单、漂白数据、清理单。

2. 项目群管理

（1）整合管理

管理目标：以服务生产为核心和宗旨，在时间有限、资源有限的前提下，合理安排项目，调配资源，高效、充分地利用时间和资源，尽可能多地服务支持生产，最大程度地完成更多的测试任务，及时有效地为生产提供参考和支持。

管理职能：识别、定义、组合、统一与协调项目群管理的各种过程和活动，同时，监控项目群的整个生命周期的各项管理工作。

主要活动：负责制定性能测试管理相关规范与流程、项目监控、变更管理、编写工作绩效报告、组织过程资产更新。

关键交付物：规范流程、跟踪表、变更单、工作绩效报告、组织过程资产。

（2）范围管理

管理目标：在有限的人力和环境资源条件下，将性能测试需求进行优先级排序，以期发挥最大的测试价值。

管理职能：统筹管理性能测试需求并按照优先级顺序安排任务。

主要活动：需求收集、需求评估、需求排期、任务分派与调整。

关键交付物：需求清单、排期结论、任务通知。

（3）进度管理

管理目标：在需求方期望的时间内出具性能验证结果。

管理职能：规划项目群的进度，监控各项目进展并解决影响进度的问题。

主要活动：制定 / 调整项目群管理计划、进度控制。

关键交付物：性能测试实施计划表、工作简报。

（4）质量管理

管理目标：确保管理流程能够有效地保证测试质量。

管理职能：制定和持续优化质量控制的流程标准，完善测试后评价体系。

主要活动：质量保证、测试后评价。

关键交付物；问题排除率考核。

（5）人力资源管理

管理目标：统筹人力资源，在工作质量和饱和度间达到最优的平衡。

管理职能：人力资源规划、团队建设。

主要活动：人力资源池管理、建立维护职责矩阵、团队建设。

关键交付物：团队职责分工表、人员职责分工表。

（6）风险管理

管理目标：控制风险以确保性能测试按需求方期望的里程碑点按时交付。

管理职能：及时识别和应对风险，降低风险发生的概率或可能造成的影响；当风险转化为问题时，应积极推动解决问题。

主要活动：识别和评估风险、跟踪与应对风险/问题。

关键交付物：风险跟踪表、问题跟踪表。

3. 性能测试单项目管理

- 测试启动；
- 测试规划；
- 测试实施；
- 测试收尾。

各管理维度将在第3～5章展开描述，测试项目主要流程与管理内容之间的对应如图2-5所示。

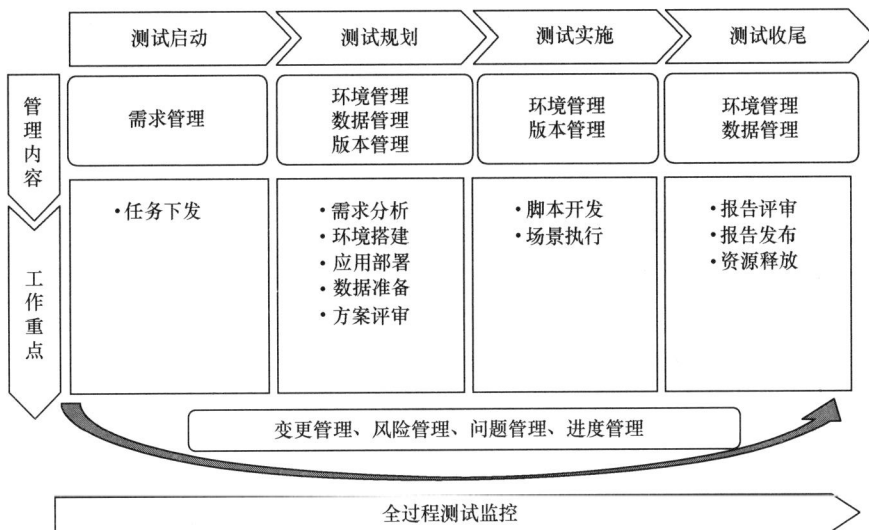

图 2-5 银行业数据中心性能测试管理内容

2.2.3　制度建设

为保障性能测试管理体系的正常运转，制定了以《性能测试管理规范》为核心，以《应用软件版本管理规范》《测试环境管理规范》《测试数据管理规范》为辅助的制度体系。

本书第 3 章详细介绍《应用软件版本管理规范》《测试环境管理规范》《测试数据管理规范》三项规范，在第 4 章介绍《性能测试管理规范》，包括项目群管理与单项目管理的内容。

2.2.4　持续改进

每年进行 PDCA 流程回顾，更新规范中可提升、需删减、待增加的内容，进一步提升整体的项目管理水平。

随着管理体系的改进、工具的使用与人员培养，管理水平在稳步提升，逐步由初期的支持型项目管理办公室（Project Management Office，PMO）成长为具备控制型 PMO 能力的管理队伍。

第 3 章
银行业数据中心
性能测试环境
管理

3.1 基础环境管理

基础环境是性能测试项目的基础和载体，基础环境的质量直接影响性能测试的效率和质量，因此，基础环境的建设和管理是性能测试项目中非常重要的一环。

3.1.1 基础环境管理组织架构

建立合理的基础环境管理组织架构形式和清晰明确的职能定位，对于各部门的分工合作，提高基础环境建设、管理的效率和质量，具有巨大的指导和牵引作用。

1. 如何建立数据中心基础环境管理的组织架构

在建立数据中心基础环境管理的组织架构时需考虑以下因素。

① 性能测试在数据中心的作用和地位。数据中心作为银行的生产系统运维部门，肩负着保障银行系统生产安全的重大责任。性能测试工作作为对于系统性能质量的重要验证环节，为生产安全稳定起到保驾护航的作用，与生产运维联系密切。

② 性能测试的流程。性能测试的过程可以分为需求分析、基础环境准备、数据准备、应用部署、测试执行和测试总结等阶段。由此可见，基础环境准备工作处于整个测试流程的前部，是测试工作开展的前提和基础。

③ 性能测试基础环境资源。基础环境主要包括主机平台服务器、开放平台服务器、X86 平台服务器、存储设备、网络设备、加密机、加速器、负载均衡器和签名服务器等。

④ 定人先定岗。确定资源管理的职能架构和具体的职能模块，之后根据职能要求结合基础环境管理的自身特点，设置合理的组织架构。在重要的岗位，需配备 AB 角。

⑤ 明确技能要求。对于各个职能模块的人员，明确该岗位的职责范围及所需的专业技能和管理技能，并做好相应的人员投资和储备策略。

2. 典型的银行业数据中心基础环境管理组织架构

测试管理方的主要工作职责：负责基础环境的整体管理、调度，处理来自测试实施方的基础环境搭建申请、变更申请、释放申请等。

测试实施方的主要工作职责：根据测试需求，提出测试基础环境搭建申请，对交付的基础环境进行检查和验证，使用基础环境实施测试，并在使用完成后释放基础环境。

架构审核方主要工作职责：负责制订基础环境的架构、标准规范，负责测试项目基础环境申请、变更的审核，测试基础环境资源的调配；参与测试方案评审、测试报告评审、测试沟通会等，在基础环境方面为测试项目组提供技术支持。

资源保障方主要工作职责：负责基础环境的资产管理，统筹采购需求，制订并实施采购计划；负责采购合同和档案的管理；负责预算和成本管理、供应商管理。

生产运维方的主要工作职责：负责提供包括主机平台、开放平台、X86平台系统的生产基础环境配置、资源使用率，为性能测试基础环境提供建议和意见，参与测试方案评审、测试报告评审、测试沟通会等，在主机平台、开放平台、X86平台等测试环境方面为测试项目组提供技术支持。

环境维护方的主要工作职责：负责包括主机平台、开放平台、X86平台系统的性能测试基础环境的建设和维护，在性能测试项目进行中根据需求调整、监控各平台的测试环境，同时负责测试设备硬件系统的建设和运维、基础环境的网络通信，参与测试方案评审、测试报告评审、测试沟通会等，在主机平台、开放平台、X86平台、设备、网络等测试环境方面为测试项目组提供技术支持。

合规检查方主要工作职责：负责建立和完善基础环境使用规范并监督落实。

基础环境管理组织架构如图3-1所示。

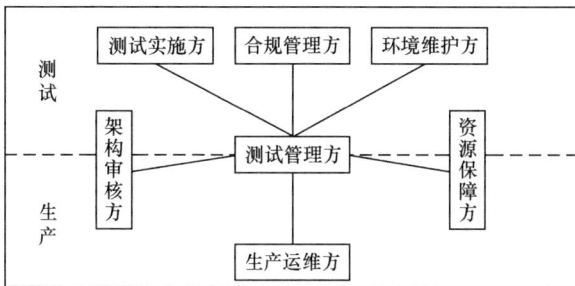

图3-1 基础环境管理组织架构图

3.1.2 基础环境管理规范流程

1. 常备基础环境的建设和使用

常备基础环境（以下简称常备环境）管理是基础环境资源管理中的一项非常

重要的工作。常备环境是指在为某一系统的性能测试工作搭建基础环境后，该环境并不随测试项目周期结束而被释放，而是长期保留在基础环境中。在以下情形中应考虑建设尽量与生产环境保持一致的常备环境。

（1）常备环境的特点

1）系统需频繁开展性能测试

某些应用系统处于银行业务交易的关键路径中，对运行稳定性的要求非常高，一旦出现性能问题将造成巨大的影响。对于这类系统的每次改动，包括版本变化、架构调整、系统升级、优化改造等，投产前都需要开展性能测试，频繁测试需要经常使用测试环境，因此常备环境必不可少。

2）系统性能测试环境规模较大

有些应用系统规模较大，涉及的服务器较多，彼此之间关联复杂，反复搭建、释放的成本较高，且存在一定的风险，因此，此类环境适合建立常备环境。

3）测试环境响应时间要求高

此种情况常见于解决生产问题类性能测试项目。一旦某个已投产的系统出现性能问题，需要通过性能测试解决，往往需要在较短的时间内完成测试。这就要求迅速完成基础环境的准备工作，因此同样需要建立常备环境才能满足此要求。

（2）常备环境的启用

常备环境启用申请的提出者为测试实施方，受理者为测试管理方，实施方为各平台系统环境维护方。

测试管理方接收到常备环境使用申请后，需首先与申请提出方确认，所申请的常备资源是否正确、完整；确认无误后，需与常备环境启用实施方确认当前所申请的常备资源是否可用。如完全可用，测试管理方则发送常备环境启动指令至实施方；如当前资源池不能满足完全启动所申请的常备环境的要求，测试管理方需与申请提出方及实施方共同协商，先启动部分常备资源以保证测试任务可以开展应用部署、数据准备、脚本调试等工作，并应明确最终环境全部到位的时间点。

（3）常备环境的释放

常备环境释放申请的提出者为测试实施方，受理者为测试管理方，实施者为各平台系统环境维护方。

在测试任务结束后，需要释放常备环境——保留最小配置。测试项目实施方，即环境使用方向测试管理方提出常备环境的释放申请。该释放申请应包含环境释放的详细说明，写明释放哪些环境，如何保留最小配置，如何处理数据等。测试管理方接收到环境释放申请并审查无误后，发送环境释放指令至各平台系统环境维护方。环境释放完成后，相应平台系统环境维护方向测试管理方反馈。

2. 非常备基础环境的建设和使用

非常备基础环境（以下简称非常备环境）是指在开展性能测试项目时临时搭建的基础环境，在测试项目结束时释放全部基础环境，从而用于其他测试项目的基础环境搭建，实现资源复用的目的。此种基础环境的建设和使用策略的优点在于可以有效降低测试成本，包括硬件、场地、环境维护等的成本，缺点是由于环境搭建和释放均需要一定的时间周期，因此必将延长性能测试项目的实施周期，增加测试的工作量。

（1）非常备基础环境的建设流程

由测试实施方向测试管理方提出基础环境的搭建需求，测试管理方接收后交由环境维护方的各平台系统管理（灾备）方实施搭建。搭建完成后反馈给测试管理方，交付测试实施方验证，确保基础环境的正确性。

（2）非常备基础环境的变更流程

由测试实施方向测试管理方提出基础环境的变更需求，测试管理方接收后交由各平台系统环境维护方实施变更。变更完成后反馈给测试管理方，交付测试实施方。

（3）非常备基础环境的释放流程

在数据清理完成后，由测试实施方向测试管理方提出基础环境的释放需求，释放所占用的全部资源。测试管理方接收后交由各平台系统环境维护方实施释放。释放完成后反馈给测试管理方。

3. 性能测试环境与其他环境的关系

（1）性能测试环境与功能测试环境的关系

功能测试是系统投产前必不可少的一个环节。功能是指系统、子系统或组件能做什么，功能测试是指系统、子系统或组件要实现的功能可以在工作产品，如需求规格说明书、用户使用手册、功能规格说明书等中予以描述。功能测试注重系统是否实现了它应实现的功能，即正确地做事及做了正确的事，保证系统能够正常运行，能够支撑实现功能，而对处理效率、响应速度等非功能方面的要求较低。因此，功能测试环境往往为多个系统共用，如计算资源、外设等，各系统间对资源的使用是竞争关系。

性能测试对于基础环境的要求较高。在执行测试场景时，要求独享测试资源，不受其他测试项目的影响。因此，在测试执行时各个项目应保持测试资源的相互独立和隔离。

（2）借助功能测试环境开展性能测试

功能测试环境资源的大小、配置等条件，与性能测试环境资源的要求相差甚远，因此无法在功能测试环境中开展性能测试。但功能测试环境并非对性能测试项目毫无帮助。功能测试环境往往无需重新搭建，且应用版本部署较早。性能测试项目可以将对于硬件资源要求较低的测试脚本开发、调试工作在功能测试环境上开展，从而使得性能测试项目的部分工作可以并行开展，实现缩短测试时间周期的目的。

（3）性能测试环境与生产环境的关系

生产环境的质量关系到生产是否能够安全稳定的运行。生产环境的硬件配置较高，性能较好。生产环境是性能测试环境的参考标准，要求性能测试环境能够尽量与生产环境保持一致。其中软件版本要求严格一致，如操作系统、数据库、各类中间件等。限于成本，性能测试环境的硬件资源往往无法与生产保持一致，尤其是计算资源，包括主机 MIPS、服务器型号、CPU 大小等。因此在无法保证二者一致时，可根据现有的测试结果，根据一定的算法推断生产环境下的性能表现，但无论何种推断方法都存在一定的风险，无法完全准确预测。

（4）借助生产环境开展性能测试

优势：①测试结果准确。在生产环境中进行性能测试，与真实环境一致，能直接反映生产的实际运行情况，测试结果准确，可信度高。②节省测试资源。

劣势：①局限性。已投产系统的生产环境需用于日常运行，因此在生产环境下测试的系统多数是待投产系统。②测试时间短。待投产系统的生产环境就绪时间往往距离投产时间点较近，与性能测试项目周期相比时间较短，因此留给性能测试的时间比较紧张。③无法独占。性能测试环境由性能测试项目独占，不受其他工作的影响。但生产环境需首要保证投产的相关工作，如投产演练、外部联测等，因此测试工作经常被中断，不仅导致测试时间延长，而且还会存在前后测试结果不一致的风险。④网络开通、权限问题。压力发起机、挡板服务器等一般部署在性能测试环境，与生产环境不在同一网段。解决此问题可采用打通网络的方式，或在生产环境上重新搭建压力发起机、挡板服务器等。此外，测试人员往往没有访问生产环境的权限，若进行测试，需另开通访问权限。

因此，在实际的性能测试管理中，如果采用在生产环境中开展性能测试的方法，需通过管理手段，充分发挥其优势，尽量减少其劣势带来的影响。

3.1.3　基础环境资源分类管理

根据性能测试项目的测试目的不同，可将其分为高峰应急类、新系统投产类、功能改造类、版本升级类、业务推广类、生产问题类等。为合理分配测试资源，提高测试效率，不同类型性能测试项目的基础环境可采用不同的管理策略。

1. 高峰应急类

高峰应急类性能测试项目是指为确保生产系统在某时段生产压力高峰时点能够平稳运行而开展的性能测试项目。此类项目的高峰时点相对固定，峰值较高，此种测试需要考虑生产提供系统是否能够应对此种高压力、系统的承压极限是多少，因此环境资源应尽量与生产一致。

2. 新系统投产类

新系统投产类项目是指针对未来即将投产的新系统开展的性能测试。此类系统上线后，在大多数情况下不会立即面对大的交易压力，性能测试的目的只是初步评估其性能表现，因此测试环境资源不要求与生产环境资源保持一致。

3. 功能改造类

功能改造类项目是指针对原有功能进行增删后的应用系统开展测试，如增删功能模块、应用前端的功能改造、后台处理逻辑改变等。此类项目的测试目的是为了测试在功能改造前后系统的性能表现是否有所差别，因此建议在硬件资源相同的条件下做对比测试。此时的环境资源只需要保持功能改造前后一致即可，不要求与生产环境资源保持一致。

4. 版本升级类

版本升级类项目是指针对软件版本变化开展测试，如操作系统、数据库、中间件等，系统架构、硬件资源保持不变。此类项目的测试目的是为了测试在软件版本变化前后系统的性能表现是否有所差别，因此建议在硬件资源相同的条件下做对比测试。此时的环境资源只需要保持软件版本升级前后一致即可，不要求与生产环境资源保持一致。

遇到特殊情况时，例如要求考察版本升级后的应用系统是否能够支持较大压力，或者探索升级后的应用系统的性能拐点，需要配置与生产一致或接近的基础环境。

5. 业务推广类

业务推广类项目是指业务部门为推广系统的投产范围，如从试点行到全辖，或为推广某一活动，如理财产品、积分兑换、纪念币发售等。测试目的是上探应用系统所能够承受的最大交易压力，从而为业务的正常推广提供参考和保障，因此测试环境资源要求与生产环境资源保持一致。

6. 生产问题类

生产问题类项目是指为解决生产中出现的性能问题而开展的测试，目的是发现生产问题、定位问题并解决问题，因此测试环境资源要求与生产环境资源保持一致。

3.1.4 基础环境资源使用的监控与评价方法

对资源的使用情况进行监控是必不可少的。资源使用的监控方式有很多种，可以是自动的实时监控，也可以是人工的、定时不定时的检查。以下为环境监控与评价涉及的相关信息。

监控方：基础环境管理方。

监控工具：可自行研发自动化监控工具，对使用情况进行自动化的数据抓取或人工录入。

监控信息展示：可通过展示平台向相关团队及个人展示环境资源的使用情况。

对于基础环境资源及时的、全面的评价，有利于制定资源管理计划和策略，提高资源的使用率，降低成本，提高产出，因此是极为必要的。评价的数据来源于监控基础环境资源的使用情况。

评价对象：评价对象可以是某一个单独的测试项目，也可以是统一批次的测试项目，也可以是同一类型的测试项目。

评价时机：评价时机可以是定时或不定时。定时评价是指在每个项目结束后、每个批次结束后、每季度、半年、年度对基础环境资源的使用情况进行评价；不定时评价是指在测试项目管理需要时，可以随时对基础环境资源的使用情况进行评价。

评价指标：使用率、重复利用率、使用周期。

评价方法：使用率 = 使用资源 / 占用资源 ×100%；重复利用率 = 某一时期使用资源总数 / 被考察资源总数 ×100%；使用周期 = 环境资源释放日期 − 环境资源分配日期。

3.2 应用软件版本管理

应用软件版本是测试的主要对象之一，为确保测试过程的有效性、一致性、完整性，需要通过规范的软件产品应用版本管理规范与流程，保证软件产品版本的统一，规范软件产品版本管理的流程，降低软件开发、测试、投产和维护的复杂度，保障安全生产。银行内部一般设立专职的软件产品版本管理机构，负责应用软件产品库的管理。

应用软件是指因某一特定任务（包括项目、需求变更等任务）而开发的软件产品，包括自主开发、外包开发或采购的软件产品。

应用软件应包括以下内容。

① 计算机程序源码、执行码等；

② 与该软件产品相关的所有文档，如用户需求说明书、功能分析说明书、总体设计说明书、详细设计说明书、内部测试报告、功能测试报告、用户手册、维护手册、安装手册、软件产品版本说明书等；

③ 对于外包产品，需要根据外包产品的产权提交源代码、执行码和相关文档。

应用软件的版本可分为基准版本、升级版本、补丁版本和临时版本四类。

● 基准版本是指由如下两种情况形成的应用软件版本：一是新开发应用软件产品的版本；二是由上一基准版本及其后续程序变更以及升级版本／补丁版本（PTF）整合后形成的新的应用软件产品版本。

● 升级版本：软件产品交付后，由于新需求或需求变更引起的产品部分功能或子模块的修改，或在原产品的基础上新增部分功能模块，所产生的升级程序（或子产品）称为升级版本。软件升级版本可以包含由功能优化或缺陷修复而引起的修改。

● 补丁版本（PTF）：应用软件交付运行后，由于应用软件本身程序故障或性能缺陷导致应用软件无法正常运行、影响业务延续性、产生业务风险等引进的程序修改，所产生的修补程序包称为补丁版本。

以上各类版本，在开发完成后形成测试版本，经过测试验证后形成生产版本，生产版本可用于投产运行。

● 临时版本：因某一临时任务开发的程序、脚本、作业流等，且不被纳入标准产品功能范围内的版本。

性能测试的应用软件版本管理是指根据性能测试需求，分析确认需要的应用软件版本基线，从产品库获取应用搭建所需的版本介质，根据基线依赖关系进行应用环境部署，并在测试过程中根据需要进行版本升级。

3.2.1　应用软件版本管理的组织架构

应用软件版本相关工作包括管理、部署和支持三项职能，如图 3-2 所示。

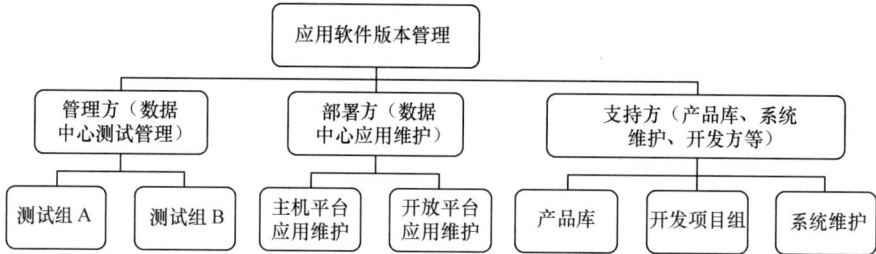

图 3-2　应用软件版本管理的职能

应用软件版本管理方：测试环境使用方通常为管理方，根据测试需要安排应用升级计划。

应用软件版本部署方：　通常由应用专业度高的技术人员组成专职的应用环境维护部门／团队，负责应用的日常维护与按指令进行版本升级工作。

应用软件版本支持方：产品库、基础环境搭建方、具体应用的开发方为测试环境的应用维护工作提供咨询、指导与支持。

3.2.2　应用软件版本管理的规范流程

1. 角色和职责

版本申请人：原则上是性能测试实施方成立的测试项目组人员，提出性能测试应用软件版本需求的申请。

版本批准人：申请人所在性能测试项目组的负责人。

版本管理人：原则上是测试管理方负责版本管理的人员，根据申请人提出的需求，从软件中心产品库获取测试所需的版本，检查版本内容和基线是否与需求一致，发布通过确认的测试版本。

版本部署管理人：原则上是部署方的管理者负责审核版本部署申请，根据版本管理人的部署通知，协调版本部署实施人进行版本安装及相关问题的协调，并及时向版本管理人反馈相关信息。

版本部署实施人：原则上是负责性能测试环境应用维护的软件中心相关团队版本部署人员或厂商的版本部署人员，根据版本管理人的安装指令完成版本的部署。

2. 应用环境管理的流程和关键活动

（1）测试版本需求接收

测试版本申请人填写《性能测试应用软件版本出库申请记录单》（如图 3-3 所示）中"应用系统名称""批次""任务名称""申请人"和"联系方式"等要素。

性能测试应用软件版本出库申请记录单

申请单编号：　　　　　　　　　　　　　　　　　　　　　　　日期：

申请部门填写	应用系统名称			
	批次			
	任务名称			
	版本需求描述			
	期望开始部署时间		期望完成部署时间	
	特殊部署要求			
	申请人		联系方式	
	Notes 信箱			
版本提交部门填写	版本来源	软件中心产品库 ■	其他（请注明）	
	应用系统版本号			
	获取路径			
	提交日期			
	版本说明			
	版本管理人			
备　注				

图 3-3　性能测试应用软件版本出库申请记录单

申请人在"版本需求描述"要素中要详述该测试任务的版本基线需求：若为性能测试常态化环境，需描述现有系统的当前应用版本基线，以及需要继续安装的全量或增量版本需求；若为新建环境，需描述本次测试的版本基线需求。

待版本批准人批准该申请单后，申请人提交《性能测试应用软件版本出库申请记录单》。

（2）版本分析确认

任务审核：版本管理人确认该申请测试版本的测试任务属于已排期的任务。

测试基线版本梳理：版本管理人根据申请人提交的测试基线版本需求，以产品库正式出库版本为准，梳理、确认本次测试任务的测试环境基线版本。

增量版本梳理：在批次功能测试过程中，版本管理人根据已经确定的性能测试版本基线，以产品库正式出库版本为准，梳理、确认测试期间出现的增量版本。

版本分析确认：版本管理人阅读软件中心产品库出库的软件产品说明书，梳理、比对需要的测试版本基线顺序，确认版本基线后将相应的版本号、版本内容记录在《版本记录清单》中。

（3）版本出库

版本管理人将需要出库的版本从软件中心产品库版本服务器下载放置在测试版本服务器上。

版本管理人将出库的版本号、获取路径（测试版本服务器路径）填入《性能测试应用软件版本出库申请记录单》，通知版本申请人。

（4）版本部署

版本管理人填写《性能测试版本部署清单》提交由版本部署管理人协调落实具体的版本部署实施人，在部署通知发送1个工作日内将版本部署人信息和计划部署时间（如图3-4所示）反馈至测试管理方；版本部署实施人根据部署清单进行版本部署，并在部署完成后反馈版本管理人。

测试							
序号	产品缩写	版本号	版本所属功能批次	性能测试任务名	测试联系人及联系方式	期望部署完成时间	备注
1							
2							

图 3-4　性能测试软件版本部署计划

对于版本部署实施人不明确的情况，由版本部署管理人协调落实具体的版本部署实施人。

部署过程中涉及应用系统等各相关方配合实施的，由版本部署管理人协调。版本部署实施人完成版本部署后，由版本部署管理人向版本管理人反馈实际部署情况。

（5）版本归档

版本归档文件如图3-5所示。

3. 与其他流程的接口或集成

基础环境搭建完成后将触发应用环境的搭建，并给应用环境的搭建环节提供基础环境交付信息，包括服务器配置及必需的登录账号等。

序号	产品缩写	版本号	版本所属功能批次	出库时间	版本内容	版本基线	部署指令发送时间	期望完成时间	计划部署时间	实际部署完成时间	实际执行人	生产版本对应测试版本	性能测试任务名	测试联系人
1														
2														

图 3-5   版本归档文件

任务管理提供待测任务信息与对应的版本信息供应用软件版本管理环节参考。

4. 应用环境管理流程的运作机制

为应用环境部署工作各环节设定标准工时，以确保整个流程的周期可控。采取分级分类原则，按照版本全量部署 / 增量部署方式分为两级，依据应用软件版本系统平台类型进行分类，定义标准工时如下。

① 主机 & 全量：1 ～ 2 周（联机一周，批量两周）。

② 开放 & 全量：1 周。

③ 增量：3 天内。

5. 应用环境管理流程管理工具

产品库版本管理：IBM Rational ClearQuest，负责版本出入库流程处理。

性能测试版本部署管理：应用软件版本管理平台。

性能测试版本介质管理：FTP。

3.2.3   应用环境管理评价方法

1. 指标设置与考核

KPI：按期完成率。

按期完成率=在标准工时内按期完成的部署指令数量/部署指令总数

2. 文化建设

通过每年度的公开课培训、会议、报告、改进等活动，逐步深入地认识和了解该流程。

3.3   测试数据管理

ISO27001 标准指出"像其他重要业务资产一样，信息也是一种资产"，信息对一个组织具有价值，因此需要保护。根据 ISO/IEC 27001-1 ： 2013 的附录 A 14.3.1 "测试数据保护： 控制措施 测试数据应认真地加以选择、保护和控制"。

测试数据管理是测试管理必不可少的一部分，其管理对象是在功能测试、性能测试等各项测试工作过程中，根据测试项目实施需要而借用的生产数据。为防止泄漏生产数据的敏感信息，必须将生产数据的敏感信息通过漂白程序处理后转化为非敏感信息，并确保脱敏信息不可逆转，方可将漂白后的数据用于测试。通常有独立于生产环境和测试环境的一套脱敏环境完成生产数据的脱敏。

3.3.1　测试数据管理的组织架构

测试数据管理的组织架构涉及的角色和职责如下。

① 测试数据管理流程负责人。

- 负责制定并维护管理流程。
- 推动流程的执行，必要时向管理层申请资源投入。
- 监控流程的执行，回顾绩效并审核流程执行情况报告，推动流程的改进。

② 测试数据借用申请人。

- 根据测试项目的实际需要，提出测试借用生产数据的申请。
- 根据数据借用审核要求，补充必要资料。
- 负责测试数据的保密管理，按照保密承诺的内容进行数据保密和清理工作。

③ 测试数据借用审批人。

- 负责审批测试数据借用申请，推动审批流程的顺利进行。
- 反馈审批结果。

④ 数据脱敏处理人。

- 实际脱敏过程处理。
- 在处理的过程中，对于需要其他团队协助处理的申请，分派相关的任务。
- 如在处理过程中出现问题，及时通知服务申请提交人，并与服务申请人沟通。
- 更新处理状态，并记录处理过程，向申请提交人反馈处理的结果。

3.3.2　测试数据管理的规范流程

为规范测试数据的管理，明确测试借用生产数据过程的职责，落实测试借用生产数据的脱敏管理流程，防范泄漏生产数据和测试数据，测试管理方需制定《测试数据管理规范》，包含但不限于测试借用生产数据、测试数据清理两个流程。

1. 测试借用生产数据的流程

包含五项关键活动，分别是提出申请、审批申请、数据脱敏处理、脱敏数据交付和数据确认，各活动的输入输出和步骤描述见表 3-1。

表 3-1　测试借用生产数据的流程

步骤	输入	步骤描述	输出
1. 提出申请		测试数据需求人根据测试项目的需要，向测试数据审批人提出测试数据借用申请	测试数据借用申请单
2. 审批测试数据借用申请	测试数据借用申请工单	① 查看申请单信息，确定是否满足受理条件，满足受理条件即可进入受理 / 核流程；② 如果因各种原因无法受理，则需要将申请单退回给申请提交人	审核后的测试数据借用申请工单
3. 数据脱敏处理	审核后的测试数据借用申请工单	数据脱敏处理人根据测试数据借用申请单的详细信息进行数据脱敏	脱敏数据
4. 脱敏数据交付	脱敏数据	完成数据脱敏后，数据脱敏处理人将脱敏后的数据交付给测试数据需求人	脱敏数据
5. 数据确认	脱敏数据	数据借用申请人员确认脱敏数据（测试数据）是否符合需求	

2. 测试数据清理的流程

包含申请测试数据清理、确认清理两项关键活动，各活动的输入输出和步骤描述见表 3-2。

表 3-2　测试数据清理的流程

步骤	输入	步骤描述	输出
1. 申请测试数据清理		① 当测试数据使用完毕或使用期限到期后，测试项目组与测试相关支持团队进行测试数据的清理工作；② 保留系统日志文件，记录清理内容，截取数据清理相关屏幕记录	数据清理记录及截屏信息
2. 确认清理	数据清理记录及截屏信息	① 测试管理方审核测试数据清理记录单（如图 3-6 所示）的内容；② 归档测试数据清理记录单	测试数据清理记录单

测试数据清理记录单

测试数据申请工单编号（remedy 系统）			
测试数据使用期限			
数据清理日期		数据清理方式	
清理团队		数据清理人	
清理内容			
清理截屏			
测试管理审核结果		审核人	

图 3-6 测试数据清理记录单

3.3.3 测试数据全生命周期管理

测试数据管理实现了测试数据申请、测试数据审批、测试数据脱敏、测试数据交付、测试数据使用、测试数据清理六个阶段的全生命周期管理（如图 3-7 所示），并通过对测试数据借用管理流程的回顾总结，持续改进测试数据借用管理规范与流程。

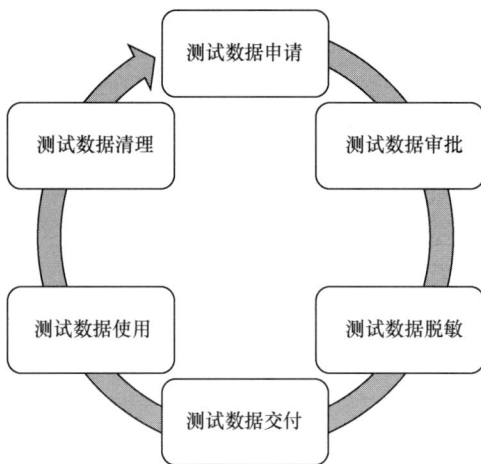

图 3-7 测试数据全生命周期

第 4 章

银行业数据中心
性能测试项目群
管理实践

4.1 整合管理

性能测试项目群管理的最终目标是以服务生产为核心和宗旨，在时间有限、资源有限的前提下，合理安排项目，调配资源，高效、充分地利用时间和资源，尽可能多地服务于生产，最大程度地完成更多的测试任务，及时有效地为生产提供参考和支持。

性能测试项目群包含了多个管理活动，其中整合管理的目的是识别、定义、组合、统一与协调项目群管理的各种过程和活动，同时，监控项目群的整个生命周期（包括项目群启动阶段、测试准备阶段、测试执行阶段、测试收尾阶段）的各项管理工作。项目群的整个生命周期如图4-1所示。

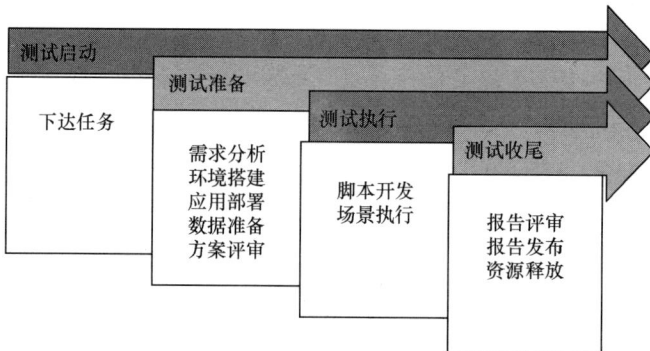

图 4-1　项目群的整个生命周期

4.1.1 项目监控

项目监控是性能测试项目群管理的重要内容，是项目控制的前提和条件。在进行项目管理的过程中，需要按照项目计划对项目的实施过程进行监控，以保证项目在预定的成本、进度下保质保量地完成。项目监控就是为了保证项目能够按照预先设定的计划轨道行驶，使项目不要偏离预定的发展进程。监控是一个反馈的过程，需要在项目实施的全过程中跟踪控制项目。

测试项目监控是指对需求审核、测试任务启动、测试环境搭建、测试任务执行及测试任务交付各阶段的项目进展、阶段交付物进行分析和评估，依据跟踪与监控策略采取有效的行动，及时协调解决各项测试问题，确保项目按照计划、成本和质量要求完成。

项目监控流程包括：

① 确定监控对象；

② 采集监控信息；

③ 分析监控信息；

④ 形成监控报告。

项目监控对象包括以下四个。

① 测试项目进度：反映进展程度的指标，通过合理安排和控制项目进度，使项目按计划有序地进行。

② 测试成本：包括测试和支持的人力资源成本和设备资源成本。

③ 测试范围：测试范围是否有变更。

④ 测试风险：是对可能影响项目进度、成本、质量的所有事件的集合。

项目监控内容包括以下五个方面。

① 测试需求审核：需求方对测试范围和测试目标是否明确（避免项目后期需求随意变化），测试范围和目标是否切合实际的预期；相关方是否对测试范围和测试目标达成一致意见；相关方对测试项目的支持是否能够提供足够的保障，了解相关方高层管理的态度。

② 测试环境搭建：相关方是否就基础环境的架构和版本达成一致（是否有已确认的部署方案）；对于未纳入基线版本库的系统软件或中间件需求是否可以按期纳入版本库；相关方是否对不符合数据中心安全标准的权限、配置需求已达成一致；对于需要相关方共同配合的环境搭建工作是否已确认职责和流程。

③ 测试任务启动：测试计划的编制是否合理，是否有明确的可识别的项目里程碑；是否明确了相关部门接口人和每件工作的责任人，对于项目所需的骨干人员是否能按时间计划配合进行测试；相关各方是否都参与了测试方案的审核，测试方案是否经过评审，是否有评审会纪要；挡板程序与被测版本相互独立，部署在不同的服务器；被测版本应从版本库出库，并不得变动，如测试需要对被测版本进行变更，需有书面记录并明确变更原因和影响范围。

④ 测试任务执行：跟踪信息来源为测试日报、问题单等；铺底数据质量是否

经过验证与确认，是否满足后期测试要求，可能会导致后期的重复工作；检查计划的完成情况（检查应该开始的工作和正在进行中的工作）；跟踪测试过程中出现的问题，确认问题等级，及时上报延期的问题及高等级问题；如需调整测试计划、测试范围、测试目标、环境架构、测试版本等，必须经由相关方通过会议纪要确认。

⑤ 测试任务交付：测试中更新的系统版本是否在功能测试环境中进行了同步，是否进行了验证；测试报告评审是否经过相关方的书面确认，是否对测试报告中的风险提示达成共识和确认；测试数据是否已清理，是否具备测试数据清理记录单；测试环境是否需要保留作为常备环境，如果不需要保留，释放资源清单是否准确完整。

如果在监控过程中发现问题或者风险，就相应地启动问题管理流程、风险管理流程和变更管理流程。

4.1.2 项目变更管理

在测试项目执行的过程中，有可能出现测试任务的变更。测试任务变更就是指在测试方案评审完成后，由于内外部因素导致测试实施方需要对测试实施计划、测试内容进行调整的情况。

变更管理是指测试项目群管理方对各测试实施方提出的变更申请进行审核，并由测试实施方依据审核结果执行后续测试的管理过程。

根据变更内容的不同分为范围变更、进度变更、测试经理变更（又称人员变更）及其他变更。

① 范围变更是指测试范围发生变化的情况。

② 进度变更是指测试进度发生变化的情况（注：如果是由范围变化导致进度变化的，归类为范围变更）。

③ 测试经理变更是指在测试过程中测试经理调整的情况。

④ 其他变更是指除上述三种情况以外的变化，例如测试中止等情况。

在项目变更管理的过程中，除了要管理单项任务的变更申请、关联度及影响分析、跟进变更执行结果等，还要汇总整理各项批次测试项目变更情况，分析其对整个项目群的影响。项目变更管理的流程如图 4-2 所示。

变更提出			
测试任务编号：	测试管理发布任务通知的任务编号		
测试任务名称：	测试管理发布任务通知的任务名称		
提出人 / 方：		联系方式：	
变更类型：	范围 / 进度 / 人员 / 其他	变更阶段：	筹备 / 实施 / 结项
变更描述： 请说明 1. 变更原因（包含但不限于项目经理 / 范围基准 / 基础环境 / 应用环境 / 数据） 2. 将要产生哪方面（范围 / 进度 / 人员 / 其他）的什么变更 3. 变更的影响			
初审意见： （测试实施管理负责人）		初审人：	
		初审日期：	
变更审核			
项目变更影响分析及关联影响分析： 　（测试经理对于该项目变更是否获得项目相关方共识、是否对投产有影响、是否对关联项目的性能测试有影响进行分析）		审核人：	
		审核日期：	
审批意见： （测试项目群管理负责人）		审批人：	
		审批日期：	

图 4-2　项目变更管理的流程

4.1.3　项目工作绩效报告

衡量测试项目绩效考核的指标主要有"性能测试项目问题排除率"和"测试项目按期完成率"。

1. 性能测试项目问题排除率

性能测试项目问题排除率 =（本年度已投产的性能测试项目总数 − 截至下一个批次投产之前出现性能问题的项目数）/ 本年度已投产的性能测试项目总数 × 100%

针对该指标及计算公式的说明如下：本指标是对测试条线整体测试质量的考核，本指标以项目总数而非问题数作为统计依据，即一个项目出现一个或多个性能测试问题，均按一个项目统计。根据初步统计的生产中出现的性能问题，将按照以下原则认定：

对于测试方案考虑不周、选定的测试范围不适当、因测试不全面造成生产中出现的性能问题，才被认定为性能测试问题。其余原因为非性能问题，或者采用一事一议的方式判定。

2. 测试项目按期完成率

测试项目按期完成率 =1- 每季度未按期完成的性能测试项目数 / 每季度应完成的性能测试项目总数。

4.1.4　组织过程资产更新

测试管理工作中会产生大量的文档，既有为日常工作提供指导的规范及流程，也有工作中产出的项目文档、环境管理文档以及工作汇报等综合管理文档。文档是测试管理团队工作积累的重要财富，需要统一管理。

因此，建立测试项目群管理文档库实现了项目群管理过程文档的集中管理，并拟定了测试文档管理方案。每个项目群周期结束后，各项目负责人要更新相应的组织过程资产，具体的组织过程资产见表 4-1。

表 4-1　组织过程资产

类别	子类别	存储文件	文件来源	负责人 / 更新频率
具体项目类	项目管理	测试需求书 技术方案建议书 性能测试技术方案 ● 测试技术方案 ● 性能测试环境资源配置 ● 性能测试业务交易调查表 ● 性能测试场景定义 ● 性能测试数据准备方案 ● 性能测试技术方案评审会会议纪要	开发方、测试实施方、召集会议方	项目经理 / 文档准备好时更新
	性能测试日报	性能测试日报（整理到一份文档中）	测试实施方	项目经理 / 每周更新
	性能测试技术报告	关于明确 ×× 系统压力测试指标的函 关于发送 ×× 系统性能测试报告的函 性能测试场景 性能测试问题单 性能测试技术报告 性能测试技术报告评审会会议纪要	总工室、测试实施方、召集会议方	项目经理 / 文档准备好时更新

类别	子类别	存储文件	文件来源	负责人 / 更新频率
具体项目类	项目讨论	相关会议纪要 小范围讨论的非正式会议讨论总结 邮件讨论汇总 一事一议会议纪要及相关文档	召集会议方、 项目经理	项目经理 / 文档准备好时更新
	测试环境管理	环境搭建 / 扩容 ● 排期会议纪要 ● 技术方案建议书 ● 系统资源配置及环境需求 ● 非生产环境需求申请单 ● 需求预审清单 ● 测试类资源申请表（包含基础环境组申请和科技部批复信息） ● 系统交付书（及更新） ● 搭建指令的邮件汇总 ● 关于环境问题的讨论记录 环境变更 ● 服务保障环境需求申请表 ● 邮件汇总 环境释放 ● 非生产环境系统下线 / 资源释放指令 ● ×× 项目性能测试环境释放申请表 ● 邮件汇总	业务需求方、 测试管理方、 架构审核方、 资源保障方、 环境维护方、 生产运维方	环境调度经理 / 文档准备好时更新

4.2　范围管理

4.2.1　需求收集

性能测试需求的提出是以解决已有或预期的生产运维压力为立足点。目前，需求可由软件开发单位及数据中心共同提出：软件开发单位结合软件产品的技术属性及业务功能属性提出性能测试需求；数据中心根据生产运维经验并结合现有系统性能表现提出性能测试需求。形成针对内、外部测试需求的统一受理、统一排期、统一派发、统一组织协调的测试管理机制。

时间点：批次投产前 4 个月。

方式：以邮件形式向中心内外部征集测试需求。有测试需求的部门依据模板反馈需求。

对象：开发方、分行、环境维护方、其他技术团队。

4.2.2 需求评估

需求评估主要关注需求实施的可行性及必要性，综合评价测试需求所需要的资源、关联生产压力、测试周期及投产安排、实施方产能条件等因素。在进行需求评估时，严格执行准入标准，综合考虑各项需求的优先级、需求间关联性约束等因素确定测试任务的最终实施安排。

参与方：测试管理方、测试实施方。

评估内容：充分了解测试需求，确认需求的准确性，初步评估测试的必要性和可行性。

测试需求评估详单如图 4-3 所示。

序号	产品标识	需求编号	任务名称	需求类型	测试必要性简述	投产/推广前提		测试资源需求建议					
						是/否	原因	资源说明	环境平台	Lpar个数	CPU	内存(GB)	存储(TB)

最近一次性能测试情况	评分						开发部	产品开发方式	任务投产批次	建议性能测试批次	期望完成测试时间	联系人
	可用性定级	交易量压力	架构调整	版本升级	资源占用	优先级得分						

图 4-3　测试需求评估详单

1.测试必要性评估要素

测试对象：模块、子模块、可用性等级。

测试原因：新投产、业务拓展、版本升级、架构变化、应对峰值、生产问题。

测试范围：是否联测、联机、批量。

测试目的：验证、对比、复现。

投产前提：是否投产前提。

需求来源：数据中心内部、开发方或者其他部门。

是否已投产："是"则关注生产上的性能表现，硬件资源；"否"则关注立项材料。

性能指标要求：TPS（近期还是远期）、交易响应时间、交易成功率、批量时间。

投产情况：投产时间、投产范围。

影响程度：对公 / 对私 / 内部人员；影响营业开门；被测系统对其他关键系统是否有直接或间接的影响。

重要程度：可用性等级高的（对应 SLA 中 A5、A4 级别）、解决生产问题的、应对特殊时点的、新投产的、指标要求高的、行长关注、银监会要求。

最近一次压测情况：测的是什么、达到的指标是什么、测试环境是什么。

特殊要求：重点项目、监管要求等。

2. 测试可行性评估要素

完成时间要求：批次任务、批次内跟踪。

软硬件资源：常备还是新搭环境，开放平台还是 X86 平台，需要的 VC 和 EC，存储大小，特殊资源（物理机、特殊介质等），资源是否具备。

开发支持：自主开发还是外部开发。

版本提交时间：功能测试版本提交时间及当前的开发阶段。

测试数据：生产数据还是自制数据。

人力资源：测试经理和测试项目组成员。

干系人：业务部门和科技部门相关人员。

4.2.3　科学排期

对已评估后并提交的需求进行多部门联合排期，慎重决策。从生产的实际情况、系统重要性等级、交易压力情况、投产范围、是否为新投产产品、历史测试情况、测试周期情况、资源支持情况等多方面考量，最终确定纳入批次实施的性能测试任务，并确定各任务的优先级。在投产时间紧迫、资源有限的情况下，保证真正有测试需要的项目能被及时安排，没有必要进行性能测试或者需求不紧急的项目不被安排或时延安排。

采用层次化任务管理方式，性能测试任务被按照投产前提、非投产前提、非批次测试三类标准划分，并依此制定不同的测试时间要求和环境使用策略。同时，将测试规划工作前移，更早进行测试项目的跟踪和调研。

4.2.4　任务分派与调整

对于待分派的任务，测试管理方指定项目跟踪人了解需求调研与分析情况，确认是否具备测试必要性和可实施性，核对是否已具备正式测试的依据。对于已接收到正式测试的依据，并已完成需求调研工作，具备测试必要性和可实施性的任务，向相应的测试实施方发送任务通知分派任务，各项目跟踪人及时介入，跟踪和监控任务。

4.3　进度管理

4.3.1　项目群时间计划的制订与调整

项目群时间安排首先要符合年度实施批次计划表。其次在项目群时间区间内，根据各项目的特点，比如是否投产前提（投产前提的项目要求在项目正式发布前完成）、工作量大小、是否需要等待资源等，安排项目群内各项目的实施时间。

在召开测试排期会之前，提前评估出基本确定能纳入排期的测试需求，制定搭建策略并评估完成时间，分批次下达环境搭建指令。以需求评估为起点，并行进行需求调研、环境搭建等。性能测试项目年度实施批次计划如图 4-4 所示。

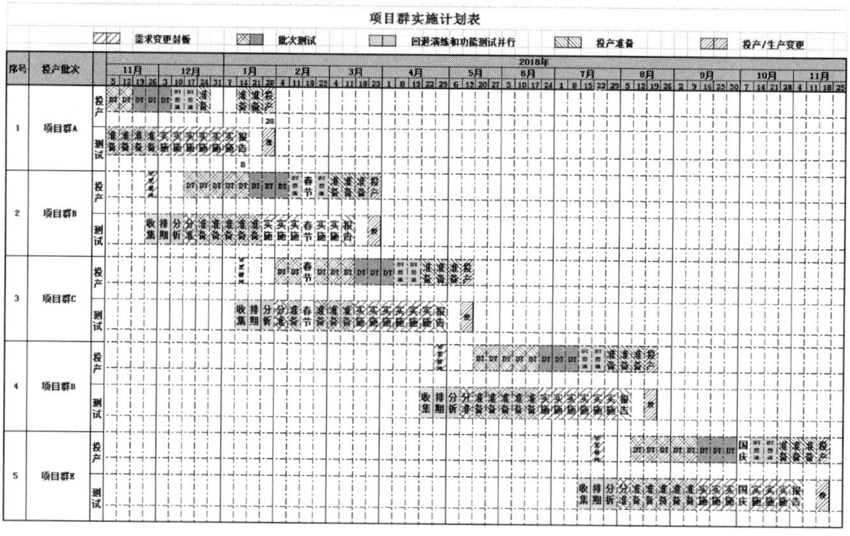

图 4-4　性能测试项目年度实施批次计划

4.3.2　进度控制

进度控制有双重目标：一是确保项目群（及项目）的进展符合计划进度；二是监督和控制该计划进展中的任何变更。在进度管理中需要实施以下工作：

① 对活动和里程碑的实际开始和完成日期进行跟踪并将其与计划的时间表相比较；

② 对导致进度变更的因素施加影响；

③ 识别项目群进度是否已变更，如由于某项批准的变更导致的进度改变，应相应地更新计划；

④ 管理发生的变更。

进度控制与项目群的其他管理过程是密切相关的。例如，范围或成本方面的变更均可能导致进度变更。进度控制包含以下两种识别变更。

① 延误：延误变更会导致活动或里程碑的完成日期时延。

② 机会：机会变更会使活动提前完成或比计划提前实现里程碑目标。

因此，在管理中应时刻提防可能出现的延误并寻找机会。我们通过优化管理和测试流程，建立高效沟通机制，快速响应测试问题，及时纠正和补救偏离测试计划的任务，确保能按期完成每个项目，尤其对于投产前提的任务，务必在投产前两周完成。

4.4　质量管理

4.4.1　质量、资源和时间的平衡

从测试指标、环境配置、文档标准、生产问题比对与回顾等几个方面控制测试项目质量，保障生产安全。

质量控制是测试工作的核心任务，也是测试工作需精益求精的工作目标。如何在资源、时间有限的情况下尽可能地提高测试质量，贯穿于整个测试管理过程的各个环节。数据中心测试管理体系还建立了以下工作制度，以确保整个体系科学、高效地运转。

1. 采用科学的排期方法

从生产实际情况、系统重要性等级、交易压力情况、投产范围、是否为新投产产品、历史测试情况、测试周期情况、资源支持情况等多方面考量，最终确定纳入批次实施的性能测试任务，并确定各任务的优先级。在投产时间紧迫，资源有限的情况下，保证真正有测试需要的项目能被及时安排，没有必要进行性能测试或者需求不紧急的项目不被安排或时延安排。

2. 建立严格的评审制度

为了更好地保证测试质量，整个测试过程会邀请相关领域的专家共同完成测试评审工作，并根据评审结论调整方案、报告或者增加测试关注点。测试开始前要进行测试方案的评审，测试结束后要进行测试报告的评审。参加评审的专家除了测试项目组，还包括业务部门、总工室、科技部、数据中心、软件中心相关技术参与方等。

测试方案评审重点关注测试范围、测试架构、硬件资源（是否与生产一致）、测试计划、工作量和风险点，目标是希望参会人员能够从业务和技术的层面给出建议和意见。

测试报告评审重点关注测试结论、性能极限、资源使用率、是否有遗留问题和投产后的风险。

3. 实施过程合规检查

建立了较完整的测试规范管理体系制度文件系统，根据测试质量控制指标设置分析情况，重新梳理和优化测试质量控制指标设置，重点关注测试过程质量控制指标，使测试质量控制指标涵盖测试过程的各个阶段与领域，形成了较为完整的测试质量控制指标体系。同时，在测试过程中和测试结束时分别设置检查点，由独立的合规审查方进行合规检查，及时通报检查结果，各测试实施方根据检查结果整改和过程优化。

4.4.2　测试与生产的衔接

测试管理工作的整体思路是：以确保批次项目投产及生产安全为根本出发点；遵循统一规范、统一计划、统一组织；做好与项目、与生产、与上下游之间的关联关系。

1. 围绕生产做好全周期性能测试，排除生产风险

系统投产前：完成软件版本投产前验证测试、特殊时点的大压力测试等，保

证投产安全。

生产运维中：关注生产中重要系统的业务增长趋势和资源使用情况及性能的实际表现，发现系统性能瓶颈并调优。

发现问题后：重现生产问题，协助分析和定位故障原因，验证和解决问题。

2. 加强对重要生产系统的测试响应

关注可能出现生产性能问题的交易系统，加强重要系统的测试响应机制。通过定期向中心各相关方征集性能测试需求，并在代表中心参加科技体系性能排期时提出相关意见，使得性能测试需求能及时体现当前的生产系统运维情况。

3. 建立将投产部署方案与测试部署方案比对的工作机制

建立了将批次投产部署方案与测试环境比对的工作机制，根据测试环境的实际搭建情况，对生产方案提出了很多意见和建议。比如通过比对，发现软件中心没有提交某些系统的环境搭建申请，督促其按照部署方案提交环境需求，并在测试过程中补充新增了该测试环境的相关案例，保证了测试的全面性。此外，比对出部分投产部署方案的环境架构、系统版本基线与测试环境不一致的问题，与相关团队充分沟通后，按照达成一致的方案修复投产部署方案，保证了测试的有效性。

同时在系统投产前，通过批次转段会将性能测试结果以及测试环境搭建过程中遇到的难点和重点问题向生产运维方交接，同时传递测试环境维护过程中的经验和教训。后续将进一步完善转段内容，更全面地向生产环境提供经验和教训。

4.5　人力资源管理

人力资源管理在整个项目群运行过程中是必不可少的，为了有效管理项目群，需要定义项目群中的角色及相关职责。

1. 测试项目群管理的角色

测试项目群管理的角色包括任务发布和管理者、资源管理者、数据管理者和任务跟踪者。

2. 角色任务分配

任务发布和管理者：负责测试任务受理、任务相关文档审查和任务分派；测试实施进度监控与公示；测试任务的变更管理、问题管理和风险管理。

任务跟踪者：根据性能测试任务所属产品条线，针对每个测试项目，选派专人负责全程跟踪，参加项目相关评审会、讨论会，随时掌握项目的进度和问题，做好各部门间的沟通协调工作。同时，积极配合进行测试质量检查工作，保证测试过程的合规可控。

资源管理者：主要负责测试环境的总体管理，包括需求受理、任务排期、资源调度、台账维护和资源信息发布等，以及服务保障环境重要变更的统筹排期和组织实施。

数据管理者：测试数据管理过程中的需求受理，以及脱敏环境协调、数据脱敏处理、测试数据交付、测试数据清理和数据安全整体跟踪管理。

4.6 风险管理

4.6.1 风险识别与评估

风险管理指针对可能影响重要测试里程碑时点的事件进行跟踪并协助测试实施人应对风险。做好风险预测工作并制定有效的应对措施，及时与各个相关团队沟通，尽量避免风险或将风险的影响降到最低。

根据风险概率和影响，我们可将风险划分为高、中、低风险，并按照风险等级由高至低的顺序协助应对风险。

从风险概率和影响两个维度给风险打分，划分为高、中、低风险，具体评分及分类方法如下。

1. 风险发生概率的判定

风险发生的概率见表 4-2。

2. 风险影响程度的判定

风险影响程度见表 4-3。

表 4-2　风险发生的概率

风险发生的概率	对应等级	对应数值
超过 70%	高	3
30% ～ 70%	中	2
低于 30%	低	1

表 4-3　风险影响程度

风险影响程度	对应等级	对应数值
测试完成日期存在时延风险	高	3
至少未来两个里程碑存在时延风险	中	2
下一个里程碑存在时延风险	低	1

3. 风险等级的划分

1）风险评分的判定（风险等级矩阵）

风险等级矩阵见表 4-4。

表 4-4　风险等级矩阵

影响程度 ＼ 发生概率	1	2	3
1	1	2	5
2	3	4	7
3	6	8	9

2）风险评分对应的风险等级

风险评分对应的风险等级见表 4-5。

表 4-5　风险评分对应的风险等级

风险等级矩阵值	1 ～ 3	4 ～ 6	7 ～ 9
风险等级	低	中	高

4.6.2　风险跟踪与应对

1. 风险

在处置风险的过程中应与相关方积极沟通，任务管理者应对处理情况予以答复说明，答复时间要求根据风险等级而定，具体如下。

风险高：1 个工作日。

风险中：3 个工作日。

风险低：5 个工作日。

风险应对方需积极配合提供风险应对方案或协助处置风险。任务管理者应及时跟进、更新风险的处置进展情况，每周向相关团队提供测试风险跟踪表，详见表 4-6。

测试实施人在相关方的配合协助下，确定风险应对方案并完成风险处置。完成风险处置后，及时通告处置情况及结果并登记风险处置情况。

2. 问题

问题管理指在数据中心测试任务管理过程中，测试管理团队针对影响某一测试项目重要测试里程碑时点的事件进行协调跟进并协助具体测试实施团队推动解决问题。

根据问题原因的不同可划分为基础环境准备、应用版本部署、生产数据借用及其他类问题。根据严重程度和影响大小划分为高、中、低共计 3 个优先级，需按照优先级由高至低的顺序安排推动解决问题。

问题管理过程中要及时接收问题并公示记录，派专人协助推动问题的解决方案共识和制订后续工作计划并督促推进解决。

问题提出人应客观描述问题，积极推动解决问题，并在确认解决问题后及时关闭问题。

测试问题跟踪表见表 4-7。

表 4-6　测试风险跟踪表

	字段	数据有效性设置	说明
问题跟踪	问题属性	性能提交	由测试实施方提交至测试管理方问题
		主动跟进	测试管理方认为需要较为重要需主动跟进的问题
	优先级	高	
		中	根据严重程度和影响大小划分为高、中、低共计 3 个优先级
		低	
	问题状态	分析中	正在由测试管理或其他相关团队进行分析的
		已明确待解决	已完成分析明确原因 / 解决方案，即将进行解决处理
		已解决	已解决
	字段	数据有效性设置	说明
风险跟踪	风险发生概率	高	风险发生概率超过 70%，对应数值 3
		中	风险发生概率介于 30% ～ 70%，对应数值 2
		低	风险发生概率低于 30%，对应数值 1
	影响程度	高	测试完成日期存在延迟风险，对应数值 3
		中	至少未来两个里程碑存在时延风险，对应数值 2
		低	下一个里程碑存在时延风险，对应数值 1
	风险等级矩阵	自然数值 1-9	计算方法：风险等级矩阵 = 风险发生概率乘以影响程度

风险编号	风险点基本信息							风险发生概率		风险影响程度		风险等级		风险处置		
	测试任务编号	所属批次	所属项目	所属系统	风险提出人	风险描述	提交/登记时间	测试管理跟踪人	概率等级	对应数值	影响程度等级	对应数值	风险等级矩阵值	风险等级	处置方案	处置状态	处理流转记录

表 4-7　测试问题跟踪表

序号	问题分类		问题基本信息							优先级	问题解决						
	问题编号	问题类型	问题属性	测试任务编号	所属批次	所属项目	所属系统	问题提出人	问题描述	提交/登记时间	测试管理跟踪人		问题状态	解决方案	解决时间要求	最终解决时间	解决耗时	处理流转记录

第 5 章

银行业数据中心
性能测试方法论

5.1 通用性能测试方法

5.1.1 通用性能测试模型

模型（Model）是系统知识的抽象表示，用于方法、示范和操作等。性能测试模型是对性能测试的主要活动及要素的抽象表示，是一种在目标应用系统中进行性能测试所采用的模型以及模型体系，包括性能测试指导原则、活动框图、操作规范等。

软件性能测试是一个复杂的工程，需要从流程要素、关键活动等多个方面来寻求最佳的解决方案。性能测试建模可为 IT 测试部门提供一个框架结构，确保能够经常改进性能测试流程满足不断扩大的性能测试需求，它是帮助 IT 测试部门不断缩短测试时间（Time）、提高测试质量（Quality）、降低测试成本（Cost）、提高服务层次（Service）的重要手段。

性能测试建模方法是为了描述性能测试的主要特征（属性、功能、交互等）而采取的途径、步骤和手段。

1. CIMOSA 建模框架介绍

CIMOSA（Computer Integrated Manufacturing – Open System Architecture，计算机集成制造开放体系结构）是由 22 家公司和大学组成的 ESPRIT-AMICE 组织开发出来的一个 CIM 开放体系结构。它提供了一整套企业建模方法和相应的集成基础结构，并且多层次、全方位地描述了 CIM 的整个建模生命周期，以一种自顶向下、由抽象到具体、从总体到部分的逐步细化的方式，给出了整个企业建模活动的运作过程，具有全面性、开放性、标准化和形式化等优点。它从三个维度对企业流程模型的设计、建立和运行提供了指导与支持。

- 生命周期维：将企业过程建模生命周期划分为需求分析（清晰准确地定义用户需求）、详细设计（分析设计满足需求的一个或多个方案并进行优选）及实施阶段（具体阐明实施方案的技术条件与约束）三个阶段，表明企业建模过程是一个从需求分析、设计说明到实施描述的逐步推导的过程。

- 视图维：针对系统的复杂性，从功能视图（企业的功能与结构特征）、信息视图（使用和产生的数据对象）、资源视图（企业具备的人员、技术、设备等资源及关系）和组织视图（企业的组织结构与关系）等视角表述企业建模过程的各个方面，表明企业建模过程是一个从功能收集开始的，以迭代的方式逐步生成各个视图的过程。

- 通用性层次维：根据模型通用性可分为通用层、部分通用层和专用层三个层次，表明企业模型从一般到特殊的逐步演化过程。

CIM OSA 模型架构如图 5-1 所示。

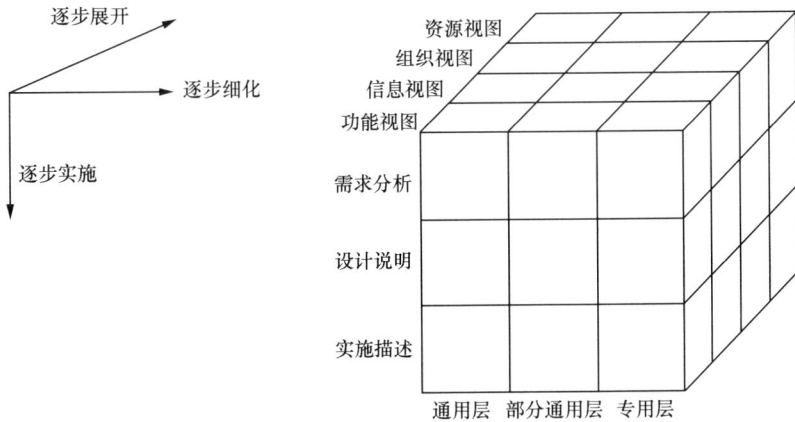

图 5-1　CIM OSA 模型架构

2. 性能测试模型构建过程

CIMOSA 建模框架在建模周期、建模视图及建模层次等方面为企业级建模提供了通用的指导方法，将其应用于应用系统的性能测试建模过程是一个不断创新和完善的复杂过程。以下通过生命周期维、视图维及通用性层次维等多个维度阐述建模过程。

性能测试模型构建过程如下。

① 生命周期维：性能测试模型建模周期分为三个阶段。

- 需求分析阶段。通过对性能测试的范围、测试内容、测试流程、内部组织架构等的调研，完成对性能测试建模的目标、项目范围及实现方式的分析，搭建了模型主要构件。

- 详细设计阶段。完成项目的详细设计与实现，包括确定理论框架、建立模型、定制流程与文档、设计与实现管理平台等，并逐渐试用于项目测试中。

- 实施阶段。完成性能测试模型的应用推广与实施。成立专门的性能测试团队，明确团队的工作职责，规范内部工作流程，所有项目均按模型化方式测试与管理。同时也积累了大量的项目实践，通过不断地改进和扩展模型，最终形成了完整的性能测试模型。

② 视图维：根据项目研究进度的安排，各视图是一个逐步完善的过程。最早完成过程视图和功能视图的建模，根据团队的设立完成资源视图的建模，最后根据项目实践完成信息视图的建模。

模型视图如图 5-2 所示。

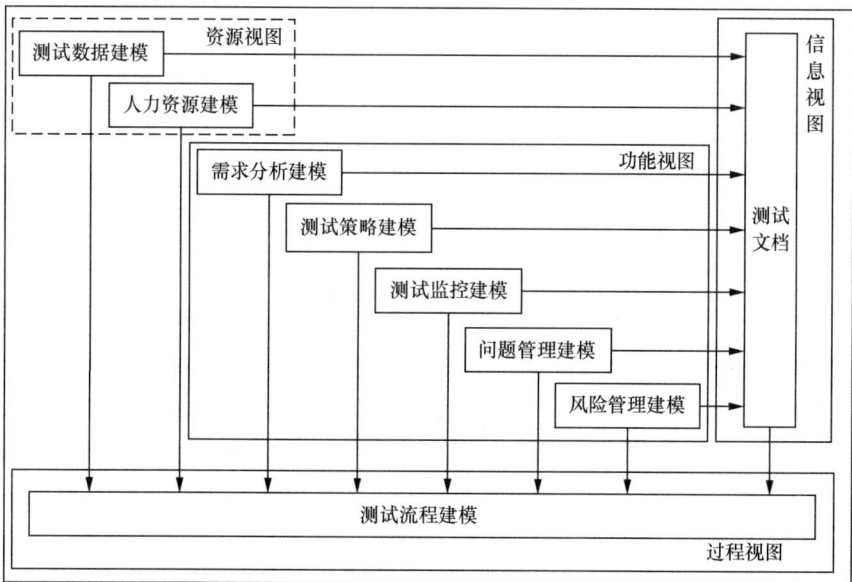

图 5-2　模型视图

• 过程视图建模。对性能测试流程建模，将性能测试过程分解为需求分析、测试计划、测试设计、测试准备、测试执行、测试结果分析与报告编制以及投产性能对比分析 7 个阶段，并细化每个阶段的任务项。

• 功能视图建模。针对过程视图中的关键任务项进行分析和建模，包括测试需求分析、测试策略、测试监控与调优、测试问题管理、测试风险管理的分析和建模。

• 资源视图建模。针对测试过程中的关键资源进行分析和建模，包括测试数据资源建模、人力资源建模。

● 信息视图建模。主要涉及测试文档输入、产生、流转、跟踪和检查，贯穿在上述模型之中。

③ 通用性层次维：在建模周期内，通过分析应用系统的业务性质、系统架构与技术实现等特点，将应用系统进行了细分，即以向用户提供服务为主的联机类系统、以数据处理与分析为主的批量类系统、统一交易接口或数据输出的平台类系统。每类应用系统的需求分析、测试设计、性能监控、数据准备将有不同的侧重。

5.1.2　性能分析的理论

1. 2/5/8 原则

所谓响应时间的"2-5-8 原则"，简单地说：当用户能够在 2s 以内得到响应时，会感觉系统的响应很快；当用户在 2 ~ 5s 得到响应时，会感觉系统的响应速度还可以；当用户在 5 ~ 8s 得到响应时，会感觉系统的响应速度很慢，但是还可以接受；而当用户在超过 8s 后仍然无法得到响应时，会感觉系统糟透了，或者认为系统已经失去响应，而选择离开这个 Web 站点，或者发起第二次请求。

2. 二八原则

二八定律也叫巴莱多定律，是 19 世纪末 20 世纪初意大利经济学家巴莱多发明的。该定律的主要内容为：在任何一组东西中，最重要的只占其中一小部分，约 20%；其余 80% 的尽管是多数，却是次要的，因此又称二八法则。

用于减少风险、抓住重点进行更多的测试：用户 80% 的时间在使用软件产品中 20% 的功能。"重点测试"就是测试这 20% 的功能，而其他 80% 的功能属于优先级低的测试范围，占 20% 的测试资源。

（1）实例：对测试强度估算

基本概念：每个工作日 80% 的业务在 20% 的时间内完成。例如每天工作 8h，那么每天 80% 的业务在 $8 \times 20\% = 1.6h$ 内完成。

去年全年共处理业务约 100 万笔，其中：15% 的业务在处理过程中，每笔业务需对应用服务器提交 7 次请求；70% 的业务在处理过程中，每笔业务需对应用服务器提交 5 次请求；其余 15% 的业务在处理过程中，每笔业务对应用服务器提交 3 次请求。根据以往的统计结果，每年的业务增量为 15%，考虑到今后 3 年业务发展的需要，测试需按现有业务量的两倍进行。

测试强度估算如下。

每年的总请求数为：

（100×15%×7+100×70%×5+100×15%×3）×2 = 1000 万次 / 年

每天的请求数为：

1000/240=4.17 万 / 天 < 备注：每个月为 20 个工作日，所以 1 年为 240 天 > 每秒请求数：（41660×80%）/（8×20%×3600）= 5.79 次 / 秒。

（2）二八原则其他含义

① 80% 的错误是由 20% 的模块引起的。站在用户角度，并非研发实现的角度出发，正确地选择重要模块作为测试重点将不会偏离方向。

② 80% 的测试成本花在 20% 的软件模块中。设计用例时需要将时间倾斜花在复杂的 20% 核心模块上，从而设计更高效的测试用例。

③ 80% 的测试时间花在 20% 的软件模块中。软件测试执行过程中需要将时间倾斜在重要模块的测试用例中，从而使测试更加有效，及时发现 bug。

3. 由易到难原则

查找瓶颈时可按以下由易到难的顺序：服务器硬件瓶颈→网络瓶颈（对局域网，可以不考虑）→服务器操作系统瓶颈（参数配置）→中间件瓶颈（参数配置、数据库、Web 服务器等）→应用瓶颈（SQL 语句、数据库设计、业务逻辑、算法等）。

5.1.3　性能调优的准则

性能调优是为了改善系统某些方面的性能而对系统软件或者硬件进行的修改。在性能测试调优过程中需要遵循以下原则：

① 有明确的性能测试目标；

② 在每次调优前，要尽可能对假设做出清晰的、明确的表述；

③ 每次调优仅执行一个配置变更；

④ 在每次调优后，使用相同的测试场景，在尽可能一致的后台数据环境进行测试，执行结果要与基线对比分析，确认解决方案是否有效并关注是否带来其他问题；

⑤ 先整体后局部，层层剥离，即先调系统（操作系统、中间件）、网络，再调数据库，最后调整应用系统。

性能调优过程可用图 5-3 描述。

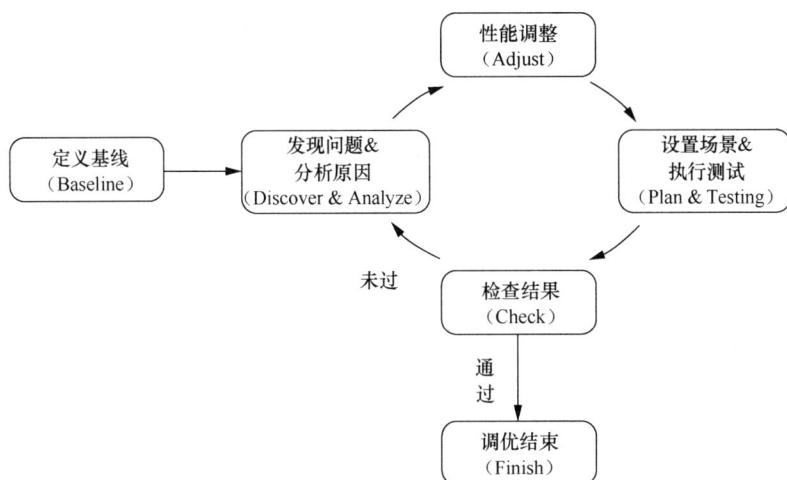

图 5-3　性能调优过程

在执行场景的过程中，如果系统存在某些性能问题，通过对系统响应时间、吞吐量及系统资源的监控，可发现性能问题的征兆。通过分析问题征兆，可帮助推断系统存在何种类型的性能问题。常见问题征兆见表 5-1。

表 5-1　常见问题征兆

问题征兆	征兆的描述
持续运行缓慢	时常发现应用程序运行缓慢。通过改变环境因子（如负载量、数据库连接数等）也无法有效提升整体响应时间
系统性能随时间的增加逐渐下降	在负载稳定的情况下，系统运行时间越长速度越慢。可能是由于超出某个阈值范围，系统运行频繁出错导致系统死锁或崩溃
系统性能随负载的增加逐渐下降	随着用户数目的增多，应用程序的运行越来越缓慢。若干个用户退出系统后，应用程序就能够恢复正常运行状态
间发性的系统挂起或异常错误	有时候可能受负载或其他因素的影响，当面不能完全显示，又或者是追踪到异常和堆栈的错误页，用户此时会看到系统挂起的情况。系统挂起的次数可能会稍有不同，然而即便是经过预烧（burn in）试验也无法完全消除
可预见的死锁	系统挂起或系统出错发生的频率随着时间的推移明显增多，直到系统完全死锁。通常借助自动重启的故障管理模式解决上述问题
系统突然出现混乱	系统正常运行，且在或多或少的一段时间内（譬如可以是 1h 也可以是 3 天）拥有良好的运行性能，却突然毫无征兆地出错甚至死锁

通过分析问题征兆及时发现可能存在的性能问题，详见表 5-2。

表 5-2　可能存在的性能问题

问题征兆	可能的性能问题	问题描述	问题原因或解决办法
系统性能随时间的增加逐渐下降，系统性能随负载的增加逐渐下降	内存泄漏呈线性增长	各单元（如每个事务或每个用户等）的内存泄漏，导致内存使用率随时间或负载的增加呈线性增长。系统性能随时间或负载的增加大幅下降，重启后系统可恢复正常	虽然有许多外在因素存在（如各单元数据的链表存储、尚未回收的缓冲中的回收或增长操作等），但最常见的原因还是资源泄漏
系统性能随时间的增加逐渐下降，系统性能随负载的增加逐渐下降	内存泄漏呈指数级增长	内存泄漏呈双倍增长，导致系统内存消耗随时间呈指数变化	虽然有许多外在因素存在（如各单元数据的链表存储、尚未回收的缓冲中的回收或增长操作等），但最常见的原因还是资源泄漏
可预见的死锁	导致无限循环的编码缺陷	线程在 while 语句返回值为"真"的情况下发生阻塞，将最终演变成为 CPU 密集型和等待密集型或螺旋等待变量	需要进行侵入式循环切除
系统性能随时间的增加逐渐下降，可预见的死锁，系统突然出现混乱	资源泄漏	JDBC 语句、CICS 事务网关连接等出现资源泄漏，引发 Java 桥接层和后台系统出现严重性能问题	通常是由于遗漏了 Finally 模块，或者只是没有用 close 函数关闭代表外部资源的对象
系统持续缓慢运行，系统性能随负载的增加逐渐下降	外部瓶颈	后台或其他外部系统（如用户验证）运行缓慢，大大影响 J2EE 应用服务器及应用程序的运行速度	向专家（包括可靠的第三方或系统管理员等）咨询特定外部瓶颈问题的有效解决方法
系统持续缓慢运行，系统性能随负载的增加逐渐下降	外部系统的过度使用	J2EE 应用程序发送的请求过大过多，滥用后台系统资源	消除冗余的工作请求，分批处理同类工作请求，把大请求细分为若干个小请求，调整工作请求或后台系统（例如为公共查询的关键字建立索引）等
系统持续缓慢运行，系统性能随负载的增加逐渐下降	频繁调用 CPU 密集型组件的编码缺陷	J2EE 领域的通病是：些许编码缺陷或少量编码的交互失败，都会令 CPU 挂起，从而将数据流量速度降至蜗行	最好的解决方法是将数据存储在本地缓存中，或者为执行算法配备高速缓存储器
系统持续缓慢运行，系统性能随负载的增加逐渐下降	桥接层本身存在的问题	桥接层（如 JDBC 驱动、CORBA 到遗留系统的连接等）存在执行缺陷。需要不断对数据和请求做编组和取消编组操作，导致该层的数据流量速度降至蜗行。这种故障现象在早期阶段与外部瓶颈极为相似	检查桥接层与外部系统的版本是否兼容。如果可能的话，评估不同桥接供应商。通过重新规划设计系统架构，则可完全旁路桥接层

续表

问题征兆	可能的性能问题	问题描述	问题原因或解决办法
系统性能随负载的增加逐渐下降，间发性的系统挂起或异常错误	内部资源瓶颈：资源的过度使用或分配不足	内部资源（如线程、放入存储池的对象等）匮乏，却无法判断是正常情况下随负载增加而引起的资源过度使用，还是由于资源泄漏引起的	若因资源分配不足引起，则可依照最大预期负载值上调存储池的最大容量；若因资源过度使用引起，请参看本表"外部系统的过度使用"一栏
可预见的死锁，系统突然出现混乱	不断重试	失败请求的频繁重试（某些极端情况下将无休止重试）	后台系统可能已经完全宕机。监控系统可用性对这样的状况有所帮助，也可以只是将多次重复尝试的请求从成功的请求中筛选出来
系统性能随负载的增加逐渐下降，间发性的系统挂起或异常错误，可预见的死锁，系统突然出现混乱	线程阻塞点	线程退回到无法完成的同步点，造成通信阻塞	或许根本没有必要进行同步（只需对系统重新设计稍加改良），当然也可以定制一些外在的锁定策略（如读取器或写入器的读/写锁）
系统突然出现混乱	线程的死锁或活锁	通常只是"获取顺序"问题	解决方法选项包括主锁、既定的获取顺序以及银行家算法
系统持续缓慢运行，系统性能随负载的增加逐渐下降，间发性的系统挂起或异常错误	网络饱和	等待时间长或基本无法任何请求打包，导致出现系统异常停运、系统挂起或活锁等情况	如此棘手的问题正在侵蚀着网络系统，如果不及时升级系统的基础架构，提升网络及路由器的运行速度，将无法扼制日后出现的类似问题

5.2　银行业数据中心性能测试的方法

5.2.1　性能测试流程详述

借鉴软件生命周期模型理论的分析方法，建立银行业数据中心性能测试生命周期模型，将性能测试过程划分为测试需求分析、测试计划、测试设计、测试准备、测试执行、测试结果分析与报告编制以及投产性能对比分析 7 个阶段。

性能测试流程模型如图 5-4 所示。

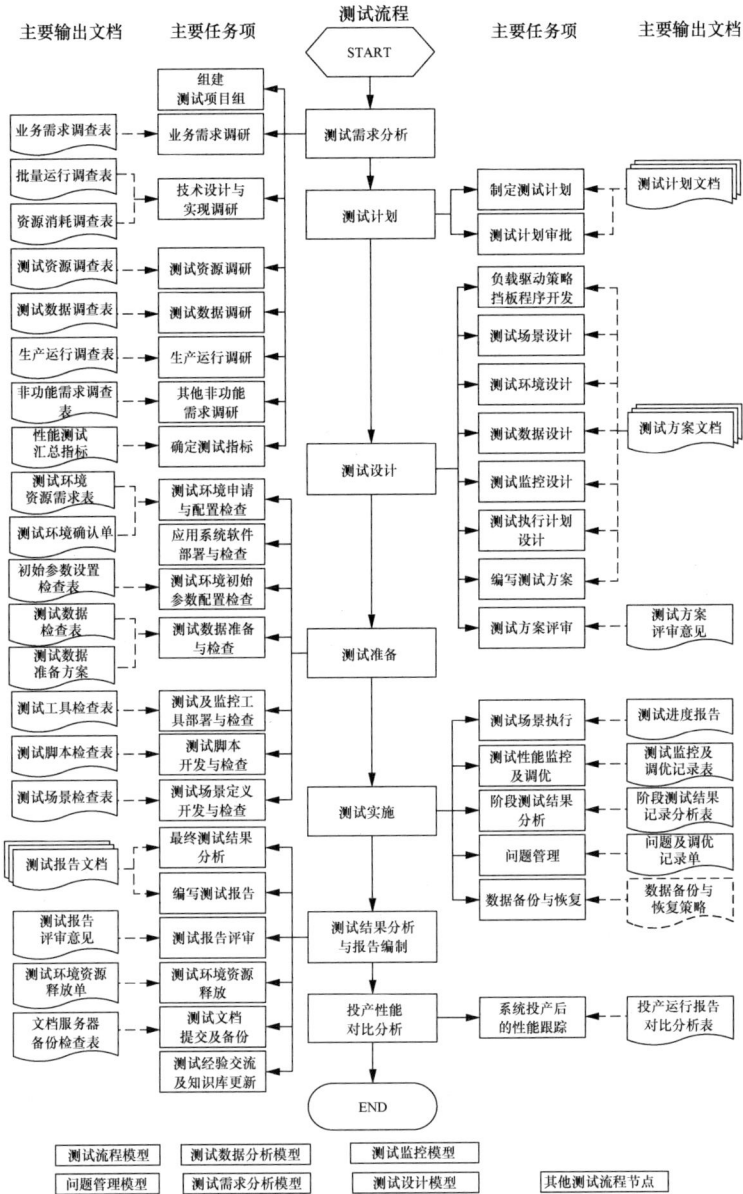

图 5-4　性能测试流程模型

性能测试流程模型由测试流程、主要任务项和输出文档组成；测试流程描述了针对某个应用系统性能测试的完整工作流程；任务项是指性能测试过程中的主要活动，通常由操作集合、输入 / 输出文档和行为人（负责人和参与人）三个因素决定，主要活动项之间通过输入 / 输出文档相互联系。

1. 测试筹备

（1）测试需求分析子流程

简要描述：完成性能测试需求调研与分析，形成"性能测试汇总目标"，并通过评审。

1）子流程图

测试需求分析子流程图如图 5-5 所示。

虽然有些系统在需求及设计阶段就提出了较明确的、期望系统达到的，或者向用户保证的性能指标，但更多的系统在软件开发完成前都对这些预期指标无明确要求，不得不在性能测试阶段进行全面的性能需求分析。用户活动剖析与业务建模是性能分析的基础，但是用户对系统性能的关注往往集中在少数几个业务活动上，有一定的局限性，所以完整的性能分析还应包括系统的技术设计与实现分析、生产运行与维护分析等其他内容。

a）业务需求及业务场景调研

用户是对被测应用系统性能表现最关注和受影响最大的对象，在确定性能目标之前，需要先找出用户的这些关注点，确定最贴近用户要求的性能目标，建立性能测试的用例和场景。业务需求部门需要完成的工作包括：收集业务使用信息、判断关键业务、提出响应时间指标要求；辅助准备测试数据、确定业务发生条件、确定业务处理逻辑等。

业务需求分析可先将应用系统按模块或产品划分，再继续细分为子模块或交易。考虑业务的上线计划和发展规划，一般应考虑三年的规模，但是也存在业务人员过于乐观地预测业务的发展速度，对系统提出不切实际的性能要求，造成测试难以通过、投产设备浪费等问题。

涉及人员：业务需求分析人员。

参考文档：用户需求说明书、业务上线计划、业务发展规划等。

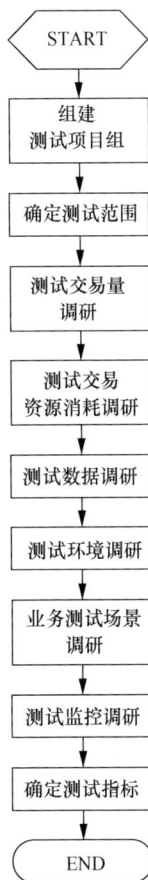

图 5-5　测试需求分析子流程图

分析内容：包括用户群、业务流程、业务执行步骤、业务的成功失败验证点、业务发展等内容。具体内容如下。

① 用户群：操作该交易的用户，一般分为内部用户和外部用户，如使用网银、ATM 自助终端的人称为外部用户。

② 用户总数：内部用户总数在不同的应用系统中差别很大，但基本都是可知或可预见的；外部用户总数一般远大于内部用户总数。

③ 最大可能的并发用户数。

④ 交易使用频度：指交易在日常业务处理流程中被执行的频度，可分为高、中、低。

⑤ 交易故障对用户的影响程度：可分为高、中、低。

⑥ 平均日交易量估算（笔／日）。

⑦ 高峰日交易量估算（笔／日）。

⑧ 每交易步骤平均容忍的响应时间（s）：报表类、历史查询类交易长于联机业务、网银类交易的容忍时间。

⑨ 每交易步骤最大容忍的响应时间（s）。

⑩ 用户平均操作时间（s）：用户从进入交易画面填写交易要素信息开始，到将交易提交所花费的时间（交易被处理后返回的时间不含在内），一般是找熟练的用户实际操作系统得出的。

⑪ 交易成功率（％）要求。

⑫ 交易发生条件。

⑬ 业务场景调研：包括日间与夜间、登录与退出、日初与日终、月末与年末等不同的业务场景，也包括系统是否存在业务量突增等情况的调研。

输出文档：性能测试业务需求调查表。

图示：业务需求及业务场景调研如图 5-6 所示。

b）技术设计与实现调研

应用系统设计采用的技术及实现的方式也直接影响了系

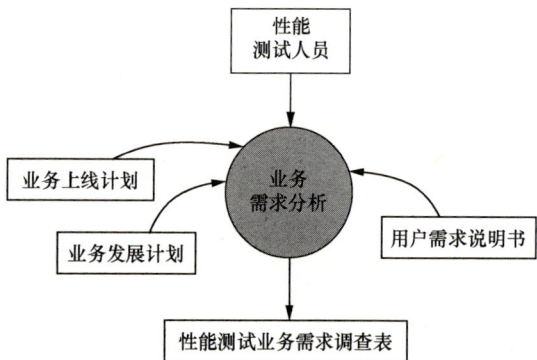

图 5-6 业务需求及业务场景调研

统的性能表现，通过技术层面的分析获取资源消耗最多、交易路由最长、最可能影响性能的交易。

此部分还包括通过对批量处理作业及并行度的分析。

涉及人员：系统设计架构师、开发项目组技术骨干。

参考文档：技术方案建议书、总体设计方案、详细设计方案、批量流程设计文档、系统上线资源配置单等。

分析内容：

a. 系统实现分析

① 交易报文大小：可分为大、中、小。

② 算法复杂程度：可分为复杂、一般、简单。

③ I/O 操作频繁程度（数据库及文件系统）：分为频繁、一般、偶尔。

④ 每次 I/O 数据量大小：分为大、中、小。

⑤ 是否跨系统：分为是、否。

⑥ 交易界面中动态内容含量：动态内容指的是交易界面中动态变化的元素，比如查询余额界面中余额、账号等就是动态内容，多用于基于 Web 页面浏览的系统。

b. 批量处理分析

① 作业并行度分析；

② 预估整体数据量和预估整体批量时长的分析；

③ 关联产品系统影响分析；

④ 各批量作业基本信息的分析，包括批量作业数、并行方式等；

⑤ 各批量作业管理关系的分析，包括批量触发条件、前导作业名、可同时并行作业名等；

⑥ 各批量作业属性描述，包括作业执行频率、预估数据量级、预估处理时长、是否有重做机制等。

输出文档：批量运行调查表。

图示：技术设计与实现调研如图 5-7 所示。

c）测试资源调研

调研性能测试所需的硬件资源、网络资源、工具资源和人力资源等。

涉及人员：性能测试人员。

参考文档：总体设计方案、系统上线资源配置单等；

分析内容：

① 现有或将来的生产环境的资源配置、压力环境的资源配置；

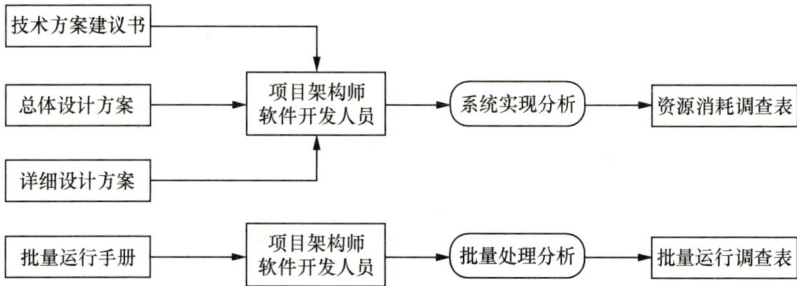

图 5-7　技术设计与实现调研

② 为配合压力测试所需的挡板用机及压力发起机的资源配置；

③ 与被测系统相关联的其他系统的资源配置；

④ 测试所需的网络资源配置；

⑤ 测试所需的工具资源配置；

⑥ 测试所需的人力资源配置；

输出文档：资源调查表。

图示：测试资源调研如图 5-8 所示。

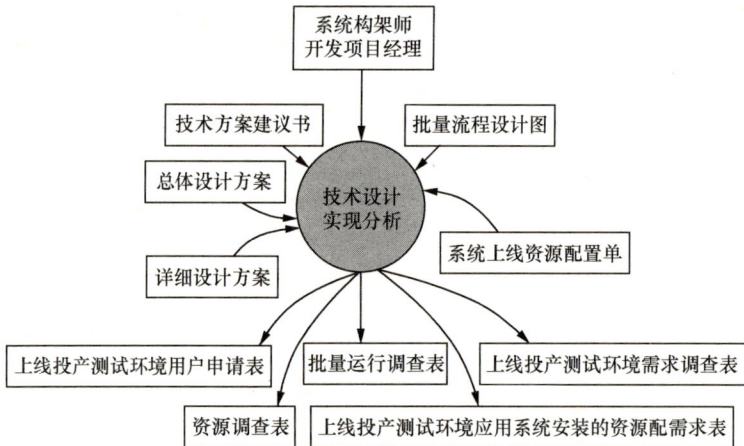

图 5-8　测试资源调研

d）测试数据调研

调研性能测试所需的测试数据及来源等。

涉及人员：性能测试人员。

参考文档：总体设计方案、技术方案建议书等。

分析内容：

① 数据来源：生产数据、脚本批量生成数据、使用工具通过交易生成数据。

② 数据规模：数据期数、数据量等。

③ 数据处理：是否需要漂白处理，漂白规则是否经安全部门同意，程序是否已就绪等。

④ 数据保存：保存期限，保存介质等。

输出文档：数据调查表。

e）生产运行情况调研

生产运行情况的分析适用于已经投产或者试运行的系统。通过和用户沟通还不能掌握其使用系统的详细情况，当用户比较分散、现场调查比较困难时，可以采用分析系统日志的方法作为对用户现场调查信息的补充。大多数的系统都会对用户使用系统的情况进行日志管理，因此可以对日志进行分析，日志的时间要求应能反映典型业务场景，如普通工作日、节假日、月末、年末，统计样本越多统计越准，一般至少应包含一个月的样本数据。还应注意日志的统计口径与业务的统计口径可能存在差异，如一个业务交易可能由几个日志中统计的是 CICS 的 TRANSACTION 组成。

日志分析是交易分析的重要组成部分，但可能得不出全部的用户使用情况，主要原因有两个：一是日志不一定记录了系统的全部使用情况，例如一些系统对查询类交易不做日志记录；二是日志分析多会涉及开发工作，往往比用户的调研成本大。

涉及人员：系统及应用维护人员。

参考文档：应用系统批量及联机运行日志、系统资源使用报告、应用问题记录报告等。

分析内容：

① 历史日均交易量（笔数／天）；

② 历史高峰交易量；

③ 历史日均交易峰值（TPS）；

④ 历史高峰交易峰值（TPS）；

⑤ 使用最频繁的交易列表（包括交易量）统计，被统计的交易量合计应能占到系统的 80% 以上；

⑥ 最耗资源的交易列表，一般取前 10 位；

⑦ 系统资源如 CPU、内存、存储、网络等的使用情况及存在的瓶颈；

⑧ 生产存量数据情况，如存款账户数、贷款账户数、用户数等；

⑨ 机构网点数、柜员数等；

⑩ 生产异常监控情况，如交易异常、数据库锁、批量异常等。

输出文档：生产运行调查表、资源使用报告。

图示：生产运行情况调研如图 5-9 所示。

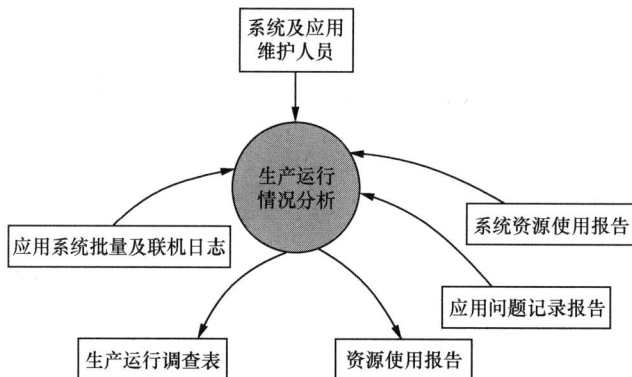

图 5-9　生产运行情况调研

2）准入标准

收到经需求排期确定要实施的测试任务通知书。

3）输入

包括：《用户需求说明书》中非功能性需求部分、《总体设计说明书》《技术方案建议书》中性能分析部分、《应用项目资源配置审核单》《系统生产运行（日、周）简报》和性能测试需求沟通会议纪要。

4）输出

包括：业务需求调查表、批量运行调查表、资源消耗调查表、测试资源调查表、测试数据调查表、其他非功能需求调查表、会议纪要。

5）准出标准

- 确定被测系统范围，选定测试交易和测试场景；
- 确定测试环境架构及软硬件资源配置；
- 确定性能测试指标；
- 确定测试工具及其软硬件资源需求；
- 确定测试人力资源需求，组建测试项目组。

6）主要任务

测试需求分析子流程的主要任务见表5-3。

表 5-3 测试需求分析子流程的主要任务

任务名称	任务说明	责任人	参与人员	相关文档
组建测试项目组	确定参与测试的角色要求及人力配置	性能测试经理	业务顾问；软件开发人员；生产运维人员	测试项目组名单
确定被测系统范围	确定被测系统范围是否包含关联系统，被测系统的连接方式，性能测试的逻辑架构等，为方案设计做好铺垫	性能测试经理；性能测试分析人员	总架构师；项目架构师；业务顾问	测试资源调查表
确定测试环境资源	根据被测系统范围、系统投产架构和资源配置，确定测试环境的软、硬件及网络等资源要素	性能测试经理；性能测试分析人员	软件开发人员；测试环境维护人员	测试资源调查表；应用项目资源配置审核单
选定测试交易	根据业务交易量分布和资源使用情况，确定测试交易及占比，包括联机交易和批量交易	性能测试经理；性能测试分析人员	业务顾问；软件开发人员；生产运维人员	业务需求调查表；批量运行调查表；资源消耗调查表；生产运行调查表；其他非功能需求调查表
确定业务测试场景	根据典型业务场景，确定联机、批量及其他非功能业务测试场景，包括并发用户数、并发作业数、峰值TPS等场景要素	性能测试经理；性能测试分析人员	业务顾问；软件开发人员；生产运维人员	业务需求调查表；批量运行调查表；生产运行调查表；其他非功能需求调查表
确定测试指标	根据业务性能需求确定性能测试指标	业务顾问；总架构师	软件开发人员；生产运维人员	用户需求说明书；性能测试汇总指标
确定测试数据	明确测试需要的数据种类、数量及来源，包括基础数据、历史数据、测试数据等	性能测试经理；性能测试分析人员	软件开发人员等	测试数据调查表
确定压力发起方法及选定测试工具	确定被测系统的压力发起渠道，分析每一渠道的压力发起方式；优先使用测试工具发起压力，对于工具不能支持的需要提前安排人员编写压力发起及交易统计程序	性能测试经理；性能测试分析人员	软件开发人员等	

续表

任务名称	任务说明	责任人	参与人员	相关文档
确定测试监控方法及工具	根据被测系统架构、软件开发技术、系统软件类别、负载发起方式等，确定性能监控方法及工具需求	性能测试经理；性能测试分析人员	软件开发人员等	
确定其他资源需求	包括测试中所需的其他各类资源例如后勤资源、数据载体资源等	性能测试经理	后勤保障人员等	

（2）测试计划子流程

简要描述：根据项目的工期和成本要求，分配测试时间和资源，形成测试计划并上报。

1）子流程图

测试计划子流程如图 5-10 所示。

2）准入标准

- 项目周期、人力需求已明确；

- 测试需求已明确。

3）输入

- 经需求排期确定要实施的测试任务通知书。

4）输出

项目测试计划。

5）准出标准

测试计划审批通过。

6）主要任务

测试计划子流程的任务如表 5-4 所示。

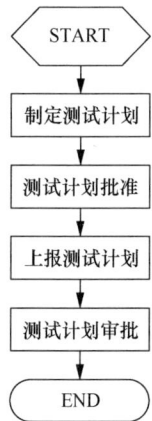

图 5-10 测试计划子流程

表 5-4 测试计划子流程的任务

任务名称	任务说明	责任人	参与人员	相关文档
制定测试计划	根据性能测试需求分析内容确定测试实施的时间计划、人力资源计划，并根据测试计划模板编写测试计划	性能测试经理	测试项目组成员	项目测试计划
测试计划批准和上报	项目测试计划经过主管、总监批准	性能测试项目经理	主管、总监、测试项目组成员	项目测试计划

2. 测试规划

（1）测试设计子流程

简要描述：依据测试需求，进行测试数据、场景、执行、监控、负载驱动等内容的设计，形成测试方案，并通过评审，如图 5-11 所示。

1）准入标准

- 测试计划已得到批复。

2）输入

- 业务需求调查表；
- 批量运行调查表；
- 测试资源调查表；
- 测试数据调查表；
- 其他非功能需求调查表；
- 性能测试汇总指标；
- 测试监控需求。

3）输出

- 测试方案；
- 测试方案评审表；
- 测试环境资源配置需求表；
- 测试环境系统需求申请表；
- 测试环境用户需求申请表。

4）准出标准

- 测试方案通过评审。

5）主要任务

测试方案设计的主要任务见表 5-5。

（2）测试准备子流程

简要描述：依据测试方案，完成测试环境搭建，完成数据、应用、工具的部署，完成测试脚本和场景的开发，并通过测试质量控制检查，如图 5-12 所示。

1）准入标准

- 测试方案已通过评审；
- 应用系统软件版本稳定。

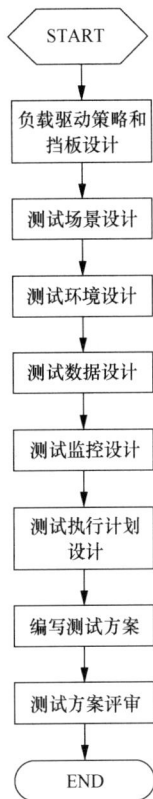

图 5-11　测试设计子流程

表 5-5 测试方案设计的主要任务

任务名称	任务说明	责任人	参与人员	相关文档
测试方案设计	根据测试需求和测试计划，进行如下内容的设计：负载驱动策略及挡板程序设计开发、测试场景设计、测试环境设计、测试数据设计、测试监控设计、测试执行计划设计	性能测试经理	业务顾问；项目架构师；软件开发人员；生产运维人员；测试环境维护人员；测试数据管理人员；性能测试分析人员；性能测试执行人员；性能测试监控人员；性能测试调优人员	业务需求调查表；批量运行调查表；测试资源调查表；测试数据调查表；其他非功能需求调查表；性能测试汇总指标；测试监控需求；测试方案
测试方案评审	邀请项目相关人员评审测试方案	性能测试经理	业务顾问；总架构师；项目架构师；生产运维人员	测试方案；测试方案评审表；测试方案评审会议纪要

2）输入

- 测试方案；
- 测试数据准备方案；
- 测试环境资源配置需求表；
- 测试环境系统需求申请表；
- 测试环境用户需求申请表。

3）输出

- 测试环境确认单；
- 应用软件版本出库单；
- 测试硬件资源配置检查表；
- 测试软件版本检查表。

4）准出标准

- 测试环境架构及软硬件资源配置满足测试需求；
- 应用系统软件部署完毕并经过连通性测试；
- 测试数据准备完毕并通过验证；
- 测试工具及挡板程序部署完毕并通过验证；
- 测试脚本开发完毕并通过检查；
- 测试场景定义和调试完毕并通过预执行；

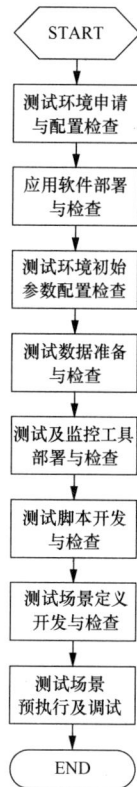

图 5-12 测试准备子流程

START

测试环境申请与配置检查

应用软件部署与检查

测试环境初始参数配置检查

测试数据准备与检查

测试及监控工具部署与检查

测试脚本开发与检查

测试场景定义开发与检查

测试场景预执行及调试

END

- 其他非功能测试场景开发和调试完毕并通过检查。

5）主要任务

测试准备子流程的主要任务见表 5-6。

表 5-6　测试准备子流程的主要任务

任务名称	任务说明	责任人	参与人员	相关文档
搭建测试环境及检查	根据"测试环境资源配置需求表"搭建测试环境，并进行环境检查，确认测试环境架构和软硬件资源配置符合测试需求	测试环境维护人员	软件开发人员；性能测试执行人员	测试环境资源配置需求表；测试环境系统需求申请表；测试环境用户需求申请表；测试环境确认单
部署应用软件及检查	搭建完基础测试环境后进行应用系统软件部署，通过执行连通性测试，确认已正确安装应用软件	软件开发人员	测试环境维护人员；性能测试执行人员	应用软件版本出库单
初始参数配置及检查	检查系统软件和应用软件的初始参数配置，并根据性能测试要求进行调整	性能测试执行人员；测试环境维护人员	软件开发人员；性能测试监控人员；性能测试调优人员	初始参数设置检查表
测试和监控工具部署与检查	根据应用类型、交易类型和系统软件等，选定测试和监控工具，并完成安装和调试工作	性能测试执行人员；性能测试监控人员；测试环境维护人员	性能测试调优人员	测试工具检查表
测试数据准备及检查	按数据准备方案生成基础数据、历史数据、测试数据，并检查数据量及可用性	测试数据管理人员	软件开发人员；性能测试执行人员	测试数据检查表
测试脚本开发与检查	根据测试交易，完成测试交易的脚本开发和调试	性能测试执行人员；性能测试经理	软件开发人员	测试脚本检查表
测试场景开发与检查	根据测试场景调查表，完成测试场景的开发和预执行	性能测试执行人员；性能测试经理	软件开发人员；业务顾问；生产运维人员	测试场景检查表

3. 测试实施

测试实施子流程

简要描述：根据测试方案，执行预定的测试场景，并根据测试结果进行性能调优，如图 5-13 所示。

1）准入标准

- 测试所需的环境资源、人力资源已就绪；
- 测试数据已生成并通过验证；
- 数据恢复程序开发完成并经过验证；
- 测试脚本开发调试完成并通过检查；
- 测试场景开发调试完成并通过检查；
- 测试及监控工具部署完成并通过检查。

2）输入

- 测试脚本文件；
- 测试场景文件。

3）输出

- 压力测试业务交易步骤分解表；
- 系统测试场景定义；
- 测试结果记录表；
- 测试问题记录单；
- 测试进度报告。

4）准出标准

- 所有测试场景执行完毕；
- 最终测试结果收集完整；
- 测试缺陷或问题被关闭，或经过评审后允许遗留。

5）主要任务

测试实施子流程的主要任务见表 5-7。

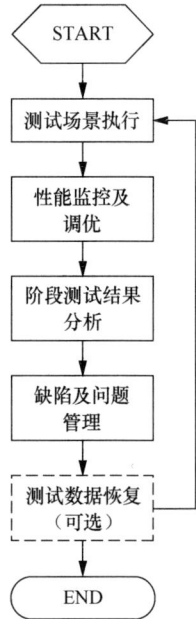

图 5-13　测试实施子流程

表 5-7　测试实施子流程的主要任务

任务名称	任务说明	责任人	参与人员	相关文档
执行测试场景和性能监控	执行性能测试场景及其他非功能测试案例，执行期间进行测试监控，采集测试结果和监控数据	性能测试执行人员；性能测试监控人员	软件开发人员	测试方案
阶段执行结果、监控数据分析及调优	分析测试结果及监控数据，找出系统性能瓶颈，并进行有针对性的调优	性能测试执行人员；性能测试调优人员；软件开发人员	项目架构师	测试监控及调优记录表

续表

任务名称	任务说明	责任人	参与人员	相关文档
测试缺陷和问题记录及修复	对测试中发现的缺陷和问题记录到 QC 中，并由测试人员、开发人员、调优专家对缺陷和问题进行分析和修复	性能测试执行人员；性能测试调优人员；软件开发人员	项目架构师	测试缺陷及问题记录单；QC 系统
阶段进展汇报	以日报形式向全体项目相关人员告知项目进展情况，本阶段应至少包含以下内容：① 测试场景执行情况；② 系统性能调优情况；③ 缺陷产生和处理情况；④ 测试风险情况	性能测试经理	性能测试执行人员；性能测试调优人员；软件开发人员	项目测试日报
调整测试计划	根据项目进展情况，在项目计划内由项目经理负责调整测试进度，项目计划整体变更的需按要求授权	性能测试经理	性能测试执行人员；性能测试调优人员；软件开发人员	测试计划
测试数据恢复	对于执行测试场景后，被修改无法继续使用的测试数据，使用恢复程序恢复数据	测试数据管理人员；性能测试执行人员	软件开发人员	测试数据恢复方案测试数据恢复验证表

4. 测试收尾

（1）测试结果分析及报告编制子流程

简要描述：分析最终测试结果，完成测试报告的编写，并完成评审，如图 5-14 所示。

1）准入标准

- 测试场景全部执行完毕；
- 最终测试结果收集完整；
- 测试缺陷或问题被关闭，或经评审后允许遗留。

2）输入

- 测试结果文件；
- 测试监控和调优记录文件；
- 测试缺陷或问题记录单。

3）输出

- 测试报告；
- 测试报告评审表；

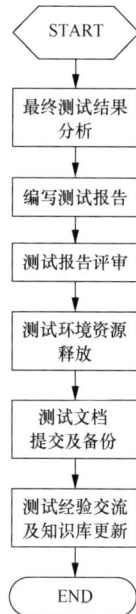

图 5-14　测试结果分析及报告编制子流程

- 测试环境资源释放单；
- 测试文档备份检查表。

4）准出标准

- 测试报告通过评审；
- 完成测试文档备份。

5）主要任务

测试结果分析及报告编制子流程的主要任务见表5-8。

表 5-8 测试结果分析及报告编制子流程的主要任务

任务名称	任务说明	责任人	参与人员	相关文档
最终测试结果分析	根据最终测试结果和监控数据进行结果汇总分析	性能测试经理；性能测试执行人员；性能测试分析人员	项目架构师；软件开发人员；性能测试调优人员	测试结果文件；测试结果记录分析表；测试监控和调优记录表
编写测试报告	根据最终测试结果分析编写测试报告	性能测试经理；性能测试执行人员；性能测试分析人员	项目架构师；软件开发人员；性能测试调优人员	测试结果文件；测试结果记录分析表；测试监控和调优记录表；测试缺陷或问题记录单；测试报告文档
测试报告评审	邀请项目所有相关人员评审测试报告	性能测试经理	总架构师；项目架构师；软件开发人员；业务顾问；生产运维人员	测试报告文档；测试报告评审意见；测试报告评审会议纪要
测试文档提交及备份	将所有测试文档、测试结果归档备份	性能测试经理；性能测试执行人员		所有测试相关文档、脚本和场景文件、结果文件等
测试经验交流及知识库更新	组织测试人员交流项目经验，并将相关内容记录到知识库中	性能测试经理	性能测试分析人员；性能测试执行人员；性能测试监控人员；性能测试调优人员	知识库更新
释放测试环境资源	释放测试环境相关软硬件资源	性能测试经理	测试环境维护人员	测试环境资源释放单

（2）投产性能对比分析子流程

简要描述：系统投产后，收集生产运行报告，与测试报告进行性能对比分析，如图 5-15 所示。

1）准入标准

- 性能测试完成；
- 被测系统投产。

2）输入

- 被测系统生产运行报告；
- 测试报告文档。

3）输出

- 系统投产性能与测试性能对比分析报告。

4）准出标准

- 完成系统投产后性能对比分析。

5）主要任务

投产性能对比分析子流程的主要任务见表 5-9。

图 5-15　投产性能对比子流程

表 5-9　投产性能对比分析子流程的主要任务

任务名称	任务说明	责任人	参与人员	相关文档
收集系统投产后的生产运行报告	系统投产后，向运维护部门索取生产运行报告	性能测试经理	生产运维人员	系统生产运行报告
投产性能对比分析	将系统生产运行报告与测试报告结果进行对比分析	性能测试经理；性能测试分析人员	软件开发人员；生产运维人员	系统投产性能对比分析表

5.2.2　性能测试场景设计

性能测试场景是典型业务场景的模拟再现，测试场景的定义主要包括：虚拟用户数、交易间隔、用户思考时间、交易上行 / 下行方式、同步点设置、场景运行时长等。测试场景分类如图 5-16 所示。

1. 基准测试

基准测试是系统在无负载的情况下，测试被测业务交易的响应时间，以此作为响应时间的基准评估后续的测试结果。对每个被测交易的脚本，在 1 个用户无其他负载的情况下，迭代执行 100 次，取平均交易响应时间作为该交易基准数据。如单次执行交易大于 10s，则根据单次执行的具体时间来确定迭代次数。另外，如果存在挡板程序，还可以验证挡板程序延时是否生效。

业务时点	系统属性	测试需求	测试场景
周中峰值	效率性	架构优化	单交易基准测试
周末峰值	容错性	资源配置	单交易负载测试
节日峰值	恢复性	版本升级	混合交易负载测试
岁末峰值	匹配性	参数调整	批量测试
促销峰值	扩展性	代码优化	专项测试
特殊峰值	稳定性	系统关联	稳定性测试

图 5-16　测试场景分类

2. 单交易负载测试

单交易负载测试是测试单一交易是否满足性能指标要求，对业务模型中重要的交易进行单交易多并发测试，获得单交易的响应时间、吞吐量随负载变化的趋势，考察被测交易的编码是否存在性能隐患，资源使用是否存在瓶颈，运行时长为 10min。

如无法达到以下公式设计的单交易负载 TPS，则至少应设置为 100% 混合目标中单支交易的目标 TPS。

单交易负载目标 TPS Z 的计算公式如下：

某系统混合负载 100% 目标 TPS=Y，某系统脚本数 =N，某系统在混合场景下某支交易的目标 TPS=X。

则：交易平均 TPS $A=Y/N$

$A/X>5$，则 $Z=X\times5$

$A/X=5$，则 $Z=Y$

$A/X<5$ 时，按照以下情况计算：

$X>A$，且 $X\times2<Y$，则 $Z=X\times2$

$X>A$，且 $X\times2>Y$，则 $Z=Y$

$X<A$，则 $Z=A\times2$

3. 混合交易负载测试

对被测交易按照一定比例组成与生产中类似的场景，对服务器进行并发性能测试，获得组合后交易的响应时间、吞吐量随负载变化的趋势，考察整个系统是否存在性能隐患，资源使用是否存在瓶颈。场景设置梯度一般要求同等比例，包括低于和高于目标 TPS，如 60%、80%、100%、120% 目标 TPS，运行时长为 30min 的混合负载测试场景，至少需要执行四组阶梯。

- 在设计场景时，TPS 按照实际业务目标 TPS 设计，不进行放大处理；
- 如 PACING 很大在 30min 内只能执行 1 到 2 次交易，则建议设置场景运行时长大于 1h。

4. 稳定性测试

选择混合交易负载测试的一个场景，一般为业务指标峰值负载的 80%，执行不小于 4h 时长的场景，监控应用响应与系统资源使用是否正常，考察系统在不间断运行状况下的可靠性和稳定性。运行时间与系统的运行特征有关。

注：

- 稳定性所产生的交易量应不少于交易调查表平均日交易量；
- 如需求方存在特殊要求则按照实际业务需求进行稳定性测试，例如 100% 目标、6h 或者更长等。

5. 专项测试

专项测试场景可以包括高可用场景、极限测试场景、扩展性能测试场景、生产故障复现测试场景等。

（1）高可用场景

场景定义：需要明确负载条件和场景描述，如系统、网络、存储等硬件原因导致应用单节点不可用，负载均衡器主节点发生故障。

执行步骤：测试场景各步骤的执行顺序以及注意事项等，如先停止负载均衡器，待切换至备节点后再手动停止应用的一个节点。

验证项：各测试步骤的验证项。例如：检查通过负载均衡器的连接是否转移到备负载均衡器；某一应用节点停止后，登录应用另外一个节点，查看故障节点上的所有通过负载均衡器的连接是否成功切换到正常节点，记录切换耗时及正常节点系统状态（CPU、内存、I/O 等）；统计系统的平均交易响应时间、成功率、TPS。

结束条件（可选）：如 10s 内完成全部交易的切换工作，切换成功率大于

80%，最大响应时间为 10s。

（2）极限测试场景

场景定义：考察在混合交易负载场景下系统的最大处理能力。

执行步骤：测试场景各步骤的执行顺序以及注意事项等，如在混合测试阶段已测试 100% 的场景，则按照 10% 的压力递增，每增加 10% 稳定执行 30min。

验证项：在测试过程中，需要关注应用服务器和数据库服务器的使用率、交易响应时间等。

结束条件：测试场景的结束条件通常为交易成功率低于 95%、响应时间大于 5s、应用或数据库服务器 CPU 平均使用率在 90% 以上、应用或数据库服务器 CPU 高峰值使用率 95% 以上持续 10min。

（3）扩展性能测试场景

应用系统是否具备纵向和横向扩展能力，服务器 LPAR 资源纵向扩展、应用服务横向扩展与应用的性能表现应基本保持线性。建议场景描述包括场景定义、执行步骤、验证项及结束条件。

（4）生产故障复现测试场景

按照生产故障发生时的硬件和软件资源配置测试环境，按故障发生时的测试场景来复现生产故障，以此发现和追踪问题发生的原因。建议场景描述包括场景定义、执行步骤、验证项及结束条件。

6. 批量测试

对于未上线的系统，性能测试阶段建议设计执行全批量场景作业；

对于已上线的系统，性能测试阶段应根据需求部门提出的批量关键作业步骤要求，设计执行批量关键作业的测试场景。被测批量作业的选取要素可以参考（不限于）以下几点要求：

① 被测批量作业不作为其他关联系统批量作业的前提条件；

② 被测批量作业不影响结息、开门等业务操作；

③ 被测批量作业不作为批量关键作业的前提条件。

5.2.3 性能测试策略

测试策略是指在一定的软件测试标准、测试规范的指导下，依据测试项目的特定环境约束而规定的软件测试的原则、方式和方法的集合。研究测试策略的目的是在有限的资源投入下获取最有效的测试效果。制定测试策略需要综合考虑测试策略的影响因素及其依赖关系，这些影响因素可能包括测试项目的资源因素、约束和特殊需要等。

1. 交易选取策略

对于一个被测系统来说，交易的数量往往很多。考虑到测试成本，性能测试通常不能将系统支持的所有交易纳入被测范围。为使测试场景达到尽量贴近实际情形的效果，通常采取如下策略挑选交易设计测试场景：

① 向业务需求部门收集业务使用信息，判断关键业务并提出响应时间指标要求；

② 与开发部门沟通应用系统设计采用的技术及实现的方式，通过技术层面的分析获取资源消耗最多、交易路由最长、最可能影响性能的交易，此部分还包括通过对批量处理作业处理的分析，如作业调度方式、作业并行度、重做机制等；

③ 在以上两点的基础上挑选被测交易，考虑在交易时段内不同时点的交易组合特点设计测试场景；

④ 如果是已投产的应用，还可以从生产运维数据中直接获取日均交易量、高峰时段交易量、峰值 TPS、交易响应时间以及各交易占比等数据，用于测试场景的设计；

⑤ 被挑选测试交易的交易合计量一般应达到交易总量的 80% 以上。

2. 挡板使用策略

挡板在性能测试中经常被用到，因为很多被测系统需要与外部系统互联，而性能测试环境不具备或不宜使用外部环境，如证券端、企业端、期货中心、银联中心、人民银行结算中心等系统的性能测试都需要挡板处理。

挡板的特征包括：通信协议与实际一致，挡板延时设置可根据实际处理速度灵活调整，交易发起频度（或并发度）、交易处理并行度灵活可控，交易处理时间可度量，硬件独立使用，模拟器资源消耗可控，网络环境可模拟等。

为实现快速构建测试环境、提高测试效率并减少设备投入的目的，性能测试通常在确定好测试范围后用挡板替代外连系统。

3. 环境配置策略

性能测试环境架构及硬件资源配置（主要包括 CPU/ 内存 / 存储）与生产一致或可以类比，被测应用版本要求质量稳定，系统及中间件版本与投产版本一致。

性能测试环境分为常备资源和非常备环境，对常备环境保持适量的资源配置，以供周期性地维护应用、数据与脚本，增加重要系统的快速测试反应能力。

性能测试整体资源采用资源池的方式，按批次安排项目、分阶段配置资源。在测试准备阶段的配置可以低于目标环境，用于测试环境连通、脚本开发调试和场景开发调试；在测试实施阶段的配置与目标环境一致，用于正式的压力测试实施，当报告评审完成后及时释放或减配资源，以达到资源的有效利用。

4. 测试数据准备策略

对于数据驱动的性能测试方法来说，从测试需求分析阶段的测试数据调研，测试设计阶段的测试数据设计，到测试准备阶段的数据准备，以及测试实施阶段的数据使用及恢复，测试数据都是贯穿性能测试始末的重要环节。

测试数据准备需要考虑以下问题。

① 测试数据类型：针对测试数据在测试中用途不同，可以将测试数据分为系统数据、测试数据和基础数据。

② 测试数据的需求：包括测试数据的数据规模、测试数据的逻辑及物理分布、数据间关联等方面的要求。

③ 测试数据的生成策略：根据应用系统投产后数据的分布情况及可获取数据情况，分析测试数据的生成策略。

④ 测试数据的备份及恢复策略：根据被测交易对测试数据的使用及测试数据状态的变化情况，分析测试数据备份及恢复的范围及实施机制。

⑤ 测试数据的有效性验证：在正式实施测试之前，进行测试数据的有效性验证能有效避免在测试过程中由于测试数据不符合要求导致的重复执行及不必要的数据恢复过程。

测试前，有必要对测试数据进行系统化、模型化的分析，以保证测试数据在数据规模、数据的物理及逻辑分布及不同数据之间相关性等各方面能够尽可能地符合生产系统的实际情况，保证测试结果的有效性。

测试数据分析模型如图 5-17 所示。

（1）测试数据分类

在测试过程中，与测试相关的数据大致分为以下几种。

系统数据：维持被测系统正常运转所需维护的应用系统参数类数据，例如系统码表等。在一般情况下，系统数据的数据量不大，在应用系统搭建过程中进行维护，正确设置后不会对性能测试的结果产生影响。需要注意的是，某些系统参数的不同设置可能导致某些应用交易的执行流程发生变化，从而影响应用系统的性能表现。

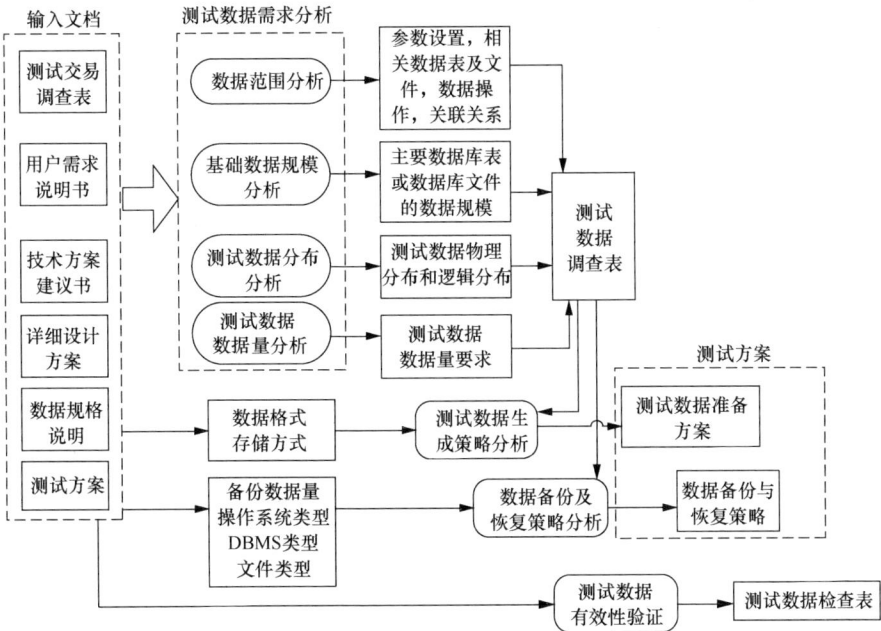

图 5-17　测试数据分析模型

测试数据：执行测试交易直接使用的数据。测试数据是测试交易正确执行的必要条件。通常情况下，正常执行每一支业务交易都需要一组相互关联的测试数据支持。例如，一笔转账业务需要转出账号、转入账号、转账金额、币种等一组相互关联的数据。测试数据反映在应用系统具体实现上可能是数据库不同表中相互关联的一组记录。

基础数据：应用系统经常会根据业务规定或运行要求规划一定期限的数据保留周期，在此期限内，各类交易与操作产生的数据，例如增加的账户用户信息、历史交易数据、系统交易日志等均属于基础数据。基础数据的数据规模对交易的执行效率，尤其是对批量作业的执行效率的影响可能很大。由于基础数据规模的大小通常不直接影响测试交易的顺利执行，对基础数据规模的分析经常被忽视。

（2）测试数据需求

测试数据需求分析的第一步就是明确对不同种类测试数据的需求。测试数据需求分析的目的是明确压力测试环境系统数据的设置、测试交易所牵涉到的数据范围、基础数据的数据规模、测试数据的物理及逻辑分布及测试数据量等。

（3）数据范围

通过测试需求分析，可以明确被测交易的范围。数据范围分析是根据已明确的被测交易范围,明确:①测试交易所牵涉到的数据表及数据文件;②各个业务交易对不同数据表和数据文件的操作,例如只读、增删、更新等;③各数据之间的关联性,例如数据库表之间的外键、业务逻辑关系等。

数据范围分析的目的是明确后续基础数据规模及测试数据分布分析的范围,并尽量缩小后续数据备份及恢复的范围。

数据范围分析包括以下内容。

① 系统参数初始设置:由业务顾问或需求方人员明确应用系统各参数及码表的设置,以确定业务流程。

② 各交易牵涉到的表 / 文件:由开发人员通过详细设计方案分析或源代码分析等方式明确各交易牵涉到的数据库表或数据文件。

③ 各交易对数据的操作:由开发人员通过详细设计方案或源代码分析明确各交易对数据的操作,包括查询、新增、删除、更新等。

④ 数据关联关系:由开发人员及业务顾问通过交易流程分析明确不同数据库表或文件之间存在关联关系及相互关联的 COLUMN。

数据范围分析示意如图 5-18 所示。

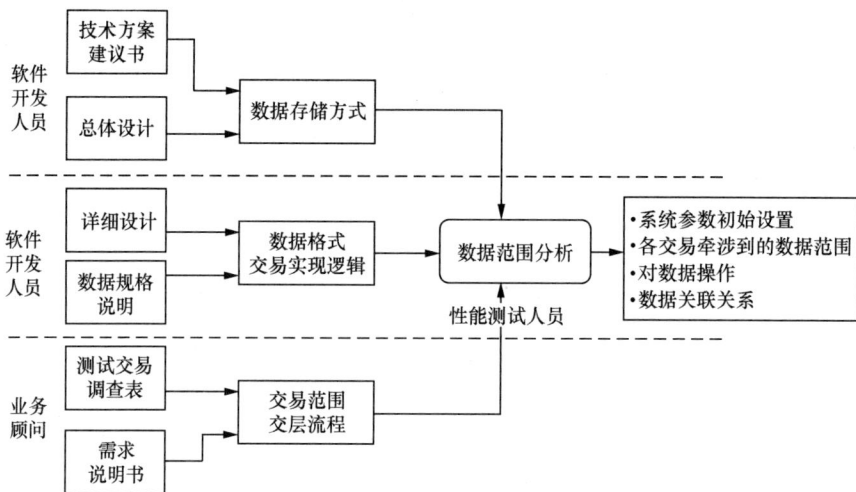

图 5-18　数据范围分析示意

1)基础数据规模

基础数据规模反映在数据表或数据文件中即记录数是多少,其对数据库操作的效率有非常显著的影响。根据业务性能需求分析结果中各被测交易的交易量及系统规划的数据保留周期，对于已投产的应用系统，可以同时结合生产系统的数据规模分析测试数据的规模，得出主要数据库表、数据文件的数据规模。

分析内容：主要数据库表或数据文件的数据规模。

分析数据规模的主要依据以下数据来源：

① 如果在用户需求说明书或开发类文档中有相应描述数据规模的，可参考用户需求说明书中数据规模的要求；

② 如果是已投产的系统，可结合现有生产系统数据规模，结合业务量扩展速度推算数据规模；

③ 如果是未投产的系统，可根据交易量分析以及数据保留期限要求推算数据规模。

基础数据规模分析示意如图 5-19 所示。

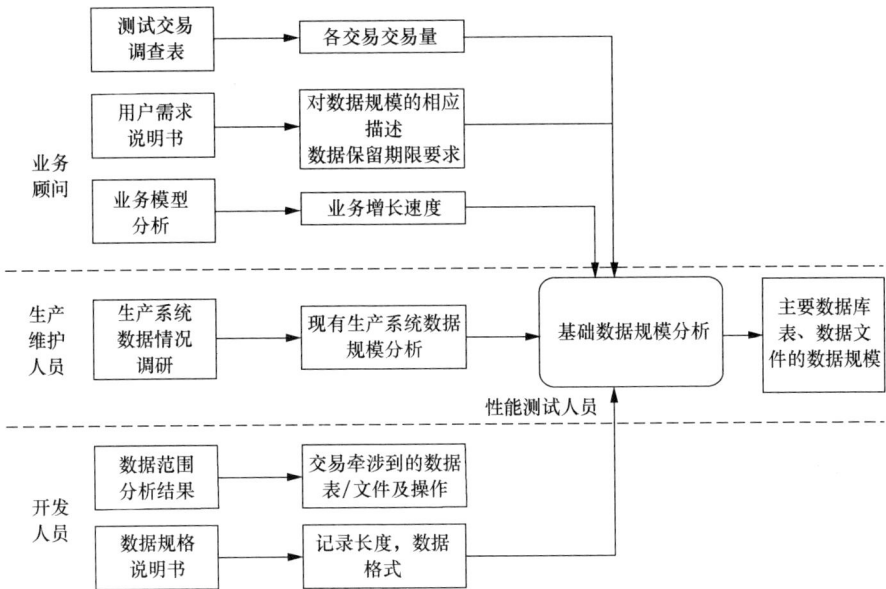

图 5-19　基础数据规模分析示意

2）测试数据分布

除基础数据规模以外，所挑选的测试数据在基础数据中的逻辑及物理分布，也有可能对测试结果产生显著的影响。因此，需要根据各交易的特性，规划测试数据的逻辑及物理分布。

分析内容包括测试数据物理分布和逻辑分布。

测试数据物理分布：指测试数据在各个数据库分区、物理磁盘、控制器等不同划分下的分布。测试数据在物理分布上过于集中，可能导致某些磁盘、卷和控制器的工作负荷过重；也可能由于数据库预读机制，物理分布连续的数据被预先读入缓冲池，测试结果失真。

测试数据逻辑分布：指测试数据在不同逻辑单元下的分布。例如，账号分布在不同机构、不同分行下。如果测试数据的逻辑分布过于集中，将导致某些热点数据的竞争过于激烈。例如，所有交易所用账号集中在某一个或几个分行或机构下，将会导致相关机构的交易序号发生器、内部账户等资源成为各交易激烈竞争的对象，数据库锁竞争严重。应根据各个不同机构业务量大小的比例关系，尽量离散地从不同机构挑选测试数据。如果测试数据的分布过于复杂，可以考虑从一定数量的逻辑或物理集中区域内挑选数据，例如，在存在数十个不同机构，且各机构交易比例相差较远的情况下，可考虑挑选十个账户较多的机构，从中均匀挑选测试所用账号。

测试数据分布分析示意如图 5-20 所示。

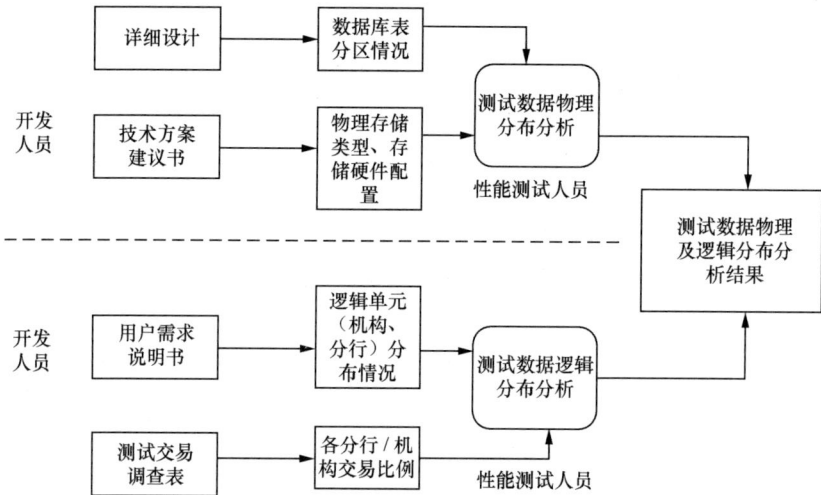

图 5-20　测试数据分布分析示意

3）测试数据数据量

测试数据是支撑交易运行的必要条件，需根据测试场景的设置规划测试数据的数据量。

分析内容：根据各场景中对不同交易的 TPS 要求及场景运行时间要求，规划不同测试数据的数据量。

$$测试数据量 = 各交易TPS × 场景运行时间（s）$$

测试数据量计算如图 5-21 所示。

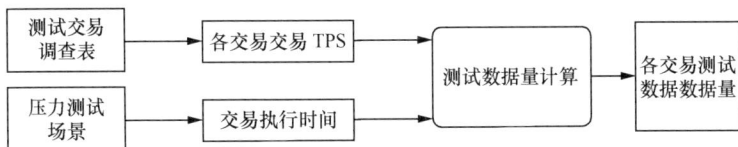

图 5-21　测试数据量计算

（4）测试数据生成

根据被测系统的投产情况及各被测交易对测试数据的要求，分析测试数据的生成策略。

基础数据的扩展：对于已经投产运行的系统，生产数据是最好的数据来源，因为数据的逻辑及物理分布、数据之间的关联关系及数据规模等各方面都是最真实情况的反映。如果根据业务性能需求分析的结果，现有的生产数据规模不能满足一定时期后业务规模扩张发展的需求，可以考虑以生产数据作为基础，对其进行一定比例的扩展。

测试数据的抽取：生产数据中包含了基础数据和测试数据，需要根据对测试数据分布离散程度的要求，筛选与抽取测试数据。在此过程中，应根据测试数据分布分析的结果，按照比例从不同的数据库分区和逻辑划分区域中挑选测试数据。

测试数据的漂白：使用生产数据作为基础数据的情况下，需要注意的是，出于对敏感数据的保密性要求，需漂白生产数据，即变形和替换数据中某些敏感字段的数值。不同数据表之间存在多表关联时，也需要漂白外键，则数据的漂白将会相对复杂，且需要仔细分析数据的相关性。

测试数据的生成：对于未投产的系统，或者由于某些原因生产数据不可用的情况下，需要构造基础数据和测试数据。数据构造又分为通过压力测试工具从前端发起交易生成和通过工具或者编写程序以数据库操作的方式批量插入两种方式。通过交易前端生成的数据质量较高，能够保证数据库多表之间的相关性，缺点是需额外生成测试脚本，且数据生成速度依赖于系统性能的表现。在测试周期允许，且对测试数据质量要求较高的情况下，该生成方式是一种较好的选择。通过工具或者程序后台生成数据的方式效率较高，能够在较短时间内生成大量数据，前提条件是需仔细分析不同数据表、数据文件之间的关系，在测试数据相关性较弱且数据量较大时，通常采用该方法批量生成测试数据。还需要说明的是，在很多情况下，批量测试对于测试数据的质量要求更高，通常需要严格保证不同数据表或数据文件之间的一致性及数据的多样性，因此在可能的情况下，应单独考虑准备批量测试的数据。

测试数据生成策略如图 5-22 所示。

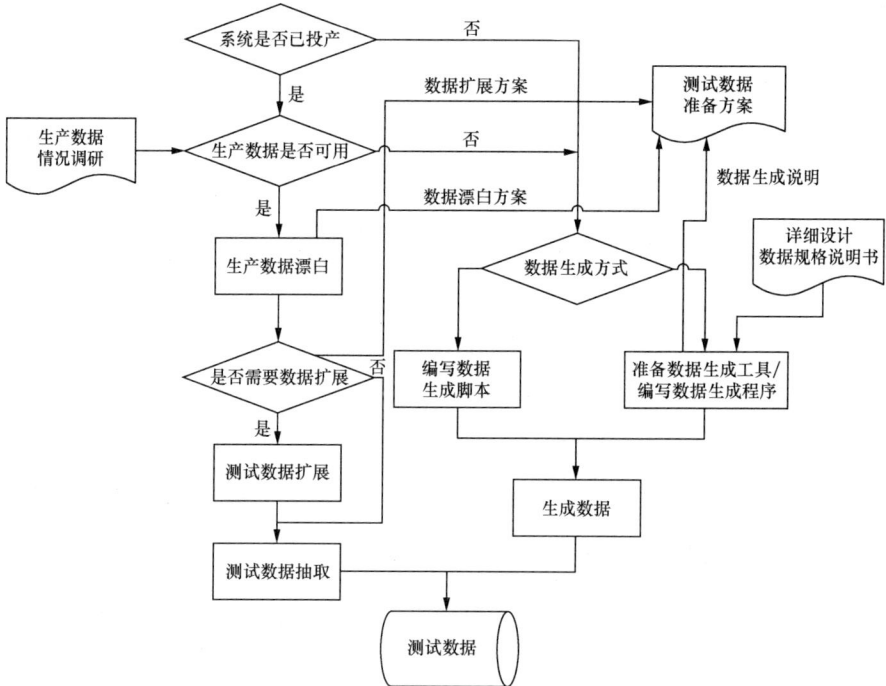

图 5-22 测试数据生成策略

第 6 章

银行业数据中心
性能测试的工具
和技术

6.1 业界常用的性能测试工具分类与技术简介

"工欲善其事，必先利其器。"在任何一项具有一定规模的测试工作中，测试工具和自动化测试技术的使用都是必不可少的。目前，在大型商业银行中，应用系统面临的压力不断增大，系统环境和应用场景也朝着复杂化的方向发展。作为保障银行信息系统安全、稳定上线运行的重要环节，性能测试所使用的工具和技术也在不断更新进步。本章将分类介绍性能测试实施过程中常用的工具和相关技术。

6.1.1 测试压力发起

随着经济和互联网的大发展，银行信息系统每天都在经受海量用户的访问，在高峰时刻（如每年的"双 11"等），关键系统甚至每秒需要处理一万次以上的交易。如何模拟如此规模的应用系统压力，是性能测试实施必须要解决的问题。压力发起工具的功能就是用一台或者几台计算机产生大量的虚拟用户，模拟用户的实际交互行为，是性能测试中必不可少的重要工具。

在市场上有许多可提供压力发起功能的性能测试工具，其中，商用的工具主要有 LoadRunner、Rational Performance Tester（RPT）等，免费及开源的测试工具包括 Jmeter、OpenSTA 等。以 LoadRunner 为代表的传统商用性能测试工具由于其界面友好易用、功能成熟稳定、可获得厂商支持等特性，仍是银行业性能测试的主流工具。本章的 6.2 节将详细介绍 LoadRunner 的使用。但随着银行应用系统所采用的新技术、新协议的不断增多，LoadRunner 等商用工具也呈现出更新支持慢、用户化开发难等不足。而且，在近年来国家全面推行自主可控信息技术的背景下，不少银行也开始研究和使用开源工具 Jmeter 和部分国产性能测试工具。

6.1.2 系统性能监控技术

在对应用系统发起了测试压力之后，就需要评估被测系统的性能表现，以衡量其是否达到预定的性能要求。评估系统性能表现主要可以从以下两个方面入手。

1. 交易执行结果

包括 LoadRunner 在内的性能测试工具可实时统计和展现其发起的全部交

易执行结果，具体有交易的成功率、平均响应时间、最大响应时间、90% 响应时间以及每秒交易数（TPS）等。上述指标可以反映在特定压力规模下，被测应用系统对"用户"的直观性能表现。例如，某测试场景的执行结果见表 6-1。

表 6-1　某测试场景执行结果

交易	TPS	平均响应时间（s）	交易成功率
交易 A	431.2	0.176	100.00%

该场景结果表明被测系统可以支撑每秒 431 笔交易 A 的压力规模，此时，交易全部执行成功，没有失败。平均每次交易操作在 0.176s 内返回。测试人员即可根据上述指标初步评估被测系统的性能表现。

2. 系统资源使用情况

要全面评估被测应用系统的性能表现，仅仅知道其交易的执行结果是不够的。当场景的执行结果未达到预期时，我们希望知道是哪里出现了问题。例如，某个交易的响应时间过长，就需要知道是系统的哪一块出现了问题。决定系统性能表现的因素有很多，如 CPU 使用率、内存使用率、磁盘读写速率以及网络带宽占用情况等。交易响应时间过长可能是因为系统的压力超过了硬件的支撑能力，需要扩容硬件资源（如使用更快的 CPU、加大内存或拓展网络带宽等）；也有可能是由于应用程序的代码效率太低，无法有效利用现有的 CPU 的运算能力等，此时就需要对应用进行性能调优。

另外，即使是场景的执行结果达到预期指标，也需要了解系统的资源使用情况。银行信息系统面临的压力一直在持续增长，例如某系统目前能够支持 5000TPS 的峰值压力，而业务部门预估一年后的峰值交易量可能增长到 7000TPS。此时就需要根据资源使用情况评估现有的硬件资源是否能应对这样的交易量增长，是否需要提前扩充硬件资源等。因此，对于绝大部分测试场景，监控和分析系统资源使用情况都是必不可少的。

监控系统资源使用的途径有很多，基础的监控手段包括：Windows 操作系统的任务管理器、TASKLIST 命令等；Linux 操作系统的 PS、TOP 以及 VMSTAT 命令等。而针对银行业的性能测试工作，使用较为普遍的是 Nmon 监控工具，它可对 AIX 和 Linux 系统进行全面的性能数据监控和记录，还可以进一步使用拓展工具将监控结果以图形化方式展现。近年来，Zabbix 监控系统也在银行数据中心逐步得到应用，它是一套分布式、B/S 架构、可定制监控指标、可用户化开发的开源监控系统。本章的 6.3 节将详细介绍 Nmon 监控工具和 Zabbix 监控系统的使用。

6.1.3 性能问题诊断及调优

性能测试的重要目的之一是根据测试场景的交易结果表现，结合资源使用情况诊断应用系统的性能问题，找出关键的性能瓶颈并对应用系统调优，使得应用系统在有限的系统资源下有最好的性能表现。

即使是在硬件资源充裕时，应用性能表现不佳也是经常发生的，其可能原因也有很多：关键代码效率太低、高并发导致的线程资源损耗、数据库查询语句不合理以及消息处理中间件通道堵塞等。因此，问题诊断和性能调优不仅需要掌握操作系统、数据库、中间件、存储和网络的丰富知识，还需要较深地了解被测应用系统。同时，解决性能问题需要测试人员与系统开发方的密切配合。

6.2 LoadRunner 使用详解

HP LoadRunner 是目前在银行业广泛使用的商业性能测试工具，主要通过模拟上千万用户对系统的并发负载及实时性能监控的方式来确认和查找应用系统的瓶颈。LoadRunner 主要由 Virtual User Generator（简称 VuGen）、Controller、Analysis 三大组件构成，如图 6-1 所示。

Virtual User Generator 用来创建测试脚本，测试脚本用以生成虚拟用户模拟真实用户的操作行为。Controller 可以根据应用系统的实际业务流程来设置虚拟用户规模、组合测试脚本，最终生成测试场景。测试人员可通过 Controller 同时调动多台机器（压力发起机 Load Generator，负责将 VuGen 脚本复制产生大量虚拟用户对系统产生负载）执行负载测试，并实时监控交易结果和系统性能情况。Analysis 是结果收集和分析组件，测试场景执行完毕后，Analysis 将结果、诊断和日志文件全部整理下来并存储在数据库中，同时提供丰富的图表信息帮助测试人员直观地了解系统性能表现，判断系统性能瓶颈，并为测试报告提供依据。LoadRunner 测试架构示意如图 6-2 所示。

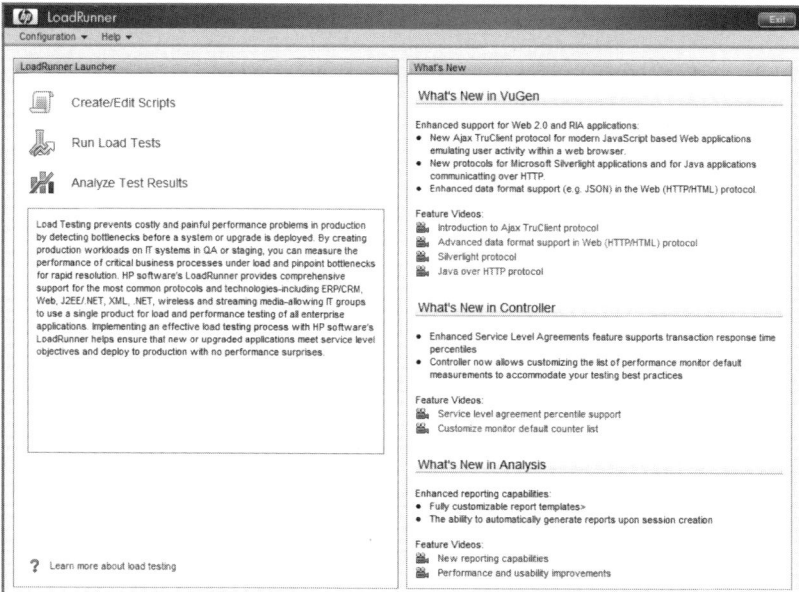

图 6-1　HP LoadRunner

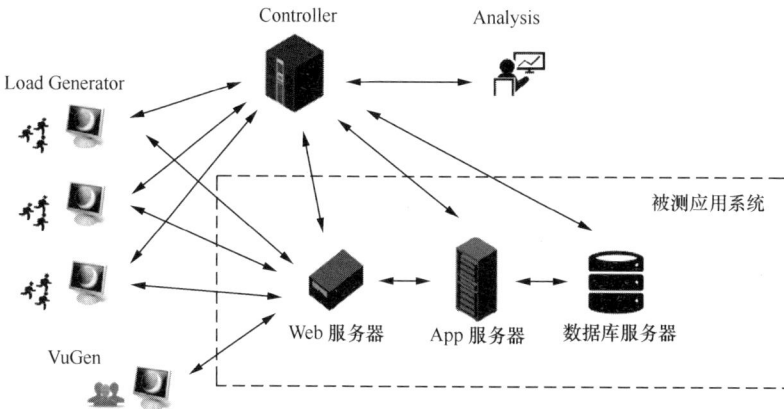

图 6-2　LoadRunner 测试架构示意

6.2.1　测试脚本制作

使用 LoadRunner 等自动化测试工具执行性能测试的关键是模拟用户对应用系统的实际操作行为。然而，银行信息系统种类众多，包括 B/S、C/S 等多种交互方式，要有效模拟这些复杂的用户行为，就必须把核心关注到用户操作所带来的最终请求上，这些最终的请求与系统的用户端形式及操作界面无关。例如，我们需要测试核心银行系统的一项查询交易，该查询可能来源于银行网点前端柜台，也可能是用户在手机用户端发起的。最终该查询通过不同的外围系统进入核心银行系统将产生统一的查询数据包，这与用户在何种渠道发起查询、如何操作无关。

因此，采用协议的方式模拟用户行为是性能测试的核心技术。测试脚本的制作都是基于各种不同协议的。

1. LoadRunner 脚本开发概述

在银行信息系统中，涉及前端用户交互操作的常用协议是 HTTP，而在负责数据传输和消息交换的后台系统中使用较多的是 Socket、MQ 等协议。LoadRunner 的 VuGen 专门支持多种协议，常用的有 Web(HTTP/HTML)、Windows Sockets、Microsoft .NET、Java 等。此外，通过调用外部专门的动态链接库还可以支持 MQ 和 CICS ECI 等类型的交易。常见的脚本类型见表6-2。

表 6-2　LoadRunner 常见的脚本类型

脚本类型	LR 协议类型	子类型
Web（HTTP/HTML）	Web(HTTP/HTML)	页面录制类 手工编写类
SOCKETS	Windows Sockets	长连接类 短连接类
MQ	Web(HTTP/HTML)	本地队列管理器短连接方式 本地队列管理器长连接方式 远端队列管理器短连接方式 远端队列管理器长连接方式
CICS ECI	Web(HTTP/HTML)	指明 TD 不指名 TD
Microsoft .NET	Microsoft .NET	
JAVA	Java Vuser	

LoadRunner 生成的测试脚本通常由三部分构成，分别为 vuser_init、vuser_end 和 Action。其中 vuser_init 和 vuser_end 都只能存在一个，不能再分割，Web(HTTP/HTML) 协议脚本中 Action 可以分为多个，但是 Sockets 协议的 Action 无法被分解。在重复执行测试脚本时，vuser_init 和 vuser_end 中的内容只会执行一次，重复执行的只是 Action 中的内容。

LoadRunner 脚本开发一般分为 3 个步骤见表6-3。

表 6-3　LoadRunner 脚本开发步骤

步骤	过程
1. 脚本录制或编写	使用 LoadRunner 录制脚本或根据接口文档规范编写脚本，通常情况下 Web(HTTP/HTML) 协议页面录制类脚本是通过录制得到，其他类型的交易是根据接口文档规范编写得到的
2. 脚本优化和完善	根据实际业务需求，可修改脚本逻辑和控制，插入事务，添加检查点，设置关联项以及参数化等
3. 脚本调试和验证	执行脚本，通过回放功能在浏览器观察执行结果，借助日志输出函数等手段调试脚本。分别在单用户和并发环境下验证脚本的正确性、稳定性和完整性；重点关注脚本中事务的完整性，检查点的有效性、关联项的合理性以及参数策略的正确性

2. Web(HTTP/HTML) 类型脚本开发

超文本传输协议（Hypertext Transfer Protocal，HTTP）是在 Web 浏览器端广泛使用的协议。HTTP 的特点是无连接、无状态、灵活快速。HTTP 工作在 TCP/IP 体系中的 TCP 上。HTTP 采用了请求 / 响应模型，用户端向服务器发送请求，服务器给予响应。用户端与服务器交互的报文由报文头（message-header）和报文体（message-body）两部分组成：报文头包含交互所需的元数据信息，如协议版本、请求的方法（仅请求头中带有）、请求的 URL（仅请求头中带有）、返回码（仅响应头中带有）、MIME 类型（content-type）等；报文体是要发送给对方的实体数据，如用户端提交给服务器的表单或服务器发送给用户端的html 页面等。

HTTP 1.1 中共定义了八种方法操作指定资源的请求方法，常见的有以下 4 种。

① GET 向特定的资源发出请求，若要向服务器提交参数，参数会被显示地置于 URL 中。

② POST 向指定资源提交数据进行处理请求（例如提交表单或者上传文件）。与 GET 方法不同，提交的数据被放在报文体中。

③ PUT 向指定资源位置上传其最新内容。

④ DELETE 请求服务器删除请求 URL 所指定的资源。

在脚本开发中，以 GET 和 POST 的方法最常见。LoadRunner 专门地支持 Web(HTTP/HTML) 类型的脚本编写，LoadRunner 提供 HTML-based script 和 URL-based Script 模式两种录制方式，在选择 HTTP 录制脚本后，需要确定使用何种模式。在默认的情况下，LoadRunner 选择的是"HTML-based script"模式。

HTML-based 模式是将每个页面的访问录制形成一条语句，对 LoadRunner 来说，在该模式下，访问一个页面，首先会与服务器之间建立一个连接获取页面的内容，然后从页面中分解得到其他的元素，接着建立几个连接分别获取相应的元素，这样一个语句对应多次连接。在这种模式下，VuGen 记录下的函数为 web_submit_form。此外，在录制会话过程中，HTML-based 模式不会录制所有的资源，资源在回放时下载，从内存中取出。

URL-based 模式是将每条用户端发出的请求录制成一条语句，对 LoadRunner 来说，在该模式下，一条语句只建立一个到服务器的连接，LoadRunner 提供了 web_concurrent_start 和 web_concurrent_end 函数模拟 HTML-based 的工作方式。 web_concurrent_start 函数和 web_concurrent_end 函数搭配形成一个并发组，在两个函数之间的所有函数首先被记录下来，当并发组结束时，所有的函数并发执行。在这种模式下，VuGen 使用 web_url 和 web_submit_data 语句分别记录请求网页和提交数据的步骤。

是选择 HTML-based script 模式还是选择 URL-based script 模式，应该根据实际需要，下面是一些常见的参考原则：

① 若使用图像检查点函数 web_image_check，则需要使用 HTML-based script 模式；

② 基于浏览器的应用程序推荐使用 HTML-based script 模式；

③ 不是基于浏览器的应用程序推荐使用 URL-based script 模式；

④ 如果基于浏览器的应用程序中包含了 Javascript，并且该脚本向服务器发送了请求，比如 DataGrid 的分页按钮等，推荐使用 URL-based script 模式；

⑤ 基于浏览器的应用程序中使用了 HTTPS 安全协议，建议使用 URL-based script 模式。

如果使用 HTML-based script 模式录制后不能成功回放，可以考虑改用 URL-based script 模式来录制。因为这种情况多是由上面所列举的情况引起的。为了更加灵活地进行参数化和关联，在实际测试中通常选择 URL-based script 模式来录制。

Web（HTTP/HTML）类型脚本根据是否通过录制得到可以分为页面录制类和手工编写类两种子类型。对于与用户存在前端交互界面或者有交互模拟器的被测系统，可以通过 LoadRunner 提供的 VuGen 组件将浏览器与服务器的交互以一系列函数的方式记录下来，此类脚本为页面录制类，其开发流程见表 6-4。由于部分系统为接口类系统，不存在与用户的交互界面，需要手工编写向后台发送请求的函数，此类脚本为手工编写类，其开发流程见表 6-5。

表 6-4　页面录制类脚本的开发流程

步骤	内容
1. 前期准备	① 确定录制交易的交易步骤和对应的 Trans 名称； ② 确定每个交易步骤的检查点
2. 脚本录制	根据确定的交易步骤录制脚本
3. 脚本优化	① 插入事务（如果在录制阶段未进行此操作）； ② 设置检查点（如果在录制阶段未进行此操作）； ③ 进行关联； ④ 进行参数化，设置参数属性和数据内容
4. 检查验证	① 检查脚本中事务的完整性； ② 确认检查项的有效性； ③ 确认参数策略的正确性； ④ 分别在单用户和并发环境下验证脚本的正确性

表 6-5　手工编写类脚本的开发流程

步骤	内容
1. 前期准备	① 确定录制交易的交易步骤和对应的 Trans 名称； ② 确定每个交易步骤的检查点； ③ 确定每次请求所使用的方法（GET 或 POST）； ④ 确定每次请求的 URL 和接口名称； ⑤ 确定报文的接口规范（如果上送 xml 或 json 等格式报文）
2. 脚本编写	① 将脚本样例另存为目标脚本； ② 手工添加发送请求的 Action 方法
3. 脚本优化	① 插入事务（如果在录制阶段未进行此操作）； ② 设置检查点（如果在录制阶段未进行此操作）； ③ 进行关联； ④ 进行参数化，设置参数属性和数据内容
4. 检查验证	① 检查脚本中事务的完整性； ② 确认检查项的有效性； ③ 确认参数策略的正确性； ④ 分别在单用户和并发环境下验证脚本的正确性

通过整理 Web（Http/HTML）类型脚本的流程、子模块和对应的 LoadRunner 函数，其基本框架如图 6-3 所示，其中虚线框为可选模块。

脚本模块	对应函数
脚本抬头注释	
变量定义	
初始化缓存区	memset
拼接报文（仅手工编写类）	strcpy、strcat、memcpy
全局Service Functions	web_add_auto_header
开始事务	lr_start_transaction
检查点注册函数	web_reg_find
关联函数	web_reg_save_param
局部Service Functions（只对随后的一个Action Function生效）	web_add_header、web_add_filter
录制或编写的Action Functions	web_custom_request、web_submit_data、web_submit_form、web_image、web_link、web_url
校验检查点，根据情况结束事务	strcmp、lr_error_message、lr_end_transaction
清除浏览器缓存	web_cache_cleanup

（开始事务至校验检查点部分为"循环 n 次"）

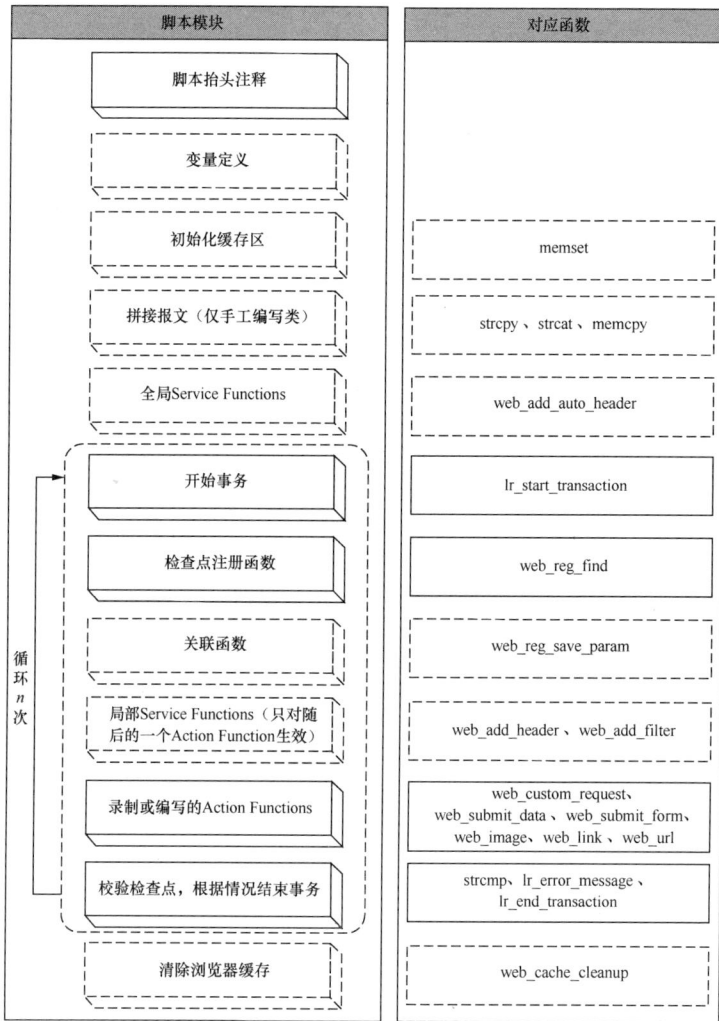

图 6-3　Web（Http/HTML）类型脚本框架

3. Socket 协议脚本开发

在银行应用系统的数据交互中，Socket 是被广泛使用的协议。Socket 是建立在传输层协议（主要是 TCP 和 UDP）上的一种套接字规范。Socket 通信一般有长连接方式和短连接方式两种方式：长连接方式建立一次连接后，不停地发送和接收数据，直到一方主动断开连接为止；短连方式每次发送报文接收响应均需重新建立连接、发送报文、接收响应和关闭连接。开发 Socket 脚本前，要通过系统开发方或项目文档来确定被测交易使用的通信协议和交互方式。Socket 类型脚本的开发流程见表 6-6。

表 6-6　Socket 类型脚本的开发流程

步骤	内容
1. 前期准备	① 确定脚本的子类型； ② 使用 wireshark 抓包工具等手段获取数据包实例； ③ 确定报文接口规范及返回报文检查项（如有返回报文）
2. 脚本编写	按照长、短连接脚本框架编写 Action 中各模块和方法
3. 脚本优化	进行参数化，设置参数属性和数据内容
4. 检查验证	① 检查脚本中事务的完整性； ② 确认检查项的有效性； ③ 确认参数策略的正确性； ④ 分别在单用户和并发环境下验证脚本的正确性

LoadRunner 对 Socket 协议的脚本编写提供了专门的函数支持。在编写脚本时，通过把建立连接放在 vuser_init 中、把关闭连接放在 vuser_end 中，即可实现长连接方式；把建立连接和关闭连接均放在 Action 中即可以实现短连接方式。长、短连接的脚本开发框架分别如图 6-4 和图 6-5 所示，其中虚线框为可选模式。

4. MQ 协议脚本开发

IBM WebSphere MQ 是一种消息中间件，它被广泛地应用于银行等企业级应用系统之间的互联，用于保证异构应用之间的消息传递。应用程序通过 MQ 接口进行通信，可以不必关心网络上的通信细节。MQ 数据传输机制为异步传输，利用 MQ 进行通信的系统具有时间独立性的特点。MQ 具有消息驱动处理的机制，当消息到达队列时，它们可以使用触发自动启动应用程序。

LoadRunner 本身并不支持 MQ 类型脚本开发，但 LoadRunner 支持调用动态链接库。可以通过将 MQ 提供的接口封装到动态链接库中，在 LoadRunner 提供的 Web（HTTP/HTML）协议下编写脚本调用该动态链接库，实现利用 MQ 进行消息传输的功能。

MQ 动态链接库所进行的工作可大致分为以下 5 步：

① 动态链接库与 MQ 队列管理器建立连接；

② 动态链接库以放入消息或接收消息的模式，打开 MQ 队列管理器中的目标队列；

③ 动态链接库向目标队列中放入消息，或从目标队列中接收消息；

脚本模块		对应函数
data.ws	定义data.ws文件中的发送和接收缓冲区	
vuser_init	创建Socket建立连接	lrs_create_socket
Action	脚本抬头注释	
	变量定义	
	初始化字符串	memset
	拼接报文（若在data.ws中进行报文拼接忽略此步）	strcpy、strcat、memcpy
	开始事务	lr_start_transaction
	设置发送缓冲区（若在data.ws中进行报文拼接忽略此步）	lrs_set_send_buffer
	发送数据	lrs_length_sendlrs_send
	设置数据接收超时时间	lrs_set_recv_timeout
	接收数据	lrs_receive lrs_length_receive lrs_receive_ex
	根据接收报文判断交易是否正确执行	lrs_save_param lrs_save_param_ex lrs_save_searched_string
	结束事务	lr_end _transaction
vuser_end	断开socket连接	lrs_close_socket

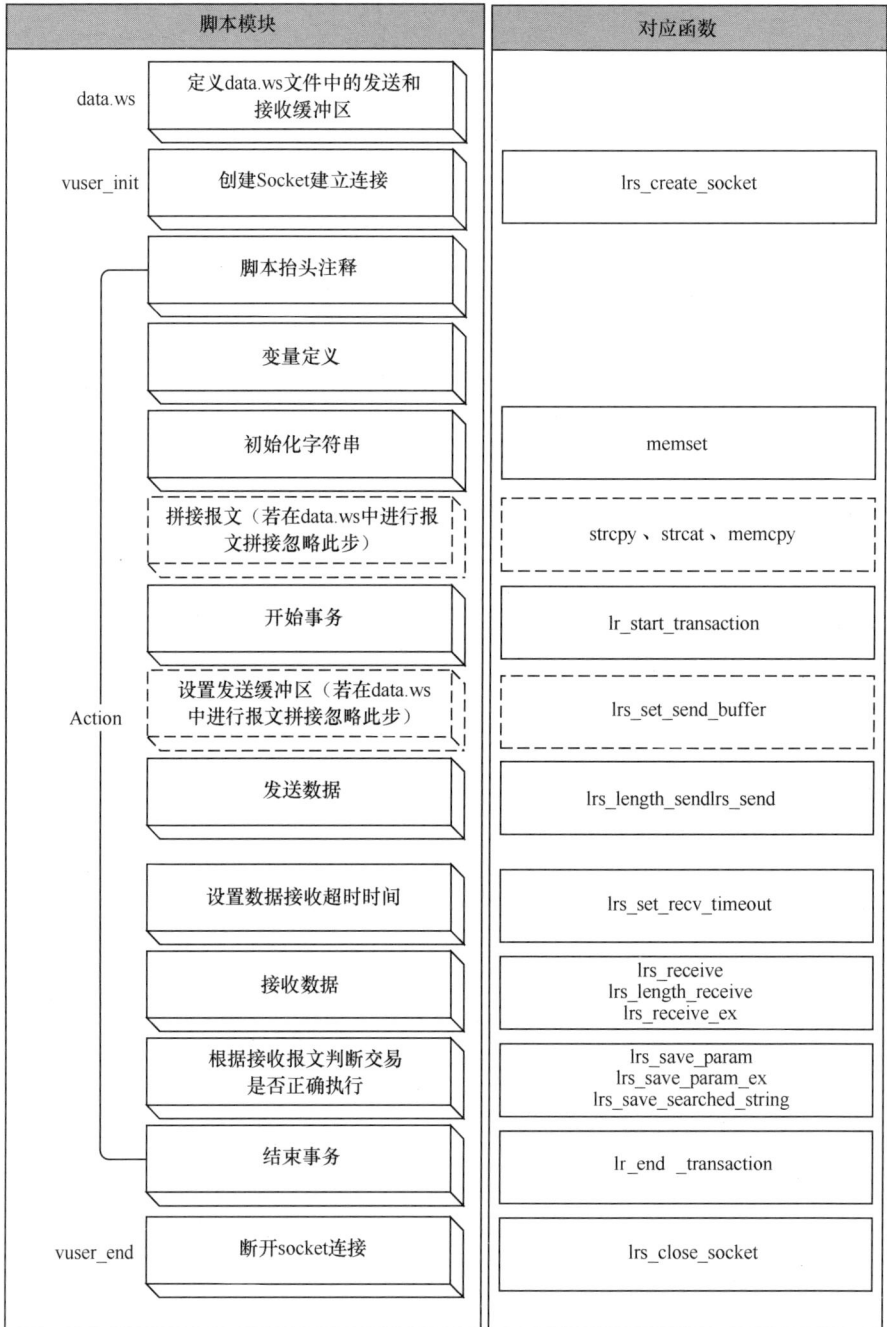

图 6-4 长连接 Socket 脚本开发框架

脚本模块	对应函数

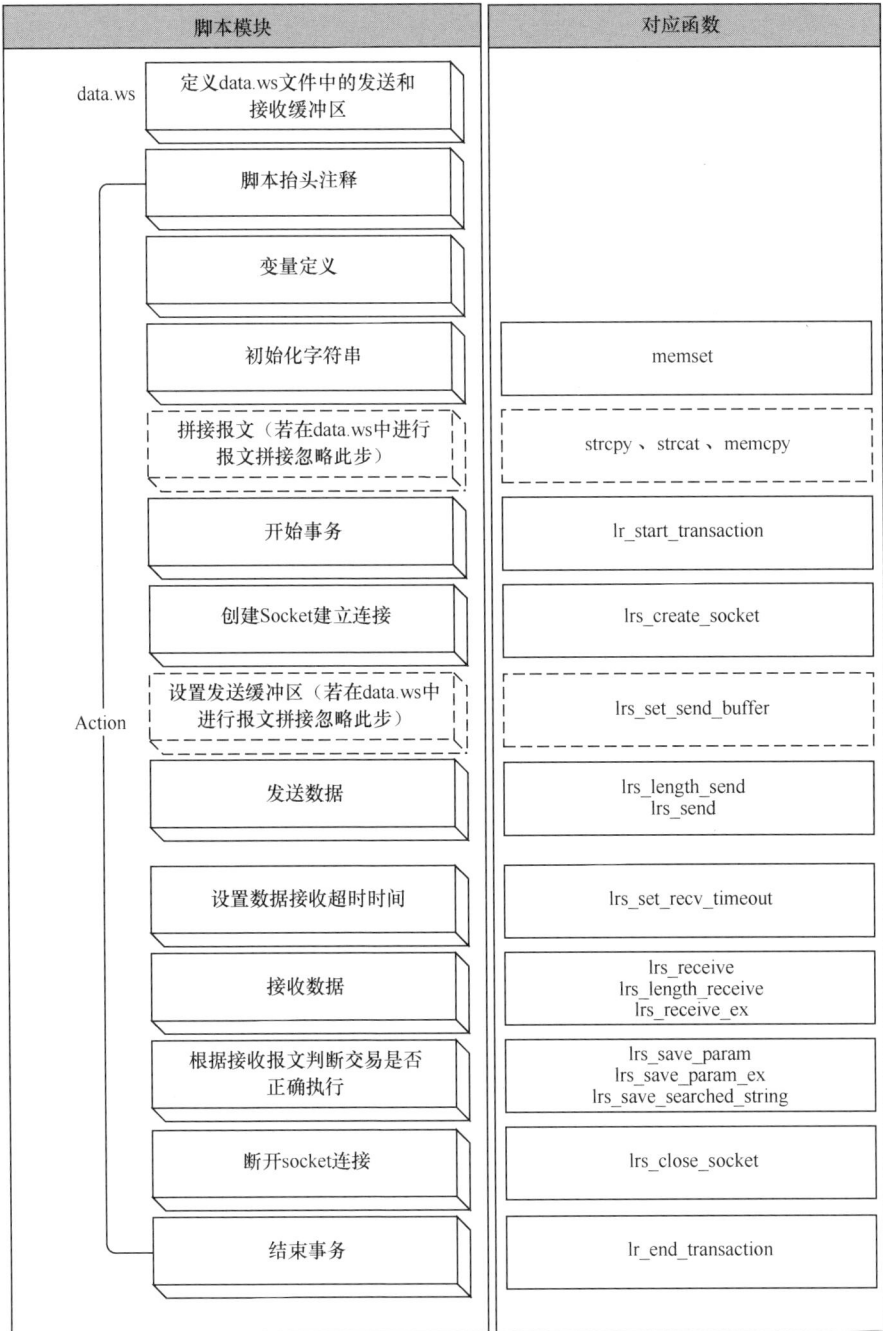

图 6-5 短连接 Socket 脚本开发框架

④ 关闭已打开的目标队列；

⑤ 断开动态链接库和 MQ 队列管理器之间已经建立的连接。

按照脚本运行与所连接的 MQ 队列管理器是否在同一机器，脚本可分为连接本地队列管理器方式和连接远端队列管理器方式。按照脚本与 MQ 队列管理器之间通信的连接方式，脚本又可分为长连接方式和短连接方式：短连接方式每次收发消息均需重新建立与队列管理器的连接；长连接方式是队列管理与建立起连接后将保持连接，每次收发消息不再重新建立连接。综上，MQ 类型脚本可以细分为本地队列管理器短链接方式、本地队列管理器长连接方式、远端队列管理器短连接方式、远端队列管理器长连接方式四种子类型，可根据不同项目的需求选择使用。对脚本子类型的选择，按照以下思路进行。

① 本地队列管理器和远端队列管理器的选择，需要根据被测系统的架构确定，若实际系统中消息发送方服务器存在队列管理器，且通过队列管理器的远程队列将消息发送到被测系统，需要选择本地队列管理器类型，否则选择远端队列管理器类型。

② 对于本地队列管理器类型，长连接和短连接的选择需要根据目标 TPS 的大小来确定，因为短连接方式对压力机资源消耗高于长连接方式，故当测试的目标 TPS 较高时建议选择长连接方式，以降低对压力机资源的消耗。

③ 对于远端队列管理器类型，长连接和短连接的选择需要根据系统的实际连接情况来确定。

MQ 协议脚本的开发流程见表 6-7。

表 6-7 MQ 协议脚本的开发流程

步骤	内容
1. 前期准备	① 确定脚本的子类型； ② 确定发送目标的队列管理器名、队列名和通道名； ③ 配置 MQ 队列管理器（仅本地队列管理器类型需要）； ④ 配置环境变量（仅远端队列管理器类型需要）； ⑤ 确定报文的接口规范和返回检查项（如有返回报文）
2. 脚本编写	① 根据脚本子类型选择脚本样例另存为目标脚本； ② 按照长、短连接 MQ 脚本框架编写 Action 中各模块和方法
3. 脚本优化	进行参数化，设置参数属性和数据内容
4. 检查验证	① 检查脚本中事务的完整性； ② 确认检查项的有效性； ③ 确认参数策略的正确性； ④ 分别在单用户和并发环境下验证脚本的正确性

长连接方式的 MQ 脚本开发框架如图 6-6 所示，短连接方式的 MQ 脚本开发框架如图 6-7 所示，其中虚线框为可选模式。

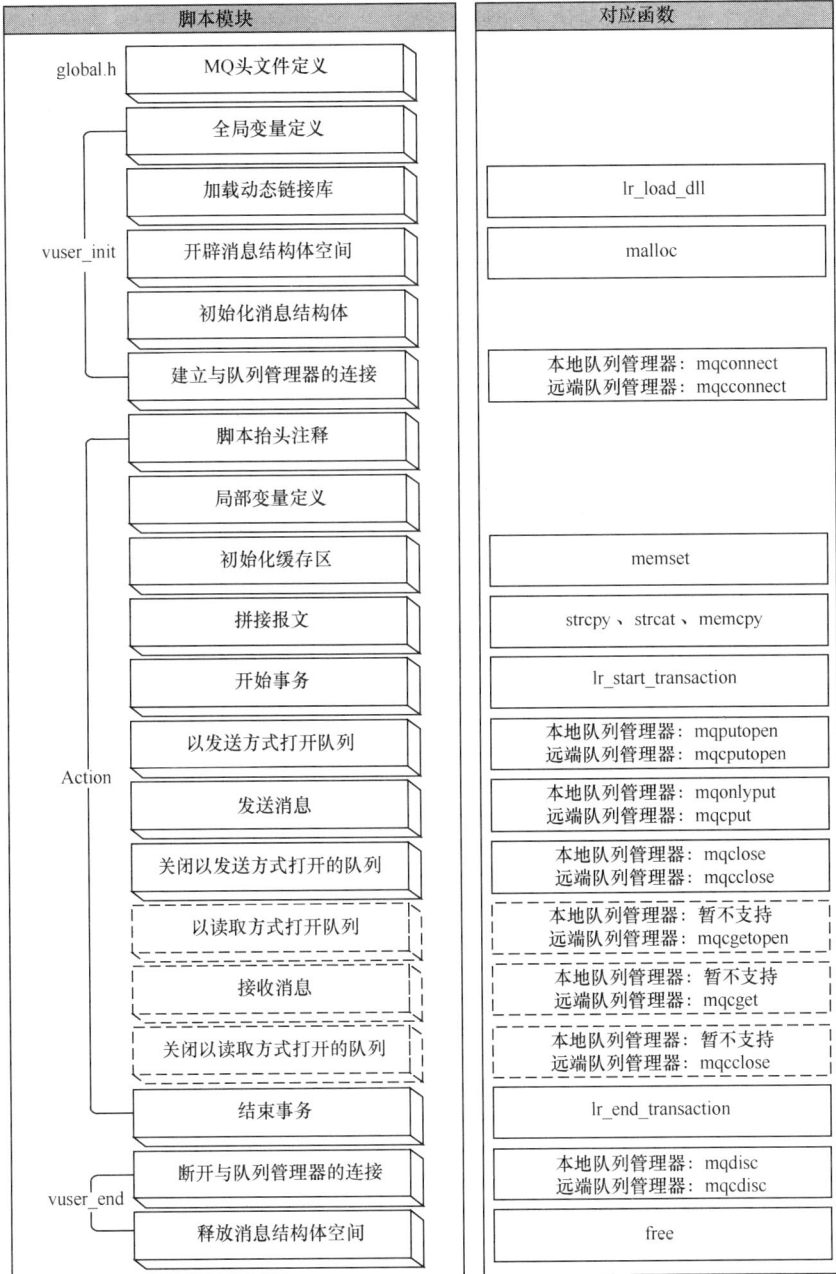

脚本模块	对应函数
MQ头文件定义 (global.h)	
全局变量定义	
加载动态链接库	lr_load_dll
开辟消息结构体空间 (vuser_init)	malloc
初始化消息结构体	
建立与队列管理器的连接	本地队列管理器：mqconnect 远端队列管理器：mqcconnect
脚本抬头注释	
局部变量定义	
初始化缓存区	memset
拼接报文	strcpy、strcat、memcpy
开始事务	lr_start_transaction
以发送方式打开队列 (Action)	本地队列管理器：mqputopen 远端队列管理器：mqcputopen
发送消息	本地队列管理器：mqonlyput 远端队列管理器：mqcput
关闭以发送方式打开的队列	本地队列管理器：mqclose 远端队列管理器：mqcclose
以读取方式打开队列	本地队列管理器：暂不支持 远端队列管理器：mqcgetopen
接收消息	本地队列管理器：暂不支持 远端队列管理器：mqcget
关闭以读取方式打开的队列	本地队列管理器：暂不支持 远端队列管理器：mqcclose
结束事务	lr_end_transaction
断开与队列管理器的连接 (vuser_end)	本地队列管理器：mqdisc 远端队列管理器：mqcdisc
释放消息结构体空间	free

图 6-6　长连接方式 MQ 脚本开发框架

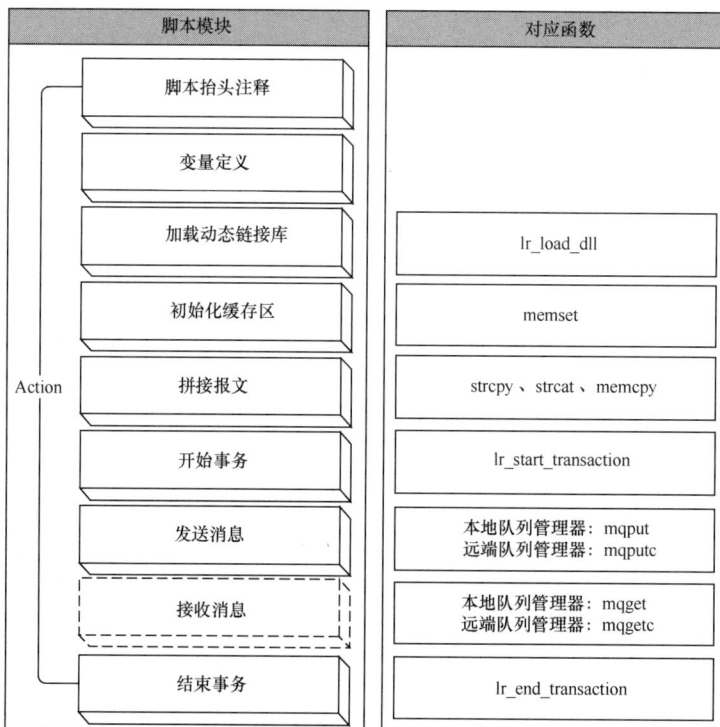

图 6-7　短连接方式 MQ 脚本开发框架

5. 脚本调试技术

脚本的调试是脚本制作过程中的重要环节，测试人员在开发脚本时常用的调试手段包括日志输出、单步调试等。

（1）日志输出

在开发程序时，开发人员经常会使用控制台等输出语句获取程序执行过程中的变量情况。同理，日志输出也是 LoadRunner 脚本调试的重要方法。LoadRunner 提供了多种日志输出函数可供查看变量或参数的内容，主要包括 lr_log_message、lr_output_message、lr_error_message 等。

而在使用 VuGen 执行脚本的过程中，VuGen 会根据运行时设置（Run-time Settings）将相应级别的函数输出。在 Windows 环境下，VuGen 会将日志信息存储在脚本目录下名为 output.txt 的文件中。在 UNIX 环境下，日志信息将直接存储到标准输出中。

运行时设置如图 6-8 所示，主要包括如下选项。

① 仅在出错时发送消息：在脚本执行过程中发生错误时记录日志。此选项的

高级设置将指明日志缓存大小。当缓存内容超出制定的大小时，将循环删除最早的内容，默认的缓存大小为 1kB。

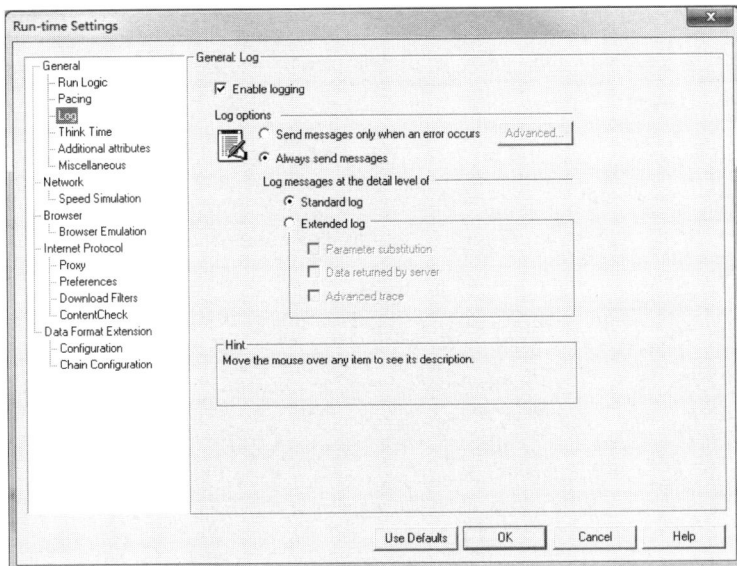

图 6-8　运行时设置—日志输出选项

② 标准日志（Standard Log）：创建在脚本执行期间发送的函数和消息的标准日志，供调试使用。

③ 扩展日志（Extended Log），包括以下选项。

- Parameter substitution：将参数赋值的操作作为日志输出。
- Data returned by server：将服务器返回的数据作为日志输出。
- Advanced trace：高级跟踪日志。

（2）单步调试

如同开发程序一样，结合断点的单步调试是脚本开发的重要调试手段。在脚本运行过程中，时常需要从某一关键步骤到后续过程中不断跟踪变量和参数的实时内容，以确定执行结果与预期是否一致。我们可以在关心的位置插入断点，让脚本在执行到这一步时停下来，之后可以让脚本单步运行，结合日志和变量内容分析定位脚本可能存在的错误。

6.2.2　运行测试场景

在开发完虚拟用户测试脚本后，LoadRunner Controller 的作用就是将此脚本的单人执行操作转换为大量并发操作，模拟海量的实际用户负载。在性能测试中，场景（Scenario）的作用是用来模拟大量并发用户对应用系统发起的操作，通过执行场景，可以向应用服务器产生负载，以验证应用系统的各项性能指标是否达到测试预定的目标。通过 LoadRunner Controller，可以进行测试场景的管理、设计、执行和监控。

LoadRunner 将场景分为目标场景（Goal-Oriented Scenario）和手工场景（Manual Scenario）两种，在创建新场景时，可以选择一种场景进行创建，如图 6-9 所示。我们也可以在完成场景创建后在这两种场景间转换。

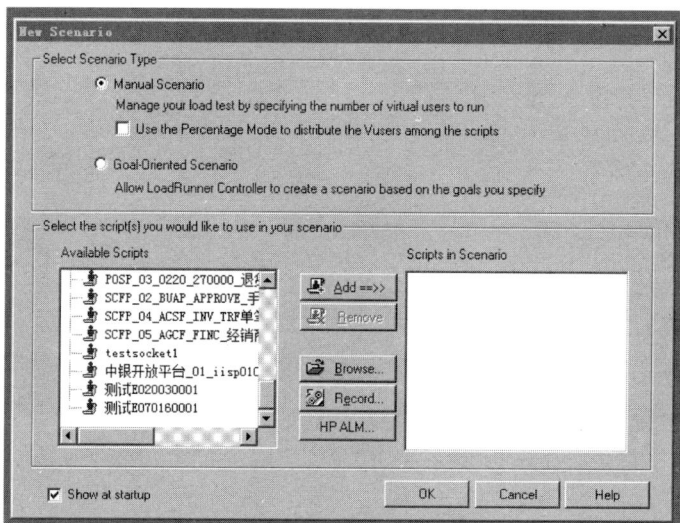

图 6-9　创建场景选项

（1）目标场景（Goal-Oriented Scenario）

目标场景是指设定一个场景的运行目标，LoadRunner Controller 将自动产生负载，如果测试的结果达到目标，则说明被测系统的性能满足要求。因此，在实际测试中，目标场景适用于对应用系统的性能是否达到某些目标进行简单的定性测试。

目标场景可支持 5 种类型的场景目标，分别介绍如下。

① Virtual Users：表示被测系统支持虚拟用户的数量，如图 6-10 所示。

② Hits per Second：表示被测系统能支持每秒的点击数（能够正确返回）。在这里，除了设置 Hits per Second 目标，还需要设置虚拟用户的数量范围，场景在运行时会自动调整虚拟用户数来测试该范围内系统是否都能达到定义的 Hits per Second 目标，如图 6-11 所示。

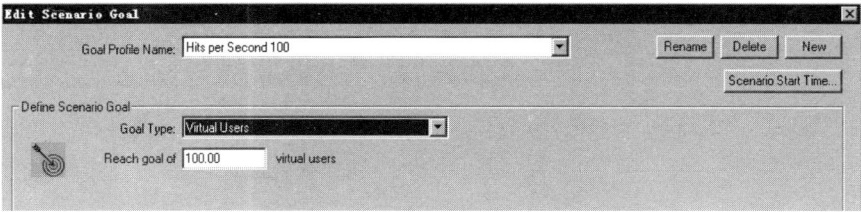

图 6-10 Virtuals Users 类型

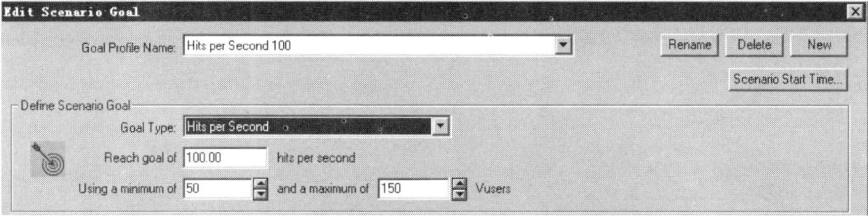

图 6-11 Hits per Second 类型

③ Transactions per Second：表示被测系统每秒能够处理的事务数量。在这里，除了设置 Transactions 名称和 Transactions per Second 目标，还需要设置虚拟用户的数量范围，场景在运行时会自动调整虚拟用户数来测试该范围内系统处理该事务是否都能达到定义的 Transactions per Second 目标，如图 6-12 所示。

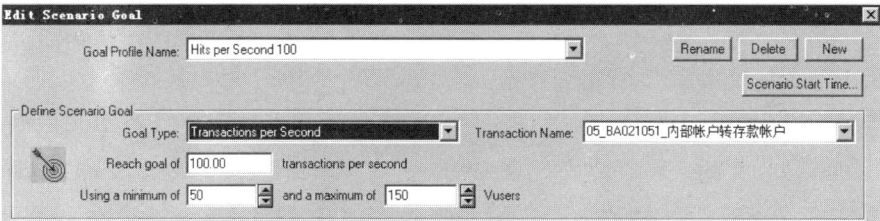

图 6-12 Transactions per Second 类型

④ Transactions Response Time：表示被测系统处理每笔事务的响应时间。在这里，除了设置 Transactions 名称和 Transactions Response Time 目标，还需要设置虚拟用户的数量范围，场景在运行时会自动调整虚拟用户数来测试该范围内系统处理该事务是否都能达到定义的 Transactions Response Time 目标，如图 6-13 所示。

⑤ Pages per Minute：表示被测系统能够支持的每分钟页面刷新次数，主要用于 Web 系统测试。在这里，除了设置 Pages per Minute 目标，还需要设置虚拟用户的数量范围，场景在运行时会自动调整虚拟用户数来测试该范围内系统刷新页面是否都能达到定义的 Pages per Minute 目标，如图 6-14 所示。

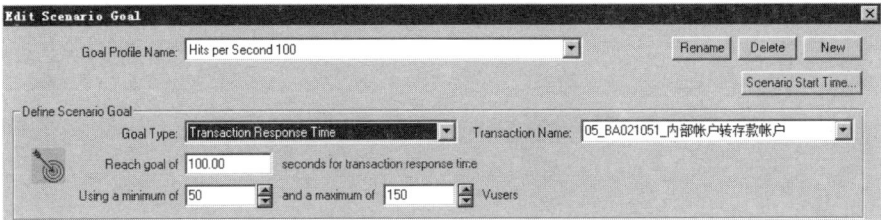

图 6-13　Transaction Response Time 类型

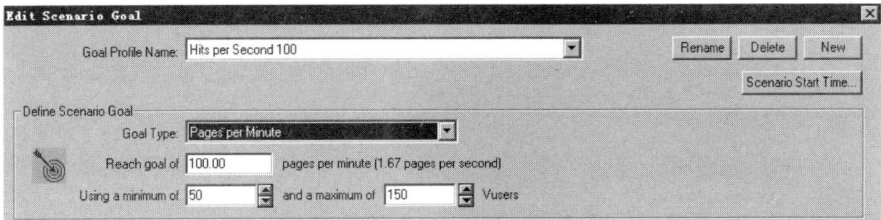

图 6-14　Pages per Minute 类型

设定好场景目标后，需要设置场景运行模式，如图 6-15 所示。设置内容包括目标达到后场景继续运行的时长和无法达到目标时是继续运行场景还是停止等。

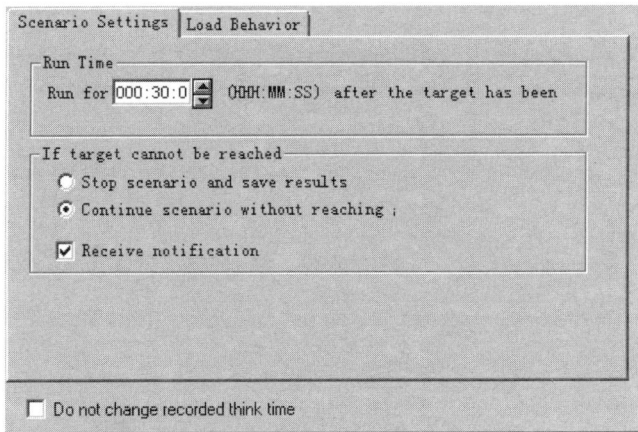

图 6-15　场景运行模式设置

（2）手工场景（Manual Scenario）

手工场景需要测试人员自行设置虚拟用户的变化，是在实际测试过程中应用最多的场景类型。通过运行手工场景，可以定量地通过负载的变化测试系统的处理能力，定位系统性能的瓶颈。

手工场景设计的核心思想是通过设置每支交易（事务）的虚拟用户数（记为

VU）和该交易的运行间隔（Pacing）来测试目标交易（事务）执行的每秒事务数（TPS）是否能被满足。VU、Pacing、TPS 的换算关系如下：

$$TPS = VU/Pacing$$

例如，对某支交易 A(执行该交易的脚本为 Sa)，我们设置该脚本 Sa 的运行虚拟用户数为 60，运行间隔 Pacing 为 2s，则我们可以计算出该场景的目标 TPS 为 60/2=30。

因此，建立手工场景首先应根据测试业务需求选择要被测交易的脚本添加到场景中，并根据实际交易占比为每支脚本设置合适的虚拟用户数量，如图 6-16 所示。之后根据当前场景的目标 TPS 计算并设置每支脚本的运行间隔（Pacing），如图 6-17 所示。

图 6-16　设置每支脚本的虚拟用户数量

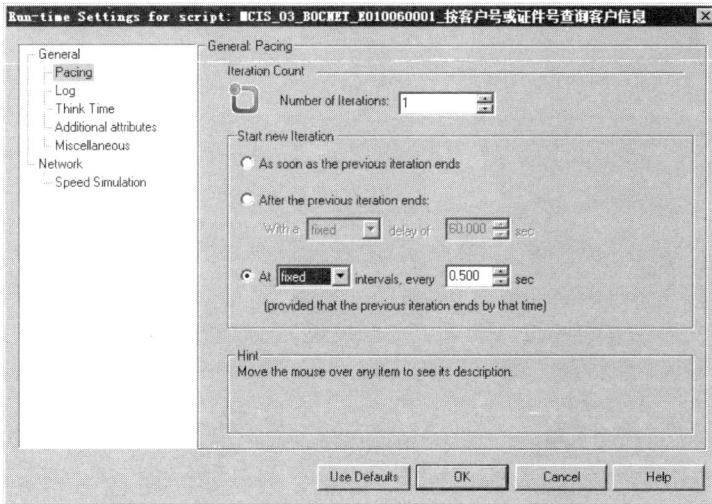

图 6-17　设置脚本的运行间隔（Pacing）

完成上述主要场景的设计后，即可设置场景执行结果路径，并保存场景，就可以开始执行场景了。在大型测试项目中，需要模拟海量虚拟用户的行为，这是需要消耗大量系统资源的。当一台机器模拟不了这么多虚拟用户时，就需要同时使用更多压力机（Load Generator）共同完成压力发起任务。在 LoadRunner Controller 中，可以通过选择菜单"Scenario"→"Load Generators…"或单击工具条的"Load Generator"按钮打开 Load Generator 配置，如图 6-18 所示。在 Load Generator 配置中，可以添加、修改压力机，并测试各压力机的状态。在完成 Load Generator 配置后，可为每支脚本设置一台或多台要执行的压力机。

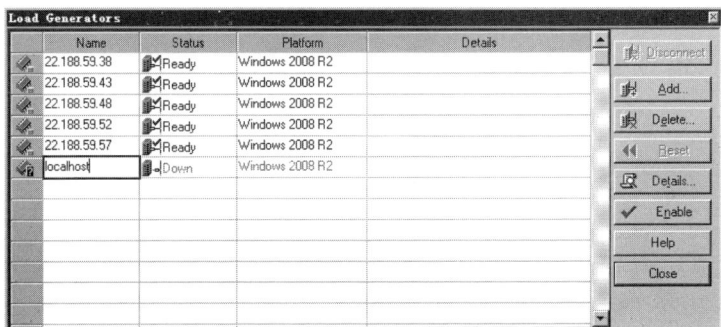

图 6-18　Load Generators 配置

在场景运行的过程中，LoadRunner Controller 将切换至"Run"页标签。在此页面中，可实时显示各支脚本的虚拟用户运行状况、场景整体运行统计（运行中的虚拟用户、已运行时间、每秒点击数、通过的交易数、失败的交易数和错误数等）、各项交易性能图表和系统资源监控图表，如图 6-19 所示。

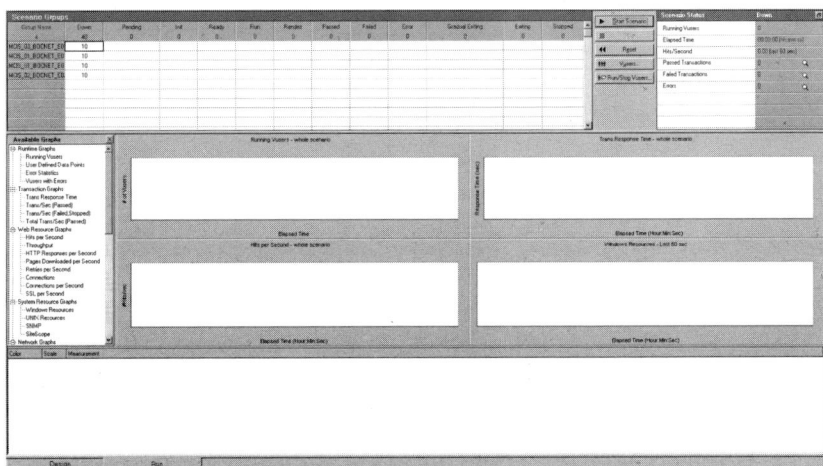

图 6-19　场景运行界面信息

6.2.3 测试结果分析

执行完测试场景后，需要分析运行过程中收集的数据信息，获取被测系统的性能表现情况。在 LoadRunner Controller 中，可以点击菜单中"Result"→"Analyze"选项，启动 LoadRunner Analysis 应用分析当前执行场景的运行结果，如图 6-20 所示。

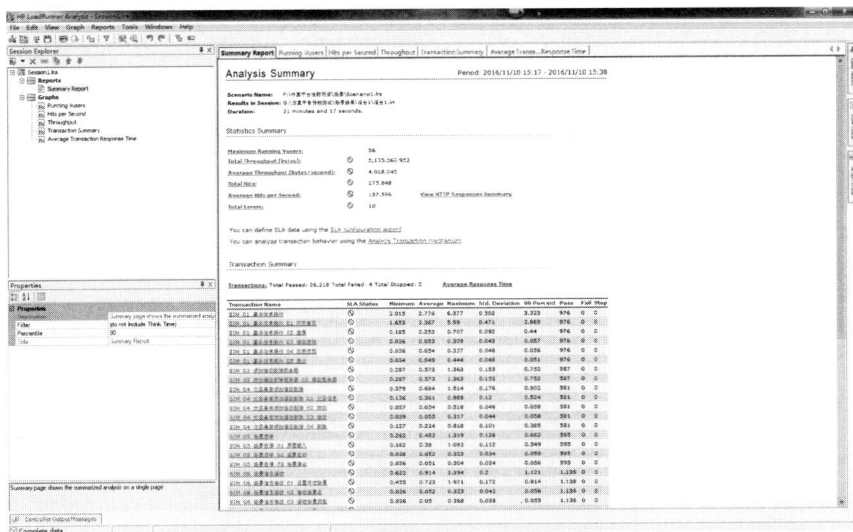

图 6-20 LoadRunner Analysis

LoadRunner Analysis 首先提供该场景执行结果的摘要报告（Summary Report），摘要报告包括统计摘要（Statistics Summary）、事务摘要（Transaction Summary）和 HTTP 响应摘要（HTTP Responses Summary）三部分。

① 统计摘要：包括最大运行虚拟用户数量、总吞吐量、平均吞吐量、总点击次数、平均每秒点击次数和总错误数等信息。

② 事务摘要：包括各事务的服务水平协议状态、最小响应时间、平均响应时间、最大响应时间、响应时间标准差、90% 响应时间、通过笔数、失败笔数等信息。

③ HTTP 响应摘要：包括 HTTP 返回码、总数量和每秒响应数量。

在 LoadRunner Analysis 左侧树形导航栏里，还可以选择多种图表查看各种性能指标情况。例如，点击平均交易响应时间（Average Transaction Response Time）会列举出各支交易事务的性能数据统计，并显示在折线图中，如图 6-21 所示。

129

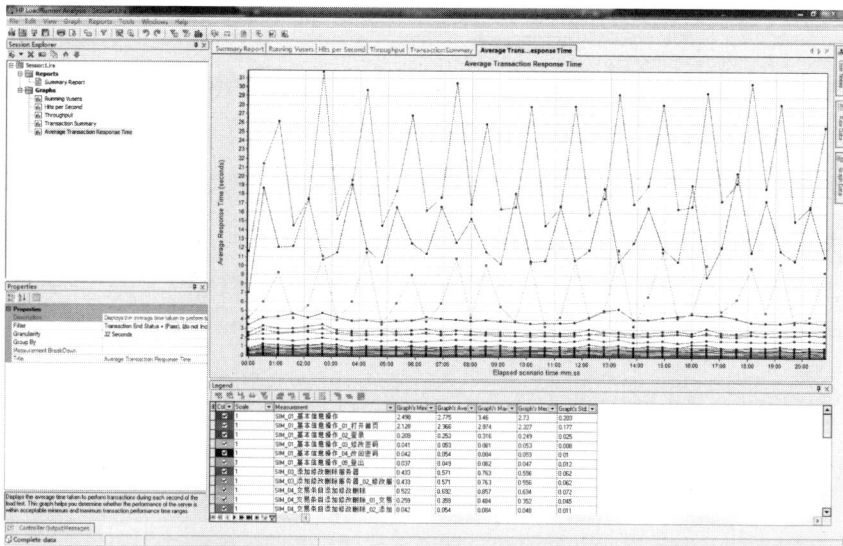

图 6-21　平均交易响应时间（Average Transaction Response Time）图表内容

除默认的图表之外，还可在列表之外添加其他图表，LoadRunner Analysis 提供了五大类共计 30 种图表可供选择，如图 6-22 所示。

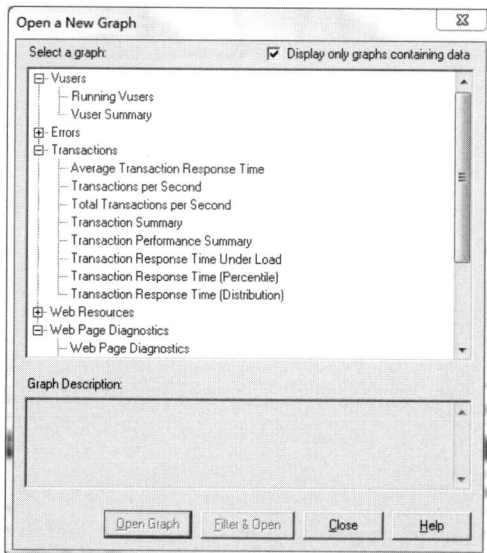

图 6-22　LoadRunner Analysis 提供的图表类型

在实际测试中，常用的一些图表主要包括以下子件。

① 运行虚拟用户（Running Vusers）：可通过此图表查看场景执行期间 Vuser

的运行情况是否符合预期。

② 每秒交易数（Transactions per Second）：通过该图表可确定场景执行期间某一时刻应用系统的各种交易的处理能力，包括成功通过的交易数、执行失败的交易数和停止的交易数目。

③ 每秒交易总数（Total Transactions per Second）：通过该图表可确定场景执行期间某一时刻应用系统的总交易的处理能力，包括成功通过的交易数、执行失败的交易数和停止的交易数目。

④ 平均事务响应时间（Average Transaction Response Time）：通过该图表可确定场景执行期间某一时刻应用系统处理各种交易的平均响应时间。

6.3　性能监控方法和工具

6.3.1　系统性能分析思路

重要的系统资源包括 CPU、内存、网络和 I/O 等类别。在对系统进行监控的过程中，我们可以获取非常多的指标，例如仅 Windows 性能计数器中与内存相关的指标就有数十项之多。在应用系统出现性能问题时，如何综合考查各类系统指标，并从对排查问题有关键意义的重要指标入手找出性能瓶颈就十分重要了。有时候看似是某一项系统资源出现问题，但导致问题的根本原因可能是其他资源。例如执行某次场景时，系统的 CPU 和内存出现瓶颈。而进一步分析，当物理内存严重不足时，会导致大量内存置换到 SWAP 空间，从而引发 CPU 处理能力的不足，此时，CPU 瓶颈的根本原因可能就是内存问题，一旦解决内存空间，CPU 问题可能就不存在了。

1. CPU 相关指标介绍

CPU 是计算机运行的大脑，因此 CPU 使用率是性能测试过程需被密切关注的关键指标。当系统的 CPU 使用率大于 70% 的时候，表明系统已处在高负荷运转的状态中，需要被密切关注；而当系统的 CPU 使用率大于 90% 时，说明系统 CPU 处理能力已不足，此时应用系统的各项交易往往已出现响应时间显著上升的现象了。监控 CPU 使用率的方法有很多，在 Linux 系统下，可使用 vmstat、top、ps 等多种命令统计分析。

除 CPU 使用率之外，CPU 运行队列的内核线程数也是衡量 CPU 使用情况的重要指标，可通过 sar - q 命令中的 "runq-sz" 获取：当运行队列超过 CPU 数量 2 倍时，表明 CPU 已经有一定的负载压力了；当超过 CPU 数量 3 倍时，表明 CPU 已受限，当前处理能力严重不足。

2. 内存相关指标介绍

在计算机系统中，内存是主存储器，与 CPU 直接沟通交互，存放当前系统和应用正在使用的数据和程序。因此，操作系统要快速处理一项任务，不仅需要 CPU 有足够的空余处理能力，还需要内存中有充足的剩余空间。在系统的内存分析定位过程中，最主要的指标是内存的使用率，在 Linux 系统下，可使用 vmstat、top、ps、free 等命令来获取统计信息：当内存使用率大于 80% 时，就需要密切关注其变化趋势（特别是被测应用进程占用的内存）；当内存使用率大于 90% 时，说明内存空间已严重不足，此时系统可能已产生大量内存换页，应用系统的处理能力严重下降。

3. 网络指标分析

对于涉及多套子系统需要进行网络交互的应用系统来说，网络传输状况是否正常也是影响到系统性能表现的可能因素。在 Linux 操作系统中可以使用 sar、ifconfig、netstat 以及查看 net 的 dev 速率等方式，查看收发网络包的吞吐速率是否达到网卡的最大上限。在正常情况下，网络状态较好，网络时延很低；当出现大规模网络时延和丢包时，很可能是因为数据传输量已超过当前网卡的上限。

4. 磁盘 I/O 指标分析

应用系统的处理离不开读写系统磁盘的存储内容，因此磁盘读写的性能将直接影响到应用系统的性能表现。而 I/O 操作是系统中最慢的部分，当其成为应用的性能瓶颈时，可能是由于当前系统所采用的磁盘处理能力不足，也可能是因为应用程序本身代码的不合理（运行时过多的磁盘读写操作）。在 Linux 系统中，可以使用 iostat、sar 等命令监控磁盘的 I/O 情况。

6.3.2 Nmon 工具

在前面的介绍中，可以看出系统性能相关的资源有很多，获取这些指标涉及的命令也不尽相同。在执行测试场景的过程中，我们需要密切监视和统计多台机器的多项指标，如果采用手工的方式去调用不同命令实现操作显然是不现实的。同时，在执行完场景之后，我们需要收集大量的资源使用情况进行进一步分析，并汇总成图表作为测试结果写入测试报告。以上繁杂的操作都需要一款监控工具协助测试人员高效完成。

　　Nmon 是面向 AIX 和 Linux 系统的资源监控工具，可以在其官方网站上下载。Nmon 可以记录相当全面的系统资源信息，为性能测试提供丰富的性能数据以供分析，因此在银行系统性能测试中被广泛使用。此外，IBM 公司提供了 nmon_analyzer 工具可以将文本形式的监控结果以可视化图形的方式展现，方便测试人员观察系统在一段时间内的资源使用变化趋势，更有助于定位问题。

1. Nmon 监控与结果获取

　　Nmon 的主要使用方式可分为实时监控和持续收集两种。

　　（1）实时监控

　　在下载 Nmon 工具后，可直接使用 nmon 命令运行工具，可出现如图 6-23 所示的界面信息。

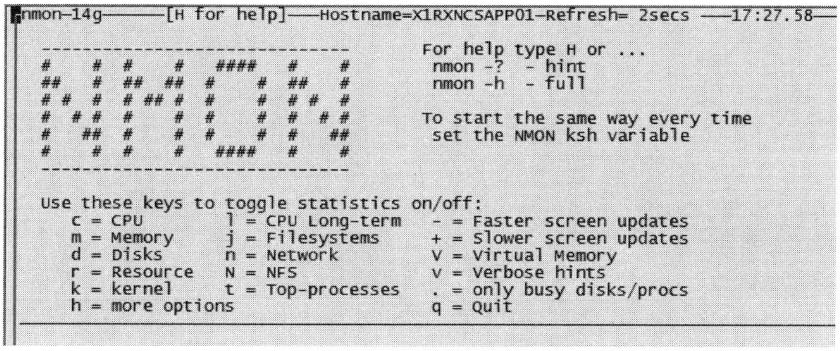

图 6-23　Nmon 工具界面

　　此时，可以根据想关注的性能指标类别，键入相应字符获取实时资源监控信息。例如，我们想关注 CPU、内存、磁盘和进程的相关性能指标，可分别键入"c""m""d""t"，展示结果如图 6-24 所示。可以看出，使用 Nmon 工具可以方便地实时监控多种系统资源的使用情况，对测试人员实时把控系统运行状态和发现性能问题有很大的帮助。

　　（2）持续收集

　　仅仅实时观看系统资源的使用状况是远远不够的。一套银行应用系统往往涉及前端 Web 服务器、后台服务器、数据库服务器等多台硬件资源，在执行测试场景的过程中，同时在 nmon 界面上实时监控这些机器并不现实。因此在执行实际测试的过程中，通常的做法是在执行测试场景前启动 Nmon 的持续监控功能，在执行完场景后，将该时段内的监控数据形成一个文件，以备后续的分析工作。

```
nmon-14g      [H for help]  Hostname=X1RXNCSAPP01-Refresh= 2secs   17:31.49
 CPU Utilisation
CPU  User%  Sys% Wait% Idle|0          |25       |50       |75       100|
  1   0.5   1.0   0.5  98.0|  >
  2   0.0   0.0   0.5  99.5|  >
  3   0.0   0.0   0.0 100.0|  >
  4   0.0   0.0   0.0 100.0|  >
  5   0.0   0.0   0.0 100.0|  >
  6   0.0   0.0   0.0 100.0|  >
  7   0.0   0.0   0.0 100.0|  >
  8   0.0   0.0   0.0 100.0|  >
  9   0.0   0.0   1.0  99.0|  >
 10   0.0   0.5   0.0  99.5|  >
 11   0.0   0.0   0.0 100.0|  >
 12   0.0   0.0   0.0 100.0|  >
 13   0.0   0.0   0.0 100.0|  >
 14   0.0   0.0   0.0 100.0|  >
 15   0.0   0.0   0.0 100.0|  >
 16   0.0   0.0   0.0 100.0|  >

Avg   0.1   0.1   0.1  99.8|  >
 Memory Stats
                RAM       High       Low      Swap    Page Size=4 KB
Total MB   32108.6       -0.0      -0.0    8192.0
Free  MB   29496.3       -0.0      -0.0    8192.0
Free Percent  91.9%    100.0%    100.0%   100.0%
            MB                    MB                  MB
                      Cached=    637.9   Active=    1832.2
Buffers=   270.7 Swapcached=      0.0 Inactive=    387.2
Dirty  =     0.0 Writeback=       0.0 Mapped  =     77.9
Slab   =   132.7 Commit_AS=    3217.1 PageTables=   21.4
 Disk I/O /proc/diskstats    mostly in KB/s    Warning:contains duplicates
DiskName Busy  Read WriteKB|0         |25       |50       |75       100|
sdb        1%   0.0  13.9|W                                            >
sdb1       1%   0.0  13.9|W                                            >
sdc        0%   0.0  13.9|                                             >
sdc1       0%   0.0  13.9|W                                            >
sdd        0%   0.0   2.0|     >
sdd1       0%   0.0   2.0|     >
sde        0%   0.0   0.0|          >
sde1       0%   0.0   0.0|          >
sdf        0%   0.0   0.0|>
sdf1       0%   0.0   0.0|>
sda        0%   0.0   0.0|>
sda1       0%   0.0   0.0|>
dm-0       0%   0.0   0.0|  >
dm-1       0%   0.0   0.0|>
dm-2       0%   0.0   0.0|       >
dm-3       1%   0.0  29.7|W                                            >
dm-4       0%   0.0   0.0|>
Totals Read-MB/s=0.0     Writes-MB/s=0.1      Transfers/sec=18.3
 Top Processes Procs=423 mode=3 (1=Basic, 3=Perf 4=Size 5=I/O)
  PID    %CPU   Size     Res     Res     Res     Res   Shared   Faults  Command
         used     KB     Set    Text    Data     Lib      KB   Min Maj
  3885    0.5 3513168  596712   11740 3471520      0    8360     0   0 mysqld.bin
  4195    0.5  469184   30232     688   11756      0   18304     0   0 httpd.bin
  4952    0.5  263120    6408    1700    5644      0    3440     0   0 zabbix_server
 19706    0.5   19948    4916     112    9616      0     948   209   0 nmon
     1    0.0   21408    1556     140    2464      0    1228     0   0 init
     2    0.0       0       0       0       0      0       0     0   0 kthreadd
     3    0.0       0       0       0       0      0       0     0   0 migration/0
Warning: Some Statistics may not shown
```

图 6-24　各类别 nmon 监控信息展示

Nmon 命令提供了持续收集系统性能指标的功能，测试人员可以指定一个采样频率、采样次数和采样数据文件存储的路径和名称，Nmon 即可开始定时将每次采样的性能数据写入到指定的文件中。例如，我们想在执行场景的过程中监控一台机器 30min，其中 5s 进行一次数据采样。这样，我们可以将监控总时长30min（1800s）除以采样间隔（5s），得到采样次数为 360 次。现在我们可以输入命令"nmon‐F /nmonlog/test.nmon‐s 5‐c 360"，其中，参数 ‐F 指定输出监控结果文件的路径和文件名，‐s 指定采样间隔，‐c 指定采样次数。除此之外，

nmon 命令还有很多其他参数可供选择，可以使用 nmon - help 查看更多参数代表的含义，以了解更多的用法。

在执行完持续监控后，我们可以通过 nmon 写入的文件查看监控结果。Nmon 监控结果的格式如图 6-25 所示，主要包含系统概要和每个采样点的监控结果两部分信息。

```
AAA,progname,nmon
AAA,command,nmon -fT -s 10 -c 10 -f -F pmstest20141016_22.188.144.160.nmon
AAA,version,14i
AAA,disks_per_line,150
AAA,max_disks,256,set by -d option
AAA,disks,14,
AAA,host,X1RGCSZK03
AAA,user,gcs
AAA,OS,Linux,3.10.0-693.11.6.el7.x86_64,#1 SMP Thu Dec 28 14:23:39 EST 2017,x86_64
AAA,runname,X1RGCSZK03
AAA,time,14:58.50
AAA,date,30-MAR-2018
AAA,interval,10
AAA,snapshots,10
AAA,cpus,2
AAA,x86,VendorId,GenuineIntel
AAA,x86,ModelName,Intel(R) Xeon(R) CPU E7-4820 v3 @ 1.90GHz
AAA,x86,MHz,1895.432
AAA,x86,bogomips,3790.86
AAA,x86,ProcessorChips,1
AAA,x86,Cores,1
AAA,x86,hyperthreads,0
AAA,x86,VirtualCPUs,2
AAA,proc_stat_variables,8
AAA,note0, Warning - use the UNIX sort command to order this file before loading into a spreadsheet
AAA,note1, The First Column is simply to get the output sorted in the right order
AAA,note2, The T0001-T9999 column is a snapshot number. To work out the actual time; see the ZZZ section at the en
CPU001,CPU 1 X1RGCSZK03,User%,Sys%,Wait%,Idle%
CPU002,CPU 2 X1RGCSZK03,User%,Sys%,Wait%,Idle%
CPU_ALL,CPU Total X1RGCSZK03,User%,Sys%,Wait%,Idle%,Busy,CPUs
MEM,Memory MB X1RGCSZK03,memtotal,hightotal,lowtotal,swaptotal,memfree,highfree,lowfree,swapfree,memshared,cached,
PROC,Processes X1RGCSZK03,Runnable,Blocked,pswitch,syscall,read,write,fork,exec,sem,msg
NET,Network I/O X1RGCSZK03,eth0-read-KB/s,lo-read-KB/s,eth0-write-KB/s,lo-write-KB/s,
NETPACKET,Network Packets X1RGCSZK03,eth0-read/s,lo-read/s,eth0-write/s,lo-write/s,
DISKBUSY,Disk %Busy X1RGCSZK03,sda,sda1,sdb,sdb1,sdb2,sdc,sdc1,sdc2,dm-0,dm-1,dm-2,dm-3,dm-4,dm-5
DISKREAD,Disk Read KB/s X1RGCSZK03,sda,sda1,sdb,sdb1,sdb2,sdc,sdc1,sdc2,dm-0,dm-1,dm-2,dm-3,dm-4,dm-5
DISKWRITE,Disk Write KB/s X1RGCSZK03,sda,sda1,sdb,sdb1,sdb2,sdc,sdc1,sdc2,dm-0,dm-1,dm-2,dm-3,dm-4,dm-5
DISKXFER,Disk transfers per second X1RGCSZK03,sda,sda1,sdb,sdb1,sdb2,sdc,sdc1,sdc2,dm-0,dm-1,dm-2,dm-3,dm-4,dm-5
DISKBSIZE,Disk Block Size X1RGCSZK03,sda,sda1,sdb,sdb1,sdb2,sdc,sdc1,sdc2,dm-0,dm-1,dm-2,dm-3,dm-4,dm-5
JFSFILE,JFS Filespace %Used X1RGCSZK03,/,/dev,/run,/,/dev/hugepages,/dev/mqueue,/boot,/opt,/gcs,/var,/tmp,/run/use
BBBP,000,/etc/release
BBBP,001,/etc/release,"NAME="Red Hat Enterprise Linux Server""
BBBP,002,/etc/release,"VERSION="7.3 (Maipo)""
```

图 6-25　nmon 原始监控结果

文件全面记录了监控时段内的每次采样结果，但文本数据还是过于分散，无法快速分析。因此，IBM 提供了一个基于 Excel 的 nmon 结果文件数据分析工具——“nmon_analyser”，目前更新至 3.4 版本。nmon_analyser 工具是基于 Excel 的宏功能开发的，因此必须保证分析的机器上的 Excel 启用了“宏”。

nmon_analyser 工具的运行界面如图 6-26 所示。点击“analyse nmon data”按钮，会弹出选择对话框，选择需要分析的 .nmon 结果文件，如“test.nmon”，工具即可开始分析。在完成分析后，可以选择最终结果的保存文件名，默认选取被分析的 .nmon 文件名作为保存的 Excel 文件名称，如“test.nmon.xls”。

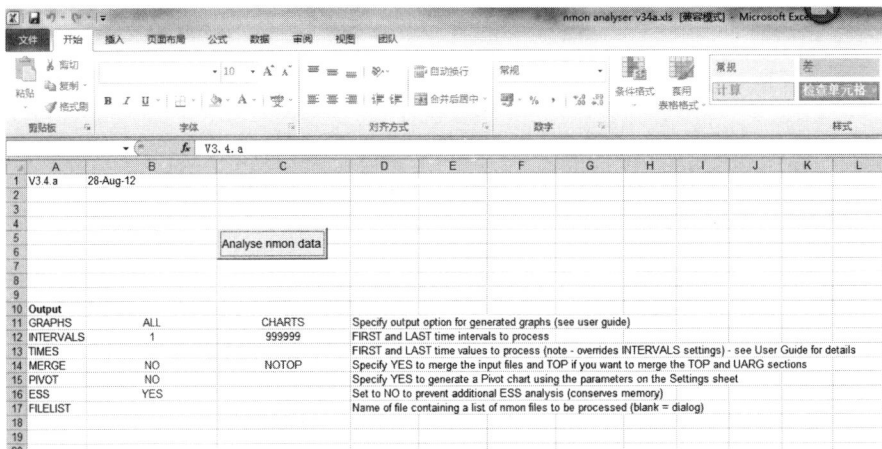

图 6-26　nmon_analyser 工具的运行界面

nmon_analyser 分析完成后的 Excel 报告被打开后如图 6-27 所示，可以看出，报告不仅记录了监控数据，还将各项指标结果随时间的变化情况以图表形式呈现，可以非常直观地查看执行场景过程中各项指标的变化趋势。

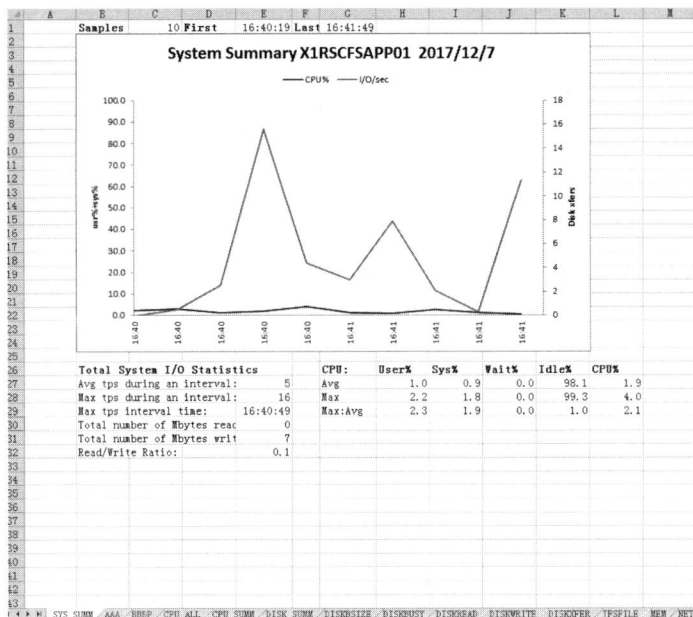

图 6-27　nmon_analyser 分析报告

2. Nmon 报告详解

nmon_analyser 报告中包含多个 Sheet 页，分别记录了系统摘要信息和特定类别的资源使用情况。这里将列举少数测试中常用的重要 Sheet 页所记录的内容，见表 6-8。

表 6-8　nmon_analyser 报告常用 Sheet 页的内容

Sheet 页名称	Sheet 页内容
SYS_SUMM	系统摘要信息，图表内容为 CPU 使用率和磁盘 I/O 的变化趋势
AAA	机器的操作系统及 nmon 监控命令等基础信息
CPU_ALL	机器 CPU 使用的概述情况，记录的是所有 CPU 的平均值；
CPUxx（×× 表示 CPU 的表号，如 01）	统计各 CPU 的占用情况，包含 user%、sys%、wait% 和 idle%
DISKSUMM	统计所有磁盘的总体读、写情况以及每秒 I/O 操作数
DISKREAD	统计每块磁盘的读操作情况
DISKWRITE	统计每块磁盘的写操作情况
DISKXFER	统计每块磁盘的 I/O 每秒操作
MEMNEW	统计内存使用情况
PAGE	统计系统内存换页情况
PROC	统计 CPU 运行队列情况和系统调用的 exec 等信息
IOADAPT	统计每个 I/O 适配器（包括直连和虚拟光纤卡等）的数据传输情况和每秒 I/O 操作数
NET	统计每个网络适配器的数据读写速率和总和

以上是性能测试过程中分析系统资源监控结果所关注的大部分类别，下面将分别详细介绍上述 Sheet 页中的重要指标。

（1）SYS_SUMM

此页为本次监控的摘要信息，包括采样次数、时间等基本信息和 CPU 总体使用率、磁盘 I/O 情况等。值得注意的是，本页中统计的 CPU% 列的值有待商榷，该值为 User%、Sys%、Wait% 和 Idle% 项数值的总和。实际上，CPU 使用率应仅计入前三项的和，不应包含 Idle%。

（2）AAA

本页统计了机器的 CPU 数量、操作系统版本号、主机名等基本信息。

（3）CPU_ALL

User%：显示用户模式下占用的 CPU 百分比。

Sys%：显示在内核模式下占用的 CPU 百分比。

Wait%：显示等待 I/O 所占用的 CPU 百分比。

Idle%：显示 CPU 的空闲时间百分比。

Logical CPUs（SMTmode=x）系统的逻辑 CPU 数量。

（4）DISKSUMM

Disk Read kbit/s：机器上所有磁盘的读速率总和。

Disk Write kbit/s：机器上所有磁盘的写速率总和。

IO/sec：每秒输出到所有磁盘的 I/O 次数总和。

（5）DISKREAD

本页分别列出了机器上所有磁盘的读速率，每列记录一块磁盘的数据。

（6）DISKWRITE

本页分别列出了机器上所有磁盘的写速率，每列记录一块磁盘的数据。

（7）DISKXFER

本页分别列出了机器上所有磁盘的每秒 I/O 操作，每列记录一块磁盘的数据。

（8）MEMNEW

Process%：分配给用户进程的内存百分比。

FSCache%：分配给文件系统缓存的内存百分比。

System%：系统程序使用的内存百分比。

Free%：尚未分配使用的内存百分比。

User%：非系统程序使用的内存百分比。

（9）PAGE

faults：每秒处理器中“页面错误”（包括硬错误和软错误）的数量。

pgsin：每秒从页面空间所读取的页数。

pgout：每秒写入到页面空间的页数。

（10）PROC

RunQueue：CPU 运行队列中的内核线程平均数（同 sar-q 命令的 runq-sz 列值）。

Swap-in：等待 page in 的内核线程平均数（同 sar-q 命令的 swpq-sz 列值）。

Pswitch：上下文开关个数（同 sar-w 命令的 pswch/s 列值）。

Syscall：系统调用数量（同 sar-c 命令的 scall/s 列值）。

read：系统调用 read 的数量（同 sar-c 命令的 sread/s 列值）。

write：系统调用 write 的数量（同 sar-c 命令的 swrit/s 列值）。

fork：系统调用 fork 的数量（同 sar-c 命令的 fork/s 列值）。

exec：系统调用 exec 的数量（同 sar-c 命令的 exec/s 列值）。

sem：IPC 信号元数量（同 sar-y 命令的 sema/s 列值）。

msg：IPC 消息元数量（同 sar-y 命令的 sema/s 列值）。

（11）IOADAPT

本页中每个 I/O 适配器记为 3 列数据，分别为读速率、写速率和每秒 I/O 操作数。

（12）NET

本页中每个网络适配器记为 2 列数据，分别为读速率和写速率。

3. 批量化 Nmon 监控方法

Nmon 工具和 nmon_analyser 为监控应用服务器资源提供了便捷的持续监控手段。然而，如果需要同时监控多台服务器，我们需要分别登录到这些机器上执行 nmon 命令，在执行完场景后，又需要分别从这些机器上取回、分析 nmon 结果，再汇总分析从 Excel 报告中选取需要的数据，生成测试报告。由于银行应用系统涉及的服务器数量众多，上述工作仍意味着巨大的手工操作量，不仅消耗测试人员的大量时间，人工操作也可能导致数据统计的差错。因此，基于 nmon 工具的命令行参数化特点及其结果的结构透明性，我们可以做一些批量化监控执行和结果分析的二次开发，大幅减少监控的手工工作量，提升测试效率。下面我们将以一个简单示例说明 Nmon 批量化监控和结果分析。

假设我们需要同时监控表 6-9 中的 5 台 Linux 机器。

表 6-9　待监控的机器信息

机器名	IP	用户名	密码
A	192.168.0.31	root	123456
B	192.168.0.32	root	123456
C	192.168.0.33	root	123456
D	192.168.0.34	root	123456
E	192.168.0.35	root	123456

首先，我们可以将上述机器信息以可配置化的方式记录，以便被开发的批量化监控工具编辑和读取。xml 是记录上述信息的理想格式，现在各种开发语言均可方便地读写 xml 格式的配置文件。例如，可按如图 6-28 所示的方式记录这 5

台机器信息。

```
1  ⊟<server-list>
2      <server ip="192.168.0.31" os="Linux" userName="root" password="123456" ></server>
3      <server ip="192.168.0.32" os="Linux" userName="root" password="123456" ></server>
4      <server ip="192.168.0.33" os="Linux" userName="root" password="123456" ></server>
5      <server ip="192.168.0.34" os="Linux" userName="root" password="123456" ></server>
6      <server ip="192.168.0.35" os="Linux" userName="root" password="123456" ></server>
7  └</server-list>
```

图 6-28　服务器配置 xml 示例

在程序加载完 xml 配置文件中的服务器信息之后，就可以登录服务器进行操作了。包括 .NET、Java 在内的多种开发平台均有支持 Telnet、SSH、FTP、SCP 的连接库，通过调用连接库提供的函数连接服务器并进行命令操作，和我们使用 SercureCRT、putty 等终端手工登录服务器执行命令是一致的。

此时，我们可以将执行 nmon 监控的命令封装在一个 shell 脚本中，并在脚本里添加一些状态检查和返回信息以供程序判断 nmon 监控是否已成功开启。例如，在 shell 脚本中，我们首先执行 "nmon-F /nmonlogs/test1.nmon-s 30-c 60" 启动 30min 的 nmon 监控，并在此之后使用 ps 命令查看是否存在相关的 nmon 进程，判断监控是否已成功启动并将此状态输出返回。此外，我们也可以将需要的其他信息灵活记录和返回，如监控进程号、实际开始时间等，在此就不再赘述了。

在编写完监控 shell 脚本后，我们的批量化监控程序就可以通过调用 FTP 等文件传输连接库将脚本上传至目标服务器，并使用命令自动执行该脚本。开始执行监控后，程序定时等待监控完成，在完成后再次调用 FTP 连接库从各台服务器上分别把记录好的 nmon 结果收集下来。

收集完 Nmon 原始结果后，就可以开始批量使用 nmon_analyser 分析结果生成各服务器的 Excel 结果（在此处称为中间结果），并将各服务器的关键信息收集汇总，形成一个合并的最终结果统计报告。由于结果分析和统计的操作需要大量调用 Windows 的 Excel 功能，虽然各开发平台和语言都有针对 Excel 文件操作的类库，但在 .NET 平台下，微软提供了操作 Excel 的官方支持，因此，建议使用 .NET 平台开发此部分程序功能。

首先，程序批量调用 nmon_analyser 分析每个 .nmon 原始文件。分析过程的本质是使用 Excel 类库打开 nmon_analyser 文件，将待分析的文件等必要信息填入指定的单元格字段，并设置好中间文件路径，之后保持该工作表即可开始分析过程。

在所有 .nmon 原始结果都分析成为中间结果之后，我们将进一步提炼和处理结果的关键指标信息，以便于最后编写测试报告。可以汇总所有服务器的关键指标结果在监控时段内取均值和峰值，得到如图 6-29 所示的场景资源监控情况摘要。

	B	C	D	E	F	G	H	I	J	K	L	M	N	O	P
1				CPU								内存			
2	开始时间	结束时间	主机名	CPU使用率（%）		PhysCPU（个）		RunQueue（个）		exec（个）		实际使用内存(MB)		Page_Faults（个）	
3				加权均值Wavg	峰值Max	加权均值Wavg	峰值Max	均值Avg	峰值Max	均值Avg	峰值Max	均值Avg	峰值Max	均值Avg	峰值Max
4	9:51:11	10:51:53	ZFGUPPIP2	20.42	51.97	2.45	6.24	12.25	29.38	7.1	16	24619.4	24723.5	1608.4	31383
5	9:51:05	10:51:46	ZFGUPPRP1	0.6	1.92	0.02	0.08	2.71	[illegible]	6.9	8	3162.1	3162.1	1254.8	28362
6	9:51:06	10:51:37	ZFGUPPRP2	0.66	1.29	0.03	0.05	2.36	14.49	6.9	8	2785.3	2785.3	1258.2	28340
7	9:51:12	10:51:43	ZFGUPPOT1	1.15	2.74	0.09	0.22	2.06	8.2	7.9	9	12598	12615.7	1749.6	294
8	9:51:24	10:51:35	ZFGUPPDB1	43.45	79.39	12.17	22.23	20.47	62.65	28	133	73081.5	73924.6	31531.9	112792
9	9:51:18	10:51:39	ZFGUPPDB2	41.78	76.89	11.7	21.53	18.71	49.67	24.2	43	71744.5	72613.9	29988.7	88213
10	9:51:12	10:51:43	ZFGUPPDB3	15.01	24.18	0.9	1.45	1.82	4.6	15.7	116	16711.4	16711.7	3876.9	42460
11	9:51:15	10:51:46	ZFGUPPDB4	20.11	44.66	1.21	2.68	2.03	6.89	13.7	264	15566.2	15630.3	3997.4	69198
12	9:51:16	10:51:40	ZFGUPPWB1	6.24	8.12	0.25	0.32	2.83	9.4	7.8	10	3227.6	3244	1323.7	29546
13	9:51:10	10:51:40	ZFGUPPWB2	5.92	7.78	0.24	0.31	3.11	[illegible]	7.7	14	2801.7	2818	1322.7	28697
14	9:51:18	10:51:41	ZFGUPPAP1	10.66	19	4.8	8.55	19.43	35.3	7.3	40	39767.9	39780.4	1562.5	305
15	9:51:17	10:51:49	ZFGUPPAP2	7.76	14.64	3.49	6.59	15.41	32.95	7.7	10	34144.3	34144.3	1481.8	31604
16	9:51:10	10:51:51	ZFGUPPIP1	24.67	63.4	2.96	7.61	12.95	33.46	6.8	21	25712.3	25755.6	1679	30683

图 6-29　场景资源监控摘要结果

图 6-29 中的各项统计数据均是从该服务器的中间结果中提取计算的。例如，CPU 使用率（%）的均值是中间文件的 CPU_ALL 页中每个采样时间点的 User%、Sys%、Wait% 三列数据相加，再对各采样点的数据计算得到均值。经过汇总后的资源摘要将所有被监控服务器的信息显示在一起，更加一目了然，我们还可以设定各种监控阈值，对超出阈值的指标进行标红告警处理。当结果中出现告警指标时，我们可以再去查看中间结果，详细分析每个采样点的数据以进一步发现问题。

表 6-10 列举了实际测试过程中常选用的汇总摘要指标的来源方式和告警条件。

表 6-10　常用的场景资源监控汇总摘要指标的来源方式和告警条件

类别	指标	获取方法	告警条件
CPU	CPU 使用率峰值	LPAR 表中的 CPU%=VP_User% + VP_Sys% + VP_Wait% 的峰值；若无 LPAR 表，则取 CPU_ALL 表中的 CPU%=User%+Sys%+Wait%	
	CPU 使用率均值	LPAR 表中的 CPU%=VP_User% + VP_Sys% + VP_Wait% 的均值；若无 LPAR 表，则取 CPU_ALL 表中的 CPU%=User%+Sys%+Wait%	
	物理 CPU 峰值	LPAR 表中的 (VP_User% + VP_Sys% + VP_Wait%)/100*virtualCPUs 峰值；若无 LPAR 表，则取 CPU_ALL 表 (User%+Sys%+Wait%)/100*virtualCPUs 或 (User%+Sys%+Wait%)/100*(Logical Cpus/SMTmod)	CPU 使用率峰值大于 90%，红色告警
	物理 CPU 均值	同上，取均值	CPU 使用率峰值大于 70%，黄色告警；大于 80%，红色告警

续表

类别	指标	获取方法	告警条件
内存	RunQueueMax 峰值	PROC 表中的 RunQueue 峰值，表示运行队列中的内核线程平均数，同 sar -q 中的 runq-sz	数值超过 CPU 数量的 3 倍时，黄色告警；大于 4 倍时红色告警
	RunQueueAvg 均值	同上，取均值	数值超过 CPU 数量的 2 倍时，黄色告警；大于 3 倍时红色告警
	execMax 峰值	PROC 表中的 exec 峰值，表示系统调用中 exec 的数量，同 sar -c 中的 exec/s	
	execAvg 均值	同上，取均值	
	AVM 峰值	分配给用户进程和系统的内存的最大值，MEMNEW 表中的 Process%+System%，然后乘以实际的物理内存大小 (MEM 表中的 Real total(MB))/100，即为 AVM	大于 80% 则黄色告警；大于 90% 则红色告警
	faultsMax 峰值	每秒处理器中"页面错误"（包括硬错误和软错误）的数量的最大值，取 PAGE 表中的 faults	
	faultsAvg 均值	同上，取均值	
Page Space	PageSpaceInMax 峰值	每秒从页面空间所读取的页数的最大值，取 PAGE 表中的 pgsin	采样点中连续 10 次存在换页，且 PageSpaceIn 值超过 100 则红色告警
	PageSpaceInAvg 均值	同上，取均值	同上
	PageSpaceOutMax 峰值	每秒写到页面空间的页数的最大值，取 PAGE 表中的 pgsout	同上
	PageSpaceOutAvg 均值	同上，取均值	同上
I/O	I/O 读峰值	磁盘适配器读速率的最大值，取 IOADAPT 表中的 fcs/vscsi*_Read，如果存在直连光纤卡，就直接抓取直连光纤卡的值即可，否则抓取虚拟卡的数值	
	I/O 读均值	同上，取均值	
	I/O 写峰值	磁盘适配器写速率的最大值，取 IOADAPT 表中的 fcs/vscsi*_Write，如果存在直连光纤卡，就直接抓取直连光纤卡的值即可，否则抓取虚拟卡的数值	

续表

类别	指标	获取方法	告警条件
	I/O 写均值	同上，取均值	
I/O	xfer_tpsMax 峰值	磁盘适配器传输速率（该物理磁盘每秒 I/O 传输请求数量）的最大值。取 IOADAPT 表中的 fcs/vscsi*_xfer_tps，如果存在直连光纤卡，就直接抓取直连光纤卡的值即可，否则抓取虚拟卡的数值	
	xfer_tps 均值	同上，取均值	
磁盘	DiskServiceTime	磁盘读响应时间报警	DISKSERV 表中存在响应时间大于 10ms 时红色告警
网络	Total_ReadMax 峰值	NET 表中的 Total-Read 的峰值	
	Total_ReadAvg 均值	NET 表中的 Total-Read 的均值	
	Total_WriteMax 峰值	NET 表中的 Total-Write (-ve) 的峰值	
	Total_WritAvg 均值	NET 表中的 Total-Write (-ve) 的均值	
	同一时刻网络进出的流量总和报警	某一时刻的网络流量总和报警信息，Total-Read+Total-Write(-ve)	超过 70MByte/s 则黄色告警；超过 80MByte/s 则红色告警

6.3.3　集成监控系统 Zabbix

Zabbix 是一个基于 Web 界面的提供分布式系统监控以及网络监控功能的企业级开源解决方案。Zabbix 监控系统具有安装配置方便、可自动发现服务器与网络设备、支持多种图表展示监控结果、可通过邮件等方式灵活监控指标等特点，是一款优秀的集成监控系统。

Zabbix 可以是零成本的，其源代码是免费发布的，同时，Zabbix 公司也提供商业化的技术支持，这为企业提供了灵活运用 Zabbix 的多种方式。在性能测试的场景监控中，包括 Nmon 监控在内的传统监控手段存在监控结果分散、难以集中统一管理，监控指标更改周期长等不足，因此，应用 Zabbix 监控系统是性能测试未来监控的发展趋势。

1. Zabbix 架构简介

Zabbix 监控系统主要由以下四部分组件构成。

① Zabbix Server：系统核心，负责接收 Agent 发送的监控信息，并负责所有配置、统计数据和其他操作的处理。同时，负责在 Web 前端展现和绘图收集的数据。

② Database Storage：以结构化方式存储所有配置信息和监控数据，Zabbix 可支持使用 MySQL 和 PostgreSQL 数据库存储数据。

③ Agent：监控探针，部署在被监控主机上，负责收集本机的性能数据并发送至 Zabbix Server 或 Proxy。

④ Proxy：监控代理，可选组件，适用于分布式监控环境中。Proxy 可收集部分 Agent 发送的监控数据并统一发送给 Server。

Zabbix 的主要工作流程是 Agent 在被监控的服务器上定期收集各项资源数据，并发送到 Zabbix server 端。Zabbix server 将接收到的数据存储到 MySQL 数据库中，同时 server 端的 Web 服务器从数据库中取数并在前端用图表展现。

2. 使用 Zabbix 进行监控与告警

Zabbix 的官方网站上提供了完整的服务器和数据库安装指引，我们将以监控一台服务器作为示例，简单介绍使用 Zabbix 监控和告警。

在 Zabbix 主界面中，点击 configuration（配置）→ Hosts（主机），进入服务器配置界面，如图 6-30 所示。

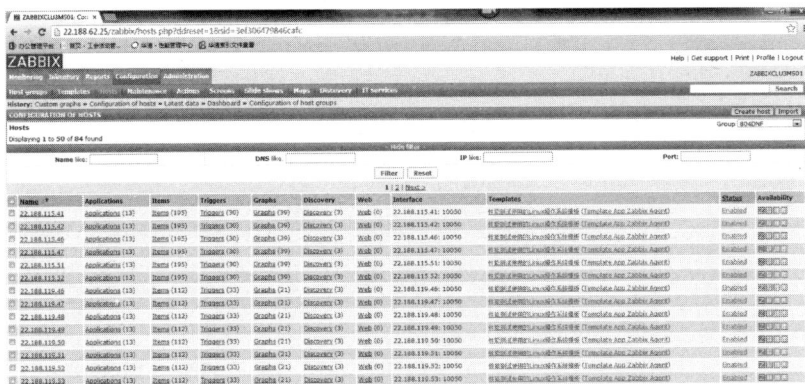

图 6-30　Zabbix 服务器配置

点击屏幕右方"Create host（创建主机）"按钮，可进入添加服务器界面，如图 6-31 所示。

在添加服务器界面中，填入目标服务器的 IP、名称、别名等信息，还可将该服务器加入到服务器组中。点击"Save（保存）"，即完成服务器的添加。

完成添加服务器后，回到图 6-30 中的服务器配置页即可查看该服务器的信息。最后一列 Availability 表示该服务器的监控状态，绿色的"Z"表示已成功监控，如果是红色的"Z"则表示失败，此时将鼠标移至红色的"Z"上即可查看具体的提示。

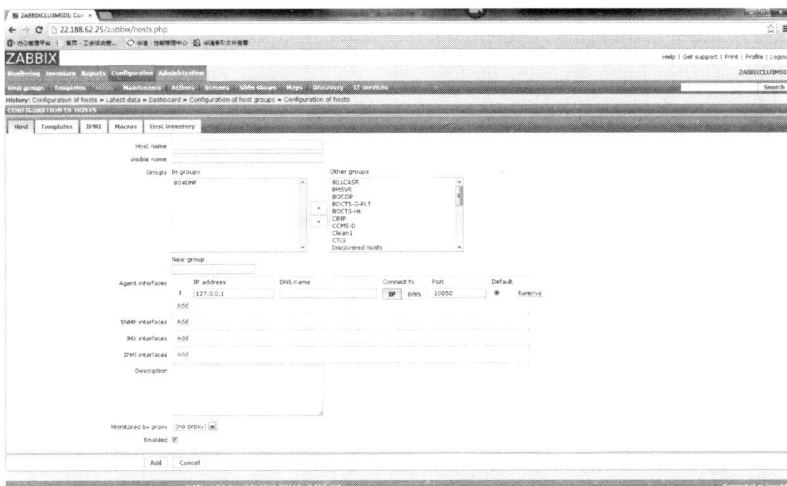

图 6-31　创建主机

配置好待监控的服务器后，就可以查看最新的监控数据，如 CPU、内存等，如图 6-32 所示。

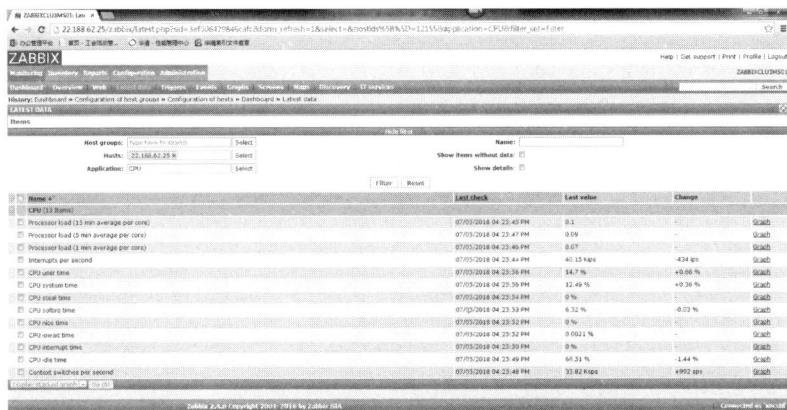

图 6-32　查看最新的监控数据

点击某项监控指标的最后一列 "Graph" 链接，即可进入图表视图，显示过去一段时间内该指标的变化情况，如图 6-33 所示。

Zabbix 系统的告警功能通过 triggers（触发器）来实现。触发器执行预先定义好的逻辑表达式来判断当前监控数值处于何种状态。我们可以在触发器逻辑表达式中定义好哪些数值范围是合理的，哪些数值范围是不合理的。一旦出现不合理的数值，触发器就会触发告警状态，通过界面显示和邮件等方式向用户告警。

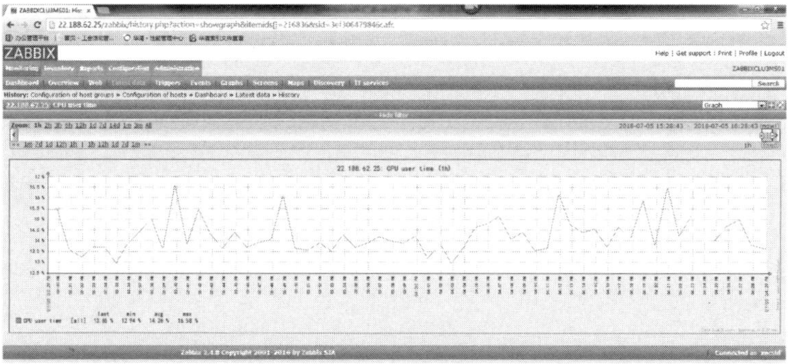

图 6-33　指标图表

Zabbix 系统创建触发器的方法如下。

在 Zabbix 主界面中，点击 configuration（配置）→ Hosts（主机），进入服务器配置界面，点击需要告警的服务器的 triggers 列，进入触发器配置界面，如图 6-34 所示。

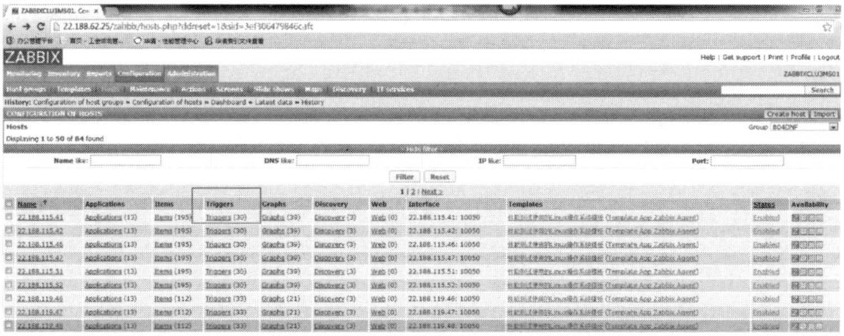

图 6-34　触发器配置

接下来，点击右上角"create trigger（创建触发器）"按钮，新建一个触发器，如图 6-35 所示。

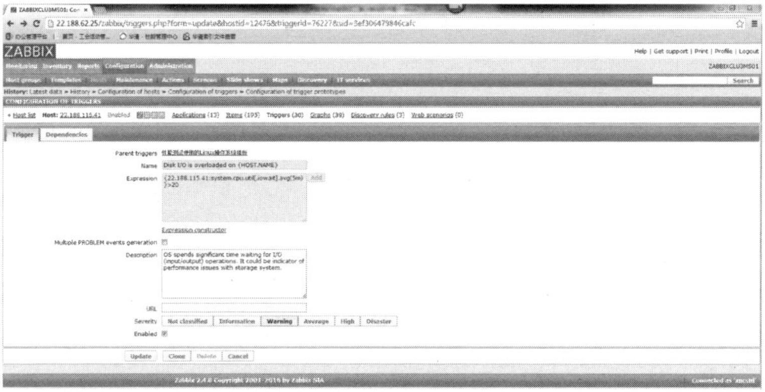

图 6-35　新建触发器

触发器各项主要参数的含义见表 6-11。

表 6-11 触发器各项参数的含义

参数	含义
Name	触发器名称
Expression	逻辑表达式，在本例中，我们希望对 22.188.115.41 服务器 CPU 的 I/O 等待时间百分比进行告警，一旦该指标在过去 5min 内的平均值超过 20，即触发告警。此逻辑的表达式为：{22.188.115.41:system.cpu.util[,iowait].avg(5m)}>20
Multiple PROBLEM events generation	如勾选，可以在触发器产生告警时激活一个事件
Description	该触发器的描述信息
Severity	触发事件的严重级别
Enabled	当前触发器是否启用

可以看出，创建触发器的关键是编写一个符合告警逻辑的表达式。在 Zabbix 中，触发器的基本形式如下：

{<server>:<key>.<function>(<parameter>)}<operator><constant>

即：{ 主机：指标 . 函数（参数）}< 操作符 > 常数。其本质是将操作符左端的函数计算结果与右端的常数进行比较。因此，我们需要使用函数 functions 检索指标（key）的历史数据。例如 sum(200) 表示该项指标 200s 内的综合，avg(10m) 表示该项指标在 10min 内的平均值，last(#2) 表示该项指标倒数第二新的数据。此外，许多函数还支持额外的参数，例如 avg(1h,1d) 表示该项指标一天前的 1h 内的平均值。

下面我们将给出几个触发器逻辑表达式的具体实例：

① 服务器 www.zabbix.com 的 CPU 的 I/O 等待时间百分比超过 20 或过去 5min 内的平均值超过 10，则告警：

{www.zabbix.com:system.cpu.util[,iowait].last(0)}>20|{www.zabbix.com:system.cpu.util[,iowait].avg(5m)}>20

② 服务器 www.zabbix.com 的 /etc/inetd.conf 文件已被修改：

{www.zabbix.com:vfs.file.cksum[/etc/inetd.conf].diff(0)}>0

③ 服务器 www.zabbix.com 的网络存在大流量的持续写入操作，在过去 5min 内网卡 eth0 的写入速率始终超过 500kbit/s

{www.zabbix.com:net.if.in[eth0,bytes].min(5m)}>500K

在定义好针对指定服务器的触发器后，一旦监控数据达到触发条件就将进入 Zabbix 告警流程。Zabbix 的告警是通过事件（Action）实现的。一个 Action 由 conditions（条件）和 operations（操作）组成，当满足指定的条件时，就会执行定义好的操作。

我们将定义一个事件作为告警示例。在 Zabbix 主界面中，点击 configuration（配置）→ Action（事件），进入事件配置界面。在这里，我们在右上角的事件来源（Event source）下拉框中选择 Triggers，之后点击屏幕右方"Create action（创建事件）"按钮，可开始添加事件界面，如图 6-36 所示。

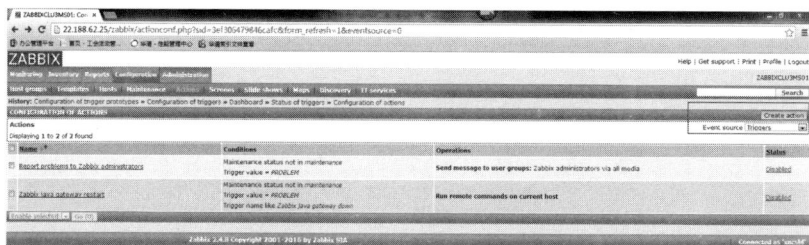

图 6-36　事件（Action）配置

在添加事件的过程中，我们首先设定事件的触发条件，我们可以添加多项条件，并用"AND"和"OR"等多种连接符连接，如图 6-37 所示。

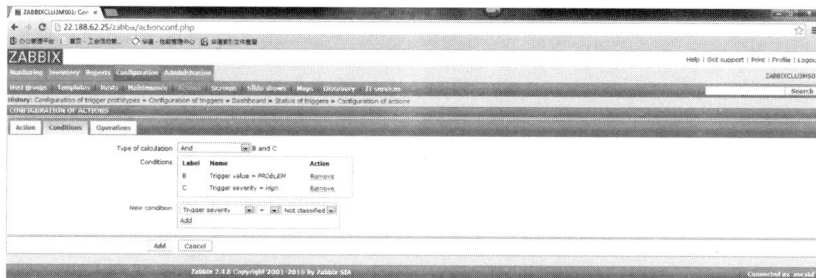

图 6-37　添加事件的触发条件

之后，我们可以定义事件执行的操作，如向 Zabbix 系统的特定用户发送 E-mail 等，并设定执行告警的间隔等，如图 6-38 所示。

3. Zabbix 自定义监控模板

在 Zabbix 系统上需要监控每台服务器，而且都要为其配置监控指标、触发器、图表等项目，这在监控大量服务器时会带来很多重复的工作。因此，Zabbix 提供模板（Templates）的概念，模板中可以包含监控指标、触发器、图表等内容。

之后我们再配置服务器时，只需要应用该模板即可监控模板里的所有项目。

图 6-38 添加事件操作

创建一个 Zabbix 模板的方式如下：在 Zabbix 主界面中，点击 configuration（配置）→ Templates（模板），进入模板配置界面。点击右上方的"create template（创建模板）"按钮进入创建模板操作，如图 6-39 所示。

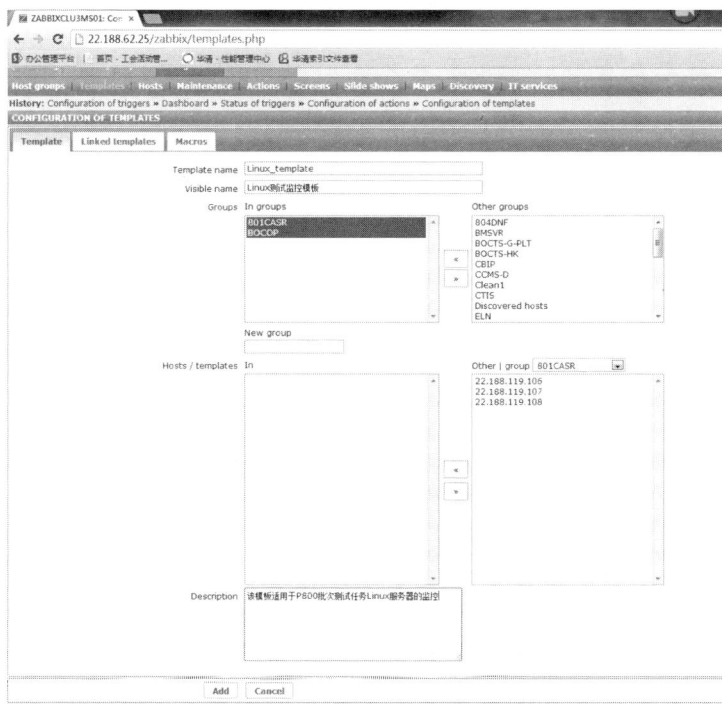

图 6-39 创建模板（Template）

在输入完模板的基本信息完成创建后，可以在模板配置页为该模板添加指标（items）、触发器（triggers）、图表（graphs）等内容，这与我们为单台服务器添加元素的方式是相同的。完成这一步工作后，就完成了模板的定义。后续我们再添加此类服务器时，就可以直接运用该模板监控而无需再重复配置上述元素。

4. Zabbix API 使用与二次开发实践

Zabbix 系统除了自身的 Web 界面监控之外，还开放了全面的 API 接口，为企业的定制化监控二次开发提供了极大的便利。在银行数据中心的各类应用系统的运维中，已有很多的自开发监控和告警工具应用在不同的监控场景。在应用 Zabbix 系统之前，这些监控工具需要从各自的数据源分别采集监控数据，收集的监控信息格式也不相同，无法为其他系统提供参考。通过 Zabbix API 的运用，可以将监控数据的收集工作交由 Zabbix 服务器完成，各类监控工具只需要根据监控需求调用接口获得想要的数据再进行分析处理，大大简化了各类应用系统定制化监控工具的开发成本，也统一了企业的监控数据口径，实现了监控数据的大集中，为后续的大数据分析等技术手段打下了基础。

Zabbix API 的请求和响应都是 json 串，使用者可通过向 Zabbix 服务器发送带有 json 串的 http 请求获取期望的数据。假设 Zabbix 服务器的地址是 http://192.168.0.2/zabbix，则 Zabbix API 的请求接口地址是：http://192.168.0.2/zabbix/api_jsonrpc.php。

各类开发语言都提供 HTTP 的协议类库，可方便地向指定服务器发送和接受 HTTP 报文，也有负责 json 串封装和解析的类库。因此，我们仅需要根据 Zabbix API 的指定格式，将请求内容封装为 json 形式的字符串通过 http 请求发送给 Zabbix 服务器，之后解析服务器返回的 json 串即可获取监控数据。下面我们将给出通过 Zabbix API 获取一台服务器某项指标在过去的最近 10 次历史采样数据的详细示例。

在正式请求监控数据之前，程序需要先登录 zabbix，得到后续操作的 token。请求的 json 代码如下：

```json
{
  "jsonrpc": "2.0",
  "method": "user.login",
  "params": {
    "user": "Admin",
    "password": "zabbix"
```

```
            },
  "id": 1
}
```

如成功登录，服务器返回信息下：

```
{
"jsonrpc": "2.0",
"result": "0424bd59b807674191e7d77572075f33",
"id": 1
}
```

返回的 json 中的"result"字段即是服务器提供的 token，在后续对其他监控数据的请求中，我们都需要用到这个 token。

假设需要获取的服务器的名称是"Linux Server"，首先需要向 Zabbix 服务器请求获取该服务器唯一关键字 hostid，此时，需要调用 API 的"host.get"方法，请求代码如下：

```
{
  "jsonrpc": "2.0",
  "method": "host.get",
  "params": {
    "output": "extend",
    "filter": {
      "host": [
        "Linux server"
      ]
    }
  },
  "auth": "0424bd59b807674191e7d77572075f33",
  "id": 1
}
```

服务器返回信息如下：

```
{
  "jsonrpc": "2.0",
  "result": [ {
      "maintenances": [],
      "hostid": "10167",
      "proxy_hostid": "0",
      "host": "Linux server",
      "status": "0",
      "disable_until": "0",
```

```
.       此处省略部分 Host 返回属性
    .
        "name": "Linux server"
    } ],
   "id": 1
}
```

可以看到 "hostid": "10167" 即为我们需要的 hostid 信息。在 Zabbix 数据结构中，最终的指标项（item）是由特定的服务器（host）和监控指标名唯一确定的。因此，可根据此 hostid 和需要监控的指标名称获取唯一的 itemid。假设需要获取的指标名称是"system.cpu.util[,idle]"，则请求的 json 代码如下：

```
{
  "jsonrpc": "2.0",
  "method": "item.get",
  "params": {
    "output": "extend",
    "hostids": "10084",
    "search": {
      "key_": " system.cpu.util[,idle] "
    },
    "sortfield": "name"
  },
  "auth": "038e1d7b1735c6a5436ee9eae095879e",
  "id": 1
}
```

服务器返回信息如下：

```
{
  "jsonrpc": "2.0",
  "result": [
    {
      "itemid": "23299",
      "type": "0",
      "snmp_community": "",
      "snmp_oid": "",
      "hostid": "10084",
      "name": "CPU $2 time",
      "key_": "system.cpu.util[,idle]",
      "delay": "60",
      "history": "7",
```

```
        "trends": "365",
        "lastvalue": "86.031879",
        "lastclock": "1351090999",
        "prevvalue": "85.306944",
.
.      此处省略部分 item 信息
    .
        "description": "The time the CPU has spent doing nothing.",
        "inventory_link": "0",
        "lifetime": "0"
      }
    ],
    "id": 1
}
```

这样，我们就拿到了唯一的 "itemid": "23299"。到这里，我们就已完成准备工作，现在可以通过 history.get 函数获取该指标项在某一时间段内的历史监控数据。请求的 json 的代码如下：

```
{
   "jsonrpc": "2.0",
   "method": "history.get",
   "params": {
      "output": "extend",
      "history": 0,
      "itemids": "23299",
      "sortfield": "clock",
      "sortorder": "DESC",
      "limit": 5
   },
   "auth": "038e1d7b1735c6a5436ee9eae095879e",
   "id": 1
}
```

服务器返回信息如下：

```
{
   "jsonrpc": "2.0",
   "result": [
      {
         "itemid": "23296",
         "clock": "1351090696",
         "value": "0.2550",
```

```
                "ns": "495509699"
            },
            {
                "itemid": "23296",
                "clock": "1351090636",
                "value": "0.3600",
                "ns": "477708209"
            },
            {
                "itemid": "23296",
                "clock": "1351090576",
                "value": "0.3750",
                "ns": "463251343"
            },
            {
                "itemid": "23296",
                "clock": "1351090516",
                "value": "0.3150",
                "ns": "447947017"
            },
            {
                "itemid": "23296",
                "clock": "1351090456",
                "value": "0.2750",
                "ns": "435307141"
            }
        ],
        "id": 1
}
```

返回信息中包含了 5 个采样点，每个采样点的"value"字段即为我们要获取的采样数据。除上述用法外，history.get 函数还可通过添加其他参数的方式获取指定时间段内的所有采样数据，具体用法可参见 Zabbix 官方提供的 API 手册，在此就不再赘述了。

通过上面的示例可以看出，通过 Zabbix API 可以方便地获取统一的监控数据。在此基础上，如对 API 进行适当的二次开发，即可实现监控大批量的服务器和获取结果数据，为银行数据中心灵活运用监控数据进行性能分析和其他运维工作提供了非常有效的途径。

第 7 章

银行业数据中心
性能测试案例

7.1 应用

7.1.1 负载测试案例 A

1. 案例背景

E 系统是某行跨行支付系统，该系统承载了该行主要的网上支付的跨行支付业务。该系统的高效稳定运行，对于该行的跨行支付业务的稳定发展起着至关重要的作用。随着互联网的发展与普及，网上跨行支付业务量呈逐年增长的趋势。另外，生产维护部门计划对该系统进行大版本升级。为了评估该系统的处理性能以及是否可以应对未来业务量的增长以及验证大版本升级后系统的性能表现，有必要对该系统进行性能测试。

本案例将通过混合负载测试场景测试 E 系统的高效性。

2. 需求分析

在本案例中，主要从业务模型方面进行需求分析。

业务模型分析是建立测试场景的基础，包括业务交易和业务场景的分析、用户类型及用户规模的分析等。

在需求分析阶段，对被测系统生产运行数据进行统计分析，得出被测系统的平均交易量、峰值交易量、交易的业务量排名、交易的平均响应时间以及最慢交易排名等；还包括业务交易的分布特征，如日中、日初和日末的交易类别及分布，正常日及节假日、正常日与营销日的交易分布等（不是所有的系统都有明显的交易分布特征）。

在本案例中，业务模型分析的过程如下：

调研生产环境 E 系统 2013 年 1 月～ 2017 年 4 月的交易情况，2013 年 1 月～ 2015 年 12 月交易量信息参考见表 7-1。

表 7-1 E 系统 2013 年 1 月～ 2015 年 12 月交易量信息

序号	年	月	月交易量	天数	日均交易量	日高峰交易量	交易总量
1	2013	1	3815039	31	123066	161647	58046979
2		2	2832691	26	108950	183380	

续表

序号	年	月	月交易量	天数	日均交易量	日高峰交易量	交易总量
3	2013	3	4146123	31	133746	163601	58046979
4		4	4162963	29	143550	189867	
5		5	4607126	31	148617	186142	
6		6	4331108	29	149349	202890	
7		7	4948941	31	159643	208369	
8		8	5358057	31	172841	213315	
9		9	5506446	29	189877	263743	
10		10	4950783	25	198031	334767	
11		11	6110313	30	203677	267607	
12		12	7277389	31	234754	321572	
13	2014	1	8168763	30	272292	373726	137195984
14		2	5561904	27	205996	340509	
15		3	8627035	31	278291	389114	
16		4	8846224	30	294874	413175	
17		5	9315162	31	300489	392303	
18		6	9452475	30	315083	408938	
19		7	10760791	31	347122	472770	
20		8	11645437	31	375659	474355	
21		9	13386968	30	446232	610206	
22		10	15079785	31	486445	681466	
23		11	16536947	30	551232	748148	
24		12	19814493	31	639177	841641	
25	2015	1	19828980	31	639645	805834	319594166
26		2	16927472	26	651057	1026208	
27		3	21566386	31	695690	891679	
28		4	22933355	30	764445	1075926	
29		5	24553363	31	792044	1014382	

续表

序号	年	月	月交易量	天数	日均交易量	日高峰交易量	交易总量
30		6	25916702	30	863890	1162357	
31		7	26785801	31	864058	1135176	
32		8	28025892	31	904061	1154056	
33	2015	9	29918689	30	997290	1257419	319594166
34		10	29708332	31	958333	1424294	
35		11	34143419	30	1138114	1519138	
36		12	39285775	31	1267283	1647697	

根据调研的 52 个月的日均交易量和日高峰交易量拟合出日均交易量与月之间的关系趋势以及日高峰交易量与月之间的关系趋势，具体如下。

E 系统日均交易量与月之间的关系趋势如图 7-1 所示。

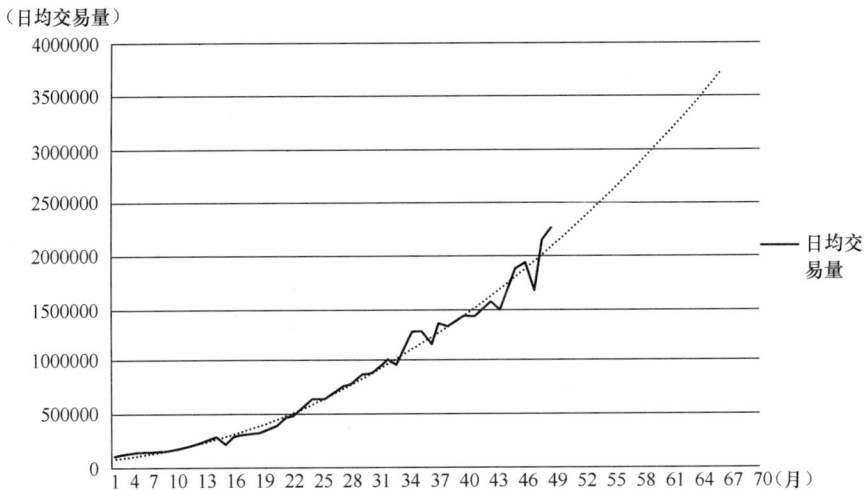

图 7-1　E 系统日均交易量与月之间的关系趋势

根据日均交易量的趋势图拟合出的一个日均交易量 y 与月 x 之间的二次多项式：

$$y=641x^2+4984x+87067$$

E 系统日高峰交易量与月之间的关系的趋势如图 7-2 所示。

（日高峰交易量）

图 7-2　E 系统日高峰交易量与月之间的关系的趋势

根据日高峰交易量的趋势图拟合出的一个日均交易量 y 与月 x 之间的二次多项式：

$$y=946x^2+3173x+145897$$

另外，2017 年 5 月 15 日的 TPS 变化趋势如图 7-3 所示。

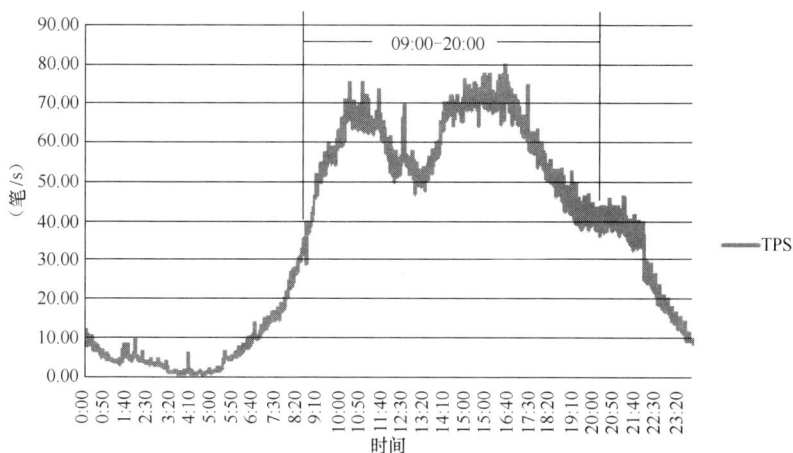

图 7-3　E 系统 2017 年 5 月 15 日的 TPS 变化趋势

通过对这一天的数据进行分析可得出表 7-2 的信息。

表 7-2　E 系统 2017 年 5 月 15 日的交易量分析

5 月 15 日交易量分析			
交易总量		3067254	
11h（09:00-20:00）交易量		2365635	
交易占比		77.13%	
交易占比取值		80.00%	
TPS	59.74	小时交易量	215058
高峰 TPS	80.30	高峰小时交易量	257454
高峰 TPS 系数	1.34	高峰小时交易量系数	1.20
高峰 TPS 系数取值	1.4	高峰小时交易量系数取值	1.2

一天中 80% 的交易在 9:00-20:00 这 11h 之内完成；根据这个规律算出每秒交易笔数为 59.74 笔；每小时交易量为 215058 笔；高峰 TPS 为 80.3 笔 /s；高峰小时交易量为 257454 笔；高峰 TPS 系数 =80.3/59.74=1.34，该系数取 1.4；高峰小时交易量系数 =257454/215058=1.20，该系数取 1.2。

根据两个二次多项式推算出未来 3 年的日均交易量和日高峰交易量，根据 80% 的交易在 9:00-20:00 这 11h 之内完成的规律，计算出 h 交易量和每秒处理的交易笔数，在此基础之上分别乘以高峰 h 交易量系数和高峰 TPS 系数得到高峰 h 交易量以及高峰 TPS，具体见表 7-3。

表 7-3　E 系统交易量推算

月	x	日均交易量（笔 / 日）	日高峰交易量（笔 / 日）	h 交易量（笔 /h）	高峰 h 交易量（笔 /h）	TPS（笔 /s）	高峰 TPS（笔 /s）
2017-12	60	2693707	3610569	262587	315104	72.94	102.12
2018-12	72	3768859	5147109	374335	449202	103.98	145.57
2019-12	84	5028619	6956097	505898	607078	140.53	196.74

本案例测试按照 2019 年的高峰 TPS=196.74 笔 /s 作为本次测试目标。

通过统计 2017 年的 1 月～ 4 月各个交易的交易量与总量的比例来确定各个交易的比例，具体信息见表 7-4。

表 7-4 E 系统 2017 年 1 月～ 4 月各交易占比表

交易类型	A001	A002	A003	A004	A005	A006	A007	A008	A009	A010	总量
1 月	25527369	32879449	76391	75536	26886	129	18132	506	836073	18785	59459256
2 月	19645751	27859289	58629	64293	21437	147	17053	514	670885	15623	48353621
3 月	26804049	37880732	62039	68666	14113	194	19107	611	872825	19532	65741868
4 月	26804101	39143304	55333	51663	10553	148	14639	446	928470	17206	67025863
汇总	98781270	137762774	252392	260158	72989	618	68931	2077	3308253	71146	240580608
交易占比	41.06%	57.26%	0.10%	0.11%	0.03%	0.00%	0.03%	0.00%	1.38%	0.03%	100.00%
交易占比取值	41.10%	57.50%							1.40%		100.00%

通过以上分析，A001、A002、A009 这 3 支交易的交易之和占总交易的 99% 以上，故选取这 3 支作为被测交易，A001 交易占比取值 41.10%，A002 交易占比取值 57.50%，A009 交易占比取值 1.40%。

其中 A001 对应 D001 交易，A002 对应 D002 交易，A009 对应 D004 交易。由于 D001 和 D002 交易会产生 D003 交易，且 D003 交易未包含在上述统计当中，故 D003 的业务量是上述 2 支交易业务量之和。

经上述分析，确定本案例的业务交易，具体见表 7-5。

表 7-5 E 系统性能测试的交易调查表

产品名称 / 模块名称	交易名称	接口类型	日平均交易量（万笔 / 日）	高峰时段交易量（笔 /h）	每秒最大交易量 TPS（笔 /s）	平均交易响应时间（s）	交易最大响应时间（s）	交易成功率（%）
支付类	D001	DPL	206.5	250000	80.86	1	3	99.0%
支付类	D002	MQ	290	350000	113.12	1.5	3	99.0%
支付类	D003	MQ	496.5	600000	193.98	1	3	99.0%
查询类	D004	MQ	7	8500	2.75	1	3	99.0%
汇总			1000	1208500	390.72			99.0%

3. 评价指标

评价指标包括交易和系统两个层面的指标。

① 交易层面：系统每秒处理的交易笔数是否可以达到目标 TPS，各交易响应时间、交易成功率是否满足要求。

② 系统层面：各服务器的 CPU 和内存的使用率，磁盘读写和网络读写的效率。

4. 场景设计

设计混合负载测试场景，考察 E 系统在多支交易按一定交易比例并发执行情况下的性能表现。场景设置有三个梯度，分别是 TPS= 234.43 笔 /s（ 60% 业务目标 ）、TPS= 312.58 笔 /s（ 80% 业务目标 ）、TPS= 390.72 笔 /s（ 100% 业务目标 ），运行时长为 30min 的混合负载测试场景，具体见表 7-6。

表 7-6　E 系统性能测试的场景定义

场景名称	交易名称	VU 数量	VU 增加策略（VU/s）	持续时间（min）	思考时间	PACING（s）	TPS（笔 /s）
TPS=234.43 笔 /s 的混合负载	D001	146	50VU/s	30	0	3.0	48.52
	D002	204			0	3.0	67.87
	D003	350			0	3.0	116.39
	D004	5			0	3.0	1.65
	汇总	705					234.43
TPS=312.58 笔 /s 的混合负载	D001	194	50VU/s	30	0	3.0	64.69
	D002	271			0	3.0	90.50
	D003	465			0	3.0	155.19
	D004	7			0	3.0	2.20
	汇总	937					312.58
TPS=390.72 笔 /s 的混合负载	D001	243	50VU/s	30	0	3.0	80.86
	D002	339			0	3.0	113.12
	D003	582			0	3.0	193.98
	D004	8			0	3.0	2.75
	汇总	1172					390.72

5. 测试结果分析

D002、D003 和 D004 交易为 MQ 协议的异步的交易，不考虑交易响应，测试的具体结果见表 7-7。

表 7-7　E 系统性能测试的结果统计

场景名称	交易名称	场景设计			响应时间（s）		成功率
		VU	业务目标 TPS	实测 TPS	平均响应时间	90% 交易响应时间	
60% 目标 TPS=234.43 笔 /s	D001	146	48.52	48.59	0.631	0.705	100.00%
	D002	204	67.87	67.45			100.00%
	D003	350	116.39	115.02			100.00%
	D004	5	1.65	1.64			100.00%
	合并	705	234.43	232.71			100.00%
80% 目标 TPS=312.58 笔 /s	D001	194	64.69	64.50	0.625	0.695	100.00%
	D002	271	90.50	89.28			100.00%
	D003	465	155.19	156.11			100.00%
	D004	7	2.20	2.20			100.00%
	合并	937	312.58	312.08			100.00%
100% 目标 TPS=390.72 笔 /s	D001	243	80.86	80.86	0.666	0.766	100.00%
	D002	339	113.12	114.09			100.00%
	D003	582	193.98	194.81			100.00%
	D004	8	2.75	2.72			100.00%
	合并	1172	390.72	392.47			100.00%

E 系统各测试场景平均交易响应时间对比如图 7-4 所示。

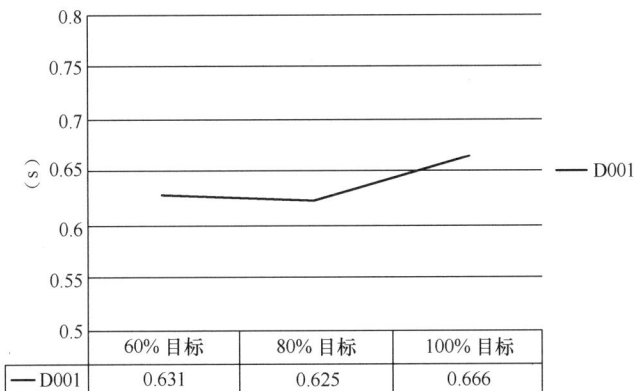

	60% 目标	80% 目标	100% 目标
—— D001	0.631	0.625	0.666

图 7-4　E 系统各测试场景平均交易响应时间对比

E 系统各测试场景各服务器 CPU 资源使用情况对比如图 7-5 所示。

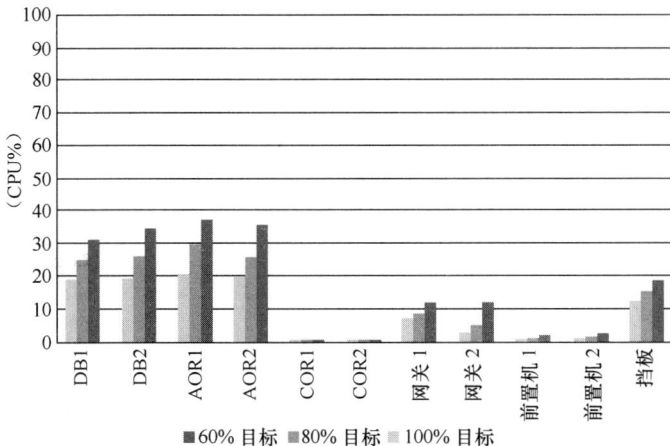

图 7-5　E 系统各测试场景各服务器 CPU 资源使用情况对比

测试结果说明：应用系统的处理能力能够满足 2019 年的业务处理能力，且系统各服务器资源不存在瓶颈。

6. 经验总结

混合负载测试就是对被测系统选取一定比例的被测交易并按照一定比例组成与生产中类似的场景，对服务器进行并发性能测试，获得交易的响应时间、吞吐量随负载变化的趋势，考察整体系统是否存在性能隐患，资源使用是否存在瓶颈。

对于一个被测系统来讲，交易的数量往往很多。考虑到测试成本，性能测试通常不能将系统支持的所有交易都纳入被测范围。对于已投产的系统，为使测试场景尽量贴近实际情况，可以从生产运维数据中直接获取日均交易量、高峰时段交易量、峰值 TPS、交易响应时间以及各交易占比等数据用于测试场景的设计。另外，被挑选交易的交易合计量一般应超过交易总量的 80%。

7.1.2　稳定性测试案例 B

1. 案例背景

在案例 A 中，通过混合负载测试场景验证了 E 系统的高效性。在本案例中，将通过稳定性测试场景验证 E 系统的稳定性。

2. 场景设计

在稳定性测试场景设计时，执行时间需要考虑系统的运营时间，如 5×8h、7×

24h 等。稳定性场景的执行交易量应不少于日平均交易总量，根据项目具体要求可延长执行时长或考虑跨日执行。

在本案例中，通过分析 E 系统日常交易分布规律可以得出，E 系统每日高峰交易量集中发生在 9:00-12:00 和 14:00-17:00，故场景时长设计为 6h，另外，选取的交易、交易的比例和交易量可参考案例 A 中的需求分析。最终设计"目标 TPS 为 312.58 笔 /s(80% 业务目标)，执行时间为 6h"的稳定性场景，具体见表 7-8。

表 7-8　E 系统稳定性场景定义

场景名称	交易名称	VU 数量	VU 增加策略（VU/s）	持续时间（h）	思考时间	PACING（s）	TPS（笔 /s）
TPS=312.58 笔 /s 的混合负载	D001	194	50VU/s	6	0	3.0	64.69
	D002	271			0	3.0	90.50
	D003	466			0	3.0	155.19
	D004	7			0	3.0	2.20
	汇总	938					312.58

3. 结果分析

测试的具体结果见表 7-9。

表 7-9　E 系统稳定性场景结果统计

场景名称	交易名称	场景设计			响应时间（s）		成功率
		VU	业务目标 TPS	实测 TPS	平均响应时间	90% 交易响应时间	
80% 目标 TPS= 312.58 笔 /s	D001	194	64.69	64.52	0.668	0.705	100.00%
	D002	45	90.50	91.25			100.00%
	D003	78	155.19	160.29			100.00%
	D004	1	2.20	2.20			99.95%
	合并	318	312.58	318.27			99.99%

各服务器内存消耗情况如图 7-6 所示。

各服务器内存换页情况如图 7-7 所示。

从图 7-7 中可以看出，在执行场景期间，两个 AOR 服务器在前 4h 内存持续升高直至最大值（28G）后开始频繁的换页。从稳定性测试结果可以看出，AOR 服务器存在内存泄漏的问题。

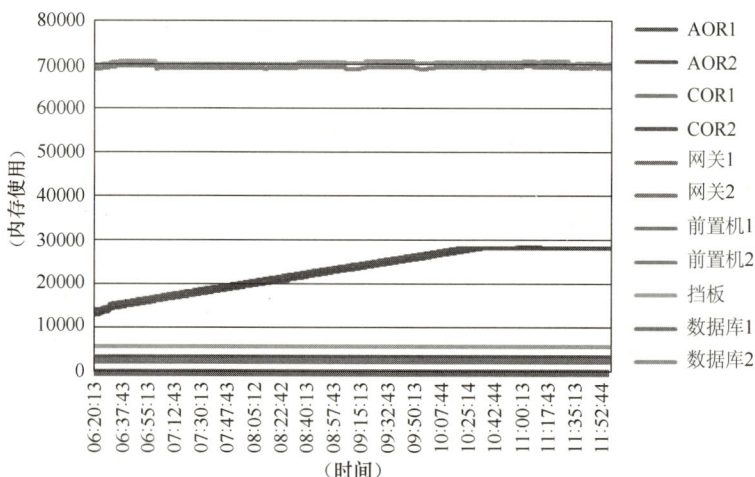

图 7-6　目标 TPS=312.58 笔 /s 的稳定性场景内存使用情况

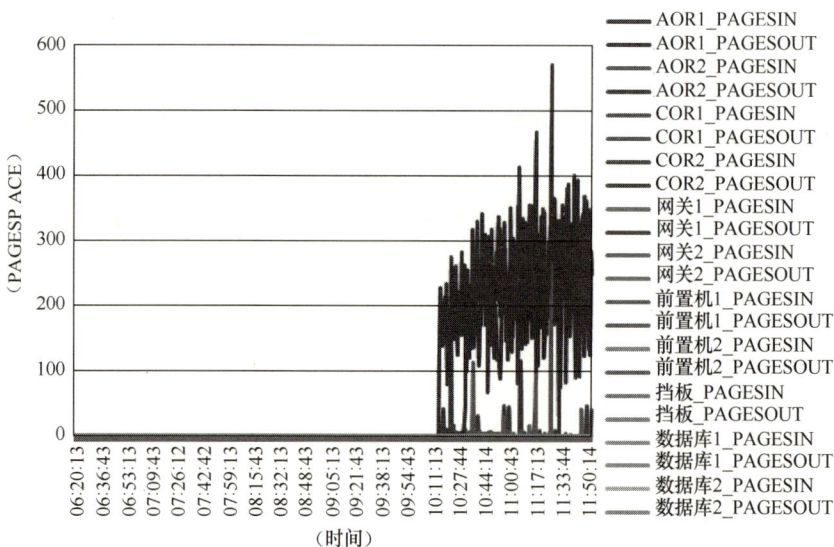

图 7-7　目标 TPS=312.58 笔 /s 的稳定性场景内存换页情况

4. 问题分析

为了排查内存泄漏的问题，分别从应用层和系统层分析，进行了应用版本回退对比测试、中间件应用版本回退对比测试以及通过技术手段抓取各个测试场景的 dump 文件，最终确定 MQ 7.5.0.4 版本中 AMS、FT、XR 组件存在内存泄漏。经过分析，E 系统应用未调用 MQ 的 AMS、FT、XR 三个组件，卸载三个组件后问题解决。

5. 经验总结

在本案例中的内存泄漏问题有两个表现：一是内存使用率不断地增加直到内存达到最大值；二是达到最大值以后出现频繁的内存换页。这两个表现是判定内存泄漏的必要条件。对于有些应用系统，初始化设置的进程数较小，故申请的内存也相对较小；当应用系统的压力逐渐增大时，应用系统会不断创建新的进程，也就不断地申请新的内存，直到申请的进程数达到设置的最大值，此时内存也不再继续增长。所以，内存在一段时间内出现不断增长并趋于稳定的现象，并不能判断存在内存泄漏。对于有些应用系统，初始设置的内存数过小导致在较大压力下，内存出现频繁的换页现象，此时只能说明此应用系统的内存不够，并不能说明内存存在泄露。

本案例中，场景在 4h 内出现内存逐渐增长的现象，但是未出现换页，直到 4h 以后内存用尽才出现换页现象，暴露内存泄漏问题。所以，应用系统的有些缺陷是短时间内无法暴露出来的，这就显示出稳定性测试的重要性，其中场景的执行时长设置尤为重要。

7.1.3　极限测试案例 C

1. 案例背景

G 系统承接某行"双 11"信用卡快捷支付相关功能。为了应对淘宝"双 11"购物节信用卡快捷支付交易的激增，需要考察 G 系统的极限处理能力，以便维护人员提前采取应对措施以及准备应急预案。

2. 场景设计

在本案例中，参考生产数据，选取交易量较大且交易量之和占比 80% 以上的交易作为被测交易，交易比例按照实际生产的交易比例设置，考虑到"双 11"交易量相较于日常交易量有一定的增长，最终选取了 3 支交易作为被测交易，目标 TPS 为 1250 笔 /s，具体见表 7-10。

表 7-10　G 系统性能测试场景定义

场景名称	交易名称	VU 数量	VU 增加策略 （VU/s）	持续时间 （min）	思考 时间	PACING （s）	TPS （笔 /s）
TPS=1250 笔 /s 的混合负载	快捷支付消费	2200	50VU/s	30	0	2.00	1100.00
	快捷支付身份验证	200			0	2.00	100.00
	账户欠款信息查询	100			0	2.00	50.00
	汇总	2500					1250.00

极限测试需要以一定的压力作为基准，然后按照一定的比例逐步增加压力，每个梯度稳定一段时间。场景期间需要关注交易成功率、响应时间以及各个服务器相关资源的使用情况。

在本案例中，具体如下。

（1）执行步骤

根据生产调研情况，应用系统可承载 TPS=750 笔/s 的压力。本案例的极限测试就以 TPS=750 笔/s（60% 业务目标）混合负载测试场景作为基准，以 250 笔/s 的梯度逐步增加压力，每个梯度稳定运行 30min，直到应用系统出现性能拐点。

（2）结束条件

在测试过程中，执行场景的结果达到以下任何一个条件则结束场景：交易成功率低于 95%、响应时间大于 3s、应用或数据库服务器 CPU 平均使用率在 90% 以上、应用或数据库服务器 CPU 高峰值使用率 95% 以上持续 10min。

3. 结果分析

在本案例中一共执行了 5 个梯度的混合负载场景，分别是 TPS=750 笔/s（60% 业务目标）、TPS=1000 笔/s（80% 业务目标）、TPS=1250 笔/s（100% 业务目标）、TPS=1500 笔/s（120% 业务目标）和 TPS=1750 笔/s（140% 业务目标），各个梯度的场景运行时长为 30min。测试的结果见表 7-11。

表 7-11　G 系统性能测试结果统计

场景名称	交易名称	场景设计			响应时间（s）		成功率
		VU	业务目标TPS	实测TPS	平均响应时间	90% 交易响应时间	
60%目标TPS	信用卡快捷支付消费	2200	660.00	658.24	0.327	0.382	99.99%
	信用卡快捷支付身份验证	200	60.00	59.85	0.373	0.461	99.99%
	第三方账户欠款信息查询	100	30.00	29.94	0.300	0.352	100.00%
	合并	2500	750.00	748.02			99.99%
80%目标TPS	信用卡快捷支付消费	2200	880.00	877.54	0.341	0.423	100.00%
	信用卡快捷支付身份验证	200	80.00	79.77	0.375	0.462	99.99%
	第三方账户欠款信息查询	100	40.00	39.85	0.306	0.369	99.99%
	合并	2500	1000.00	997.15			99.99%
100%目标TPS	信用卡快捷支付消费	2200	1100.00	1096.22	0.428	0.583	99.99%
	信用卡快捷支付身份验证	200	100.00	99.66	0.384	0.469	99.99%
	第三方账户欠款信息查询	100	50.00	49.80	0.314	0.383	100.00%
	合并	2500	1250.00	1245.68			99.99%

续表

场景名称	交易名称	场景设计			响应时间（s）		成功率
		VU	业务目标TPS	实测TPS	平均响应时间	90% 交易响应时间	
120%目标TPS	信用卡快捷支付消费	2640	1320.00	1315.20	0.643	0.884	99.99%
	信用卡快捷支付身份验证	240	120.00	119.56	0.387	0.473	99.99%
	第三方账户欠款信息查询	120	60.00	59.78	0.322	0.397	99.99%
	合并	3000	1500.00	1494.55			99.99%
140%目标TPS	信用卡快捷支付消费	3080	1540.00	41.283	8.670	30.842	2.87%
	信用卡快捷支付身份验证	280	140.00	112.171	7.280	19.455	85.88%
	第三方账户欠款信息查询	140	70.00	67.635	0.328	0.405	99.997%
	合并	3500	1750.00	221.09			13.39%

各个场景的实测 TPS 对比如图 7-8 所示。

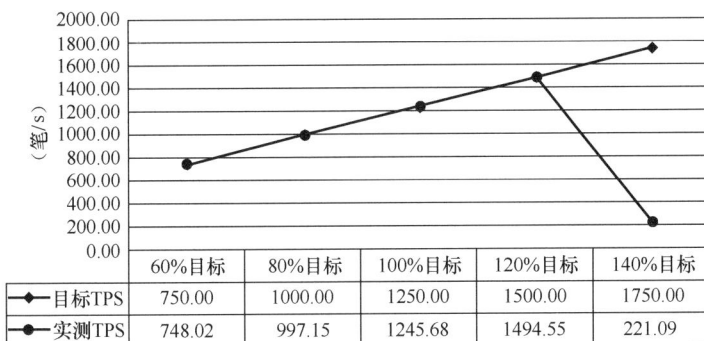

	60%目标	80%目标	100%目标	120%目标	140%目标
目标TPS	750.00	1000.00	1250.00	1500.00	1750.00
实测TPS	748.02	997.15	1245.68	1494.55	221.09

图 7-8　G 系统各梯度测试场景实测 TPS 对比

各个场景平均交易响应时间对比如图 7-9 所示。

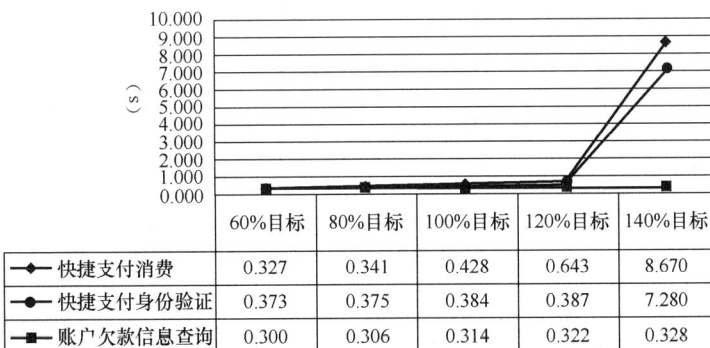

	60%目标	80%目标	100%目标	120%目标	140%目标
快捷支付消费	0.327	0.341	0.428	0.643	8.670
快捷支付身份验证	0.373	0.375	0.384	0.387	7.280
账户欠款信息查询	0.300	0.306	0.314	0.322	0.328

图 7-9　G 系统各梯度测试场景平均交易响应时间对比

各个场景 CPU 使用情况对比如图 7-10 所示。

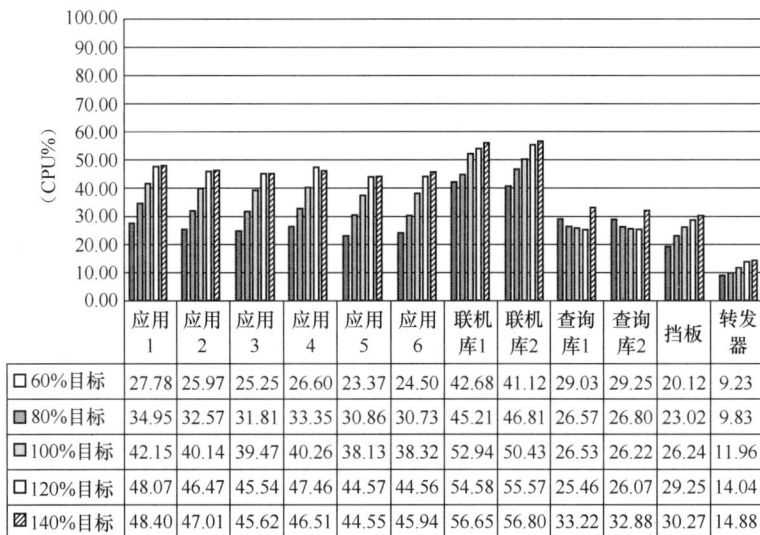

	应用1	应用2	应用3	应用4	应用5	应用6	联机库1	联机库2	查询库1	查询库2	挡板	转发器
□60%目标	27.78	25.97	25.25	26.60	23.37	24.50	42.68	41.12	29.03	29.25	20.12	9.23
▦80%目标	34.95	32.57	31.81	33.35	30.86	30.73	45.21	46.81	26.57	26.80	23.02	9.83
▤100%目标	42.15	40.14	39.47	40.26	38.13	38.32	52.94	50.43	26.53	26.22	26.24	11.96
▥120%目标	48.07	46.47	45.54	47.46	44.57	44.56	54.58	55.57	25.46	26.07	29.25	14.04
▧140%目标	48.40	47.01	45.62	46.51	44.55	45.94	56.65	56.80	33.22	32.88	30.27	14.88

图 7-10　G 系统各梯度测试场景服务器 CPU 使用情况对比

从上述结果中可以看出，随着压力增大，当场景压力达到 1750 笔 /s（140% 业务目标）时，实测 TPS 只能达到 221.09 笔 /s，远小于目标 TPS，且交易的平均响应时间显著提高，交易成功率只有 13.39%。

通过系统层面分析，当应用系统出现性能拐点时，各个服务器的 CPU 使用率相对较低，未达到 CPU 资源瓶颈；各服务器的内存使用也较为平稳，未出现换页现象，内存使用不存在性能瓶颈。

通过应用层面分析，当应用系统出现性能拐点时，各应用服务器的队列管理器的 24 号队列存在大量交易堵塞。由此判断该系统的应用存在瓶颈，需要进行调优。

4. 经验总结

极限测试通常用来考察系统的最大处理能力，以应对未来业务的增长。通常限制系统最大处理能力有两个方面：一是应用处理能力达到最大处理能力，需要从应用程序分析，优化应用程序的逻辑处理或者调整应用架构；二是系统（指基础环境）达到了最大处理能力，具体表现为服务器的 CPU 使用率达到 95%，内存出现频繁的换页，网络流量达到了最大网络带宽限制或者达到某物理设备（比如网卡）的最大处理能力。此时，需要对相关资源进行扩容或者更换性能更高的设备。

7.1.4　容量测试案例 D

1. 案例背景

在互联网技术快速发展的大背景下，基于"互联网＋培训"的理念，利用信息通信技术以及互联网平台，将在线培训理念和互联网技术相融合，银行业全新的在线培训平台 H 系统应运而生。该系统承担银行内部培训、学习、考试任务，支持 PC 和手机 APP 等多渠道接入。该系统采用 CDN 方式部署。CDN 系统能够实时地根据网络流量和各节点的连接、负载状况以及到用户的距离和响应时间等综合信息将用户的请求重新导向离用户最近的服务节点上，使用户可以就近取得所需内容，解决 Internet 的网络拥挤状况，提高用户访问网站的响应速度。该培训平台的上线在保证内部全体员工的访问需求的同时，能够在安全可靠的环境下满足全体员工有效获取知识，最终实现全行人才的持续提升。

2. 需求分析

不同的群体关注的性能测试目标是不同的。所以，性能测试需求分析可以从业务需求角度和运行维护角度两个方面进行分析。

业务需求角度也就是"从用户的角度去考虑性能测试"。该系统提供给用户的功能是什么？系统可以同时支持多少用户在线？系统对于关键操作的响应时间是多少？通过分析，H 系统作为一个学习平台，提供给用户最常用的功能就是学习视频以及参加考试，由此明确本次性能测试的范围是学习视频和参加考试两项业务操作。梳理这两项业务的流程，整理视频和考试的业务流程如下所示。

视频播放的业务流程如图 7-11 所示。

考试的业务流程如图 7-12 所示。

确定了被测交易，要对交易的分布特征进行分析，如日中、日初和日末的交易分布，正常日及节假日、正常日与营销日的交易分布，不同的分布特征对后续测试场景的设计起到了重要的参考作用。通过对 H 系统的调研和分析，确定 H 系统是 7×24h 提供服务的。"学习视频"和"参加考试"交易集中分布在 9:00-21:00，当总行或者分行组织学习或者考试等集体活动时，大量交易并发会对应用系统造成较大压力。经过分析，提出了 H 系统支持"同时 3000 个用户学习视频而不卡顿""同时 10000 个用户参加考试"以及"关键步骤的响应时间要在 2s 以内"的业务需求。

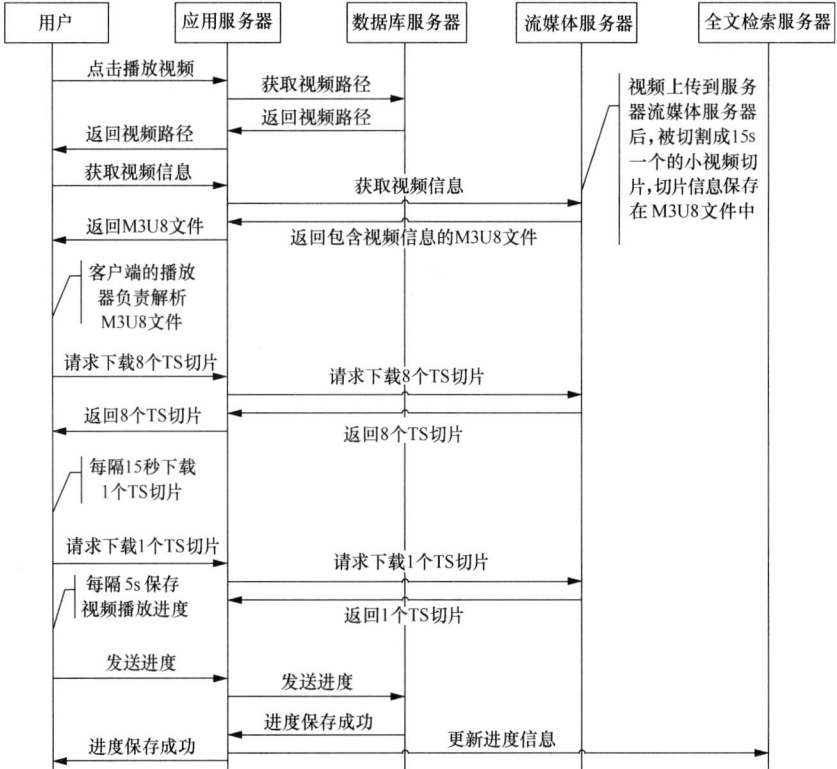

图 7-11　视频播放的业务流程

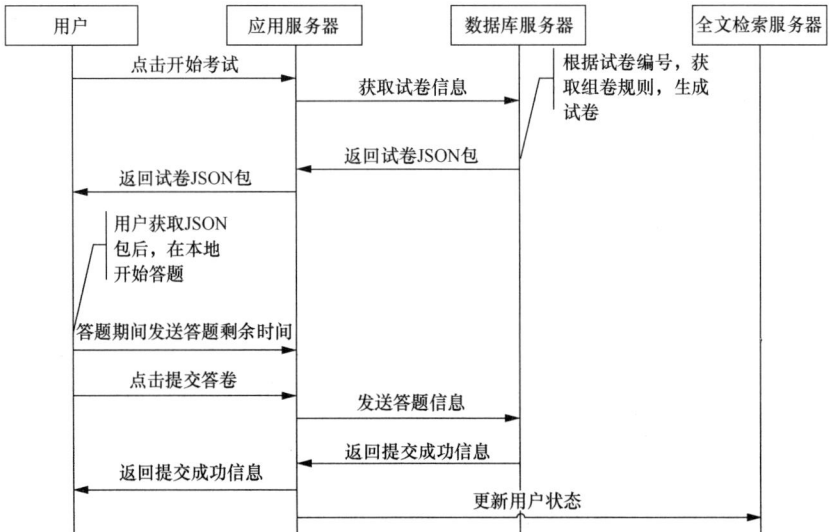

图 7-12　考试的业务流程

分析视频播放的原理，知道 H 系统的视频播放采用 HLS（HTTP Live Streaming）流媒体协议。视频文件被上传到服务器以后，被切割成多个 15s 的 TS 切片文件，用户点击视频播放后，第一次连续下载 8 个 TS 切片文件，之后每隔 15s 下载下一个切片文件，实现视频文件的自动连续播放。由此判断，视频切片如能在 15s 内下载完成则视频播放不卡顿。另外，视频文件的大小不同，TS 切片的大小也会不一样，也会影响视频下载的性能。为了更加真实地模拟业务场景，调研了生产环境 TS 切片的平均大小为 0.7MB，由此确定了本次测试采用 TS 切片的大小属性。

分析考试流程，确定影响考试交易的性能因素有两个：一是考试试题的数据量，决定了数据传输过程中 JSON 包的大小；二是考试试题的发布范围，影响了全文检索服务器中存储的考试对象的大小以及更新数据库和全文检索服务器中用户状态的效率。经过调研，确定了考试试题为 150 道题，JSON 包大小为 200kB；考试试题发布范围为 2.5 万人。

通过上述分析，明确 H 系统的性能测试需求，下面用一个表来描述，具体见表 7-12。

表 7-12　H 系统性能测试需求

交易	步骤	平均响应时间（s）	系统容量要求
学习视频	登录	2	同时 3000 个用户学习视频
	播放视频	15	
参加考试	登录	2	同时 10000 个用户参加考试
	开始答题	2	
	提交答卷	2	

从运行维护的角度来分析，什么样的系统资源配置可以满足上述并发用户的业务需求？关键步骤响应时间的快慢与数据库中的数据规模是有关联的，所以在多大数据规模情况下系统的处理性能能够满足上述平均响应时间的要求？除此之外，还需要考虑系统近几年以及未来数据的增长情况。所以，对于已投产的应用系统要重视生产调研，生产调研应该包括系统基础环境调研、数据规模调研、生产故障调研以及其他非功能需求调研等。通过生产调研，确定本次性能测试 H 系统的基础环境配置以及数据规模，以此作为性能测试的基础。

3. 评价指标

应用系统的性能需要有评价指标来衡量。不同的群体对性能的关注点不同，用户更关注联机交易的处理效率，而运行维护人员更关注系统的资源消耗。对于 H 系统来说，可以从用户角度和系统角度两个方面来设计性能测试的评价指标。

对于用户来说，可以从平均响应时间、最大响应时间、交易成功率和最大并发用户数等指标评估 H 系统的性能，具体见表 7-13。

表 7-13　H 系统性能测试评价指标 1

交易	步骤	平均响应时间	最大响应时间	交易成功率	最大并发用户数（系统容量）
学习视频	登录	不高于 2s	不高于 4s	不低于 99%	同时 3000 个用户学习视频
	播放视频	不高于 10s	不高于 15s	不低于 99%	
参加考试	登录	不高于 2s	不高于 4s	不低于 99%	同时 10000 个用户参加考试
	开始答题	不高于 2s	不高于 4s	不低于 99%	
	提交答卷	不高于 2s	不高于 4s	不低于 99%	

对于维护人员来说，可以从系统的 CPU、内存、磁盘 I/O 和网络读写等方面进行应用系统的性能评估，具体见表 7-14。

表 7-14　H 系统性能测试评价指标 2

指标类型	指标名称	指标描述
CPU	CPU 使用率（%）	CPU 使用率百分比
	PhysCPU（个）	使用的物理 CPU 的个数
内存	实际使用内存（MB）	实际使用内存大小
	PageSpaceIn(rate/s)	每秒读入到物理内存中的页数
	PageSpaceOut(rate/s)	每秒写入页面文件和从物理内存中删除的页数
磁盘	DiskRead(MB/s)	每秒磁盘读的速度
	DiskWrite(MB/s)	每秒磁盘写的速度
	I/O/s	磁盘适配器传输速率
网络	NET_Total_Read(MB/s)	每秒网络读的速度
	NET_Total_Write(MB/s)	每秒网络写的速度

4. 场景设计

场景设计就是将前期分析的测试需求转化为具体的测试实施的过程。场景设计既要满足测试需求，也要符合实际的业务场景，场景设计的正确性和合理性决定了性能测试结果是否具有意义。通过与业务需求部门沟通，确认本次性能测试的目标是测试应用系统主要功能模块的极限承载能力。另外，场景设计应该考虑虚拟用户数、交易间隔、用户思考时间、交易上行 / 下行方式、集合点设置、场景运行时长等设置。综上所述，本次性能测试根据不同的交易，设计了学习视频单业务场景和考试单业务场景。

（1）学习视频单业务场景

1）场景定义

2000 个用户在 5min 内集中点击播放同一个视频文件，选取 0.7MB 的 TS 切片进行测试。

2）执行步骤

① 以 50VU/5s 的速度上齐 2000 个 VU；

② 所有 VU 登录后（此处设置集合点），每个 VU 随机等待 0~300s 后，顺序点击在线课程→具体课程名称→继续学习→播放，开始播放视频；

③ 在线播放视频 30min 后，点击返回并退出登录。

3）验证项

在测试过程中，关注交易各步骤的响应时间以及视频播放过程中每个 TS 切片的下载效率；另外，测试人员手动登录一个用户进行在线视频学习，主观评价视频播放是否卡顿。同时，关注各服务器资源的使用情况和网络带宽的使用情况。

（2）考试测试场景

1）场景定义

10000 个用户在 5min 之内集中点击开始考试，并集中在 5min 之内点击提交考试。

2）执行步骤

① 以 50VU/5s 的速度上齐 10000 个 VU；

② 所有 VU 登录后（此处设置集合点），每个 VU 随机等待 0 ～ 300s 后，顺序点击在线考试→进入考试→开始考试；

③ 所有 VU 在线考试 5min 后（此处设置集合点），每个 VU 随机等待 0 ～ 300s 后，点击交卷；

④ 交卷后点击退出。

3）验证项

在测试过程中，关注各交易步骤的响应时间，同时关注各服务器资源的使用情况和网络带宽的使用情况。

5. 测试执行

（1）压力发起工具

在本案例中选取 Loadrunner 作为压力发起工具，模拟用户登录系统、播放视频和参加考试等一系列行为。

（2）监控工具

在本例中，涉及的主要监控项和所用监控工具见表 7-15。

表 7-15　本案例中涉及的主要监控项和所用监控工具

监控工具	监控项
ZABBIX	实时监控系统资源的使用情况，包括 CPU、内存、网络、磁盘以及数据库连接数等
PMS	收集系统资源的使用情况，包括 CPU、内存、网络和磁盘等
MONyog	实时监控 MySQL 数据库，包括连接量、并发量、表级锁、响应时间等

（3）其他工具

在本例中，采用 Fiddler2ForPT 工具抓取流媒体的数据包，分析视频播放原理。

6. 测试结果分析

（1）学习视频单业务场景

在 2000VU 的学习视频课程测试场景中，"选择课程中心""选择课程""选择视频""播放视频_保存进度"等步骤的平均响应时间小于 2s，"播放视频_切片"和"播放视频_切片 2"等步骤最大响应时间未超过 15s，交易成功率为 100.00%。

另外，流媒体服务器的 CPU 峰值使用率达到 90.5%，峰值网络流量达到 108.2 MB/s。另外，在执行场景过程中，通过手动登录学习视频，视频播放未出现卡顿。

学习视频单业务场景的实测性能指标见表 7-16。

表 7-16　学习视频单业务场景的实测性能指标

场景 名称	交易步骤	VU 数	平均交易 响应时间 （s）	交易最大 响应时间 （s）	90% 响 应时间 （s）	成功 笔数	失败 笔数	成功率
2000VU 学习 视频	01_打开首页	2000	0.567	2.346	1.048	2000	0	100.00%
	02_登录		1.168	2.592	1.59	2000	0	100.00%
	02_选择课程中心		0.667	3.04	1.343	2000	0	100.00%
	03_选择课程		0.245	0.685	0.332	2000	0	100.00%

续表

场景名称	交易步骤	VU 数	平均交易响应时间（s）	交易最大响应时间（s）	90% 响应时间（s）	成功笔数	失败笔数	成功率
2000VU 学习视频	04_ 选择视频	2000	1.088	5.566	2.674	2000	0	100.00%
	05_ 播放视频 _ 保存进度		0.031	0.15	0.035	672000	0	100.00%
	05_ 播放视频 _ 切片 1		0.963	4.589	2.655	16000	0	100.00%
	05_ 播放视频 _ 切片 2		0.393	6.057	0.982	224000	0	100.00%
	06_ 返回		0.245	0.35	0.296	2000	0	100.00%
	07_ 退出		0.1	0.156	0.128	2000	0	100.00%
	汇总					2000	0	100.00%

2000VU 学习视频课程测试场景各步骤响应时间趋势如图 7-13 所示。

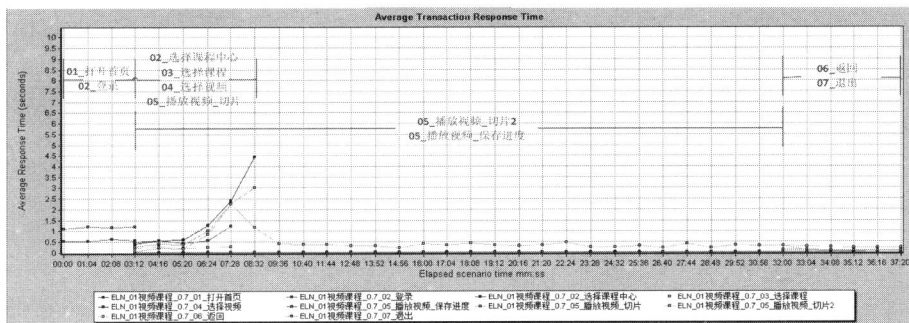

图 7-13　2000VU 学习视频课程测试场景各步骤响应时间趋势

2000VU 学习视频课程测试场景各服务器 CPU 使用趋势如图 7-14 所示。

2000VU 学习视频课程测试场景各服务器网络流量趋势如图 7-15 所示。

（2）考试测试场景

在 10000VU 的考试测试场景中，"在线考试""进入考试""开始考试"和"提交答卷"各步骤的平均响应时间小于 1s，交易成功率为 99.82%。

其中，数据库服务器 6 的 CPU 峰值使用率达到 98.2%，全文搜索服务器和缓存服务器的网络峰值流量（网络写）分别达到 49.3MB/s 和 33.1MB/s，反向代理服务器和搜索服务器存在内存换页。考试测试场景的实测性能指标见表 7-17。

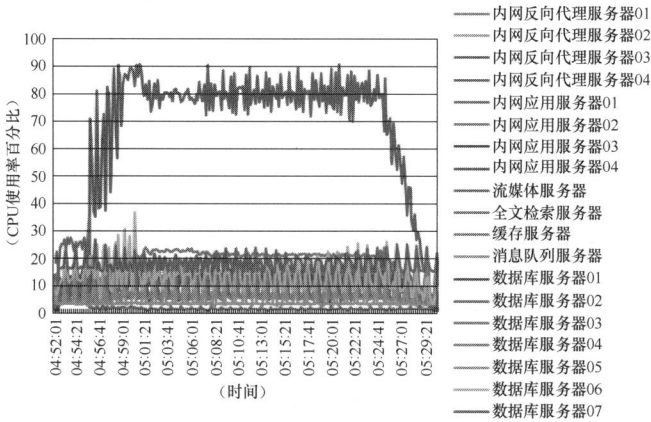

图 7-14　2000VU 学习视频课程测试场景各服务器 CPU 使用趋势

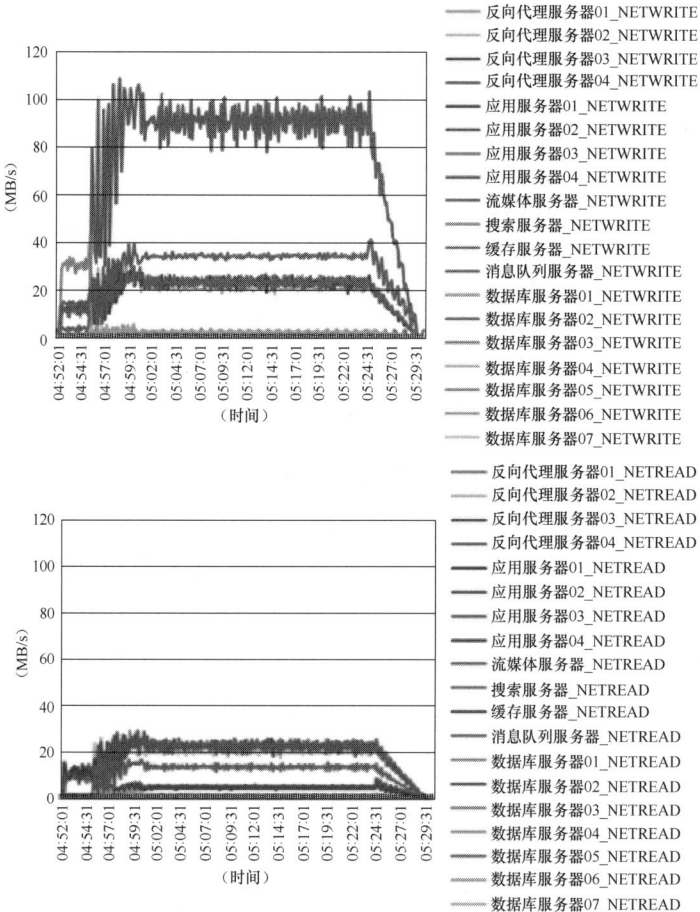

图 7-15　2000VU 学习视频课程测试场景各服务器网络流量趋势

表 7-17　考试测试场景的实测性能指标

场景名称	交易步骤	VU 数	平均响应时间（s）	最大响应时间（s）	90% 响应时间（s）	成功笔数	失败笔数	成功率
10000VU 的考试测试场景	01_ 打开首页	10000	0.43	7.883	0.908	10000	0	100.00%
	02_ 登录		1.171	12.891	2.006	9986	14	99.86%
	03_ 在线考试		0.147	0.787	0.196	9986	0	100.00%
	04_ 进入考试		0.051	0.171	0.061	9986	0	100.00%
	05_ 开始考试		0.854	2.545	1.453	9982	4	99.96%
	06_ 提交答卷		0.298	1.611	0.433	9982	0	100.00%
	07_ 退出		0.105	1.221	0.133	9986	0	100.00%
	汇总					9982	18	99.82%

10000VU 考试测试场景各步骤响应时间趋势如图 7-16 所示。

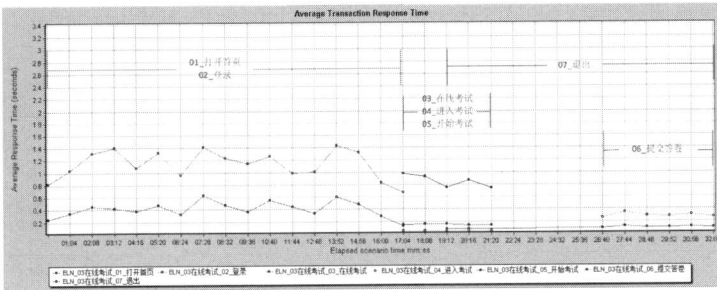

图 7-16　10000VU 考试测试场景各步骤响应时间趋势

10000VU 考试测试场景各服务器 CPU 使用率趋势如图 7-17 所示。

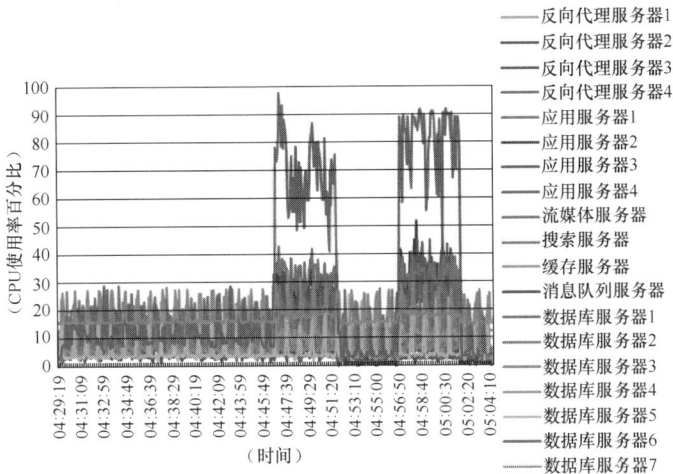

图 7-17　10000VU 考试测试场景各服务器 CPU 使用率趋势

10000VU 考试测试场景各服务器内存换页情况如图 7-18 所示。

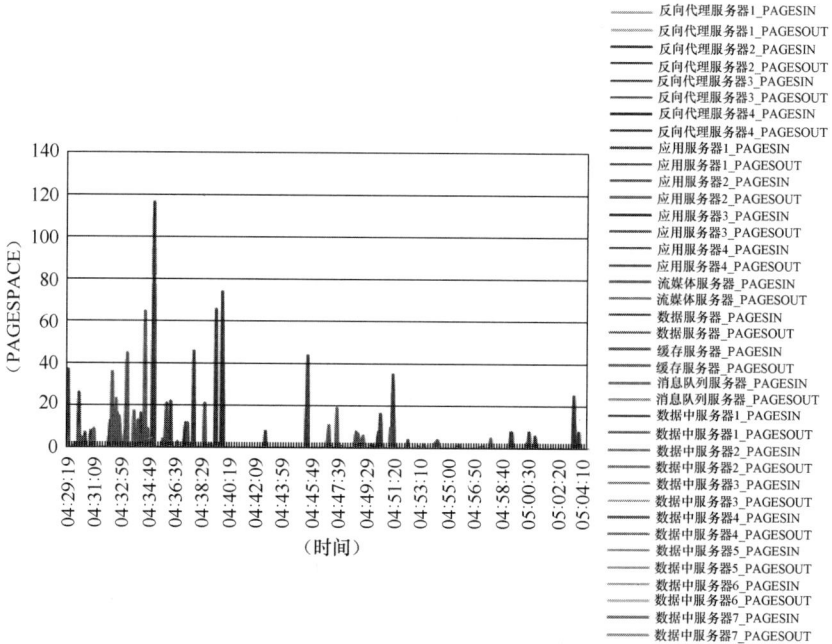

图 7-18　10000VU 考试测试场景各服务器内存换页情况

10000VU 考试测试场景各服务器网络流量趋势如图 7-19 所示。

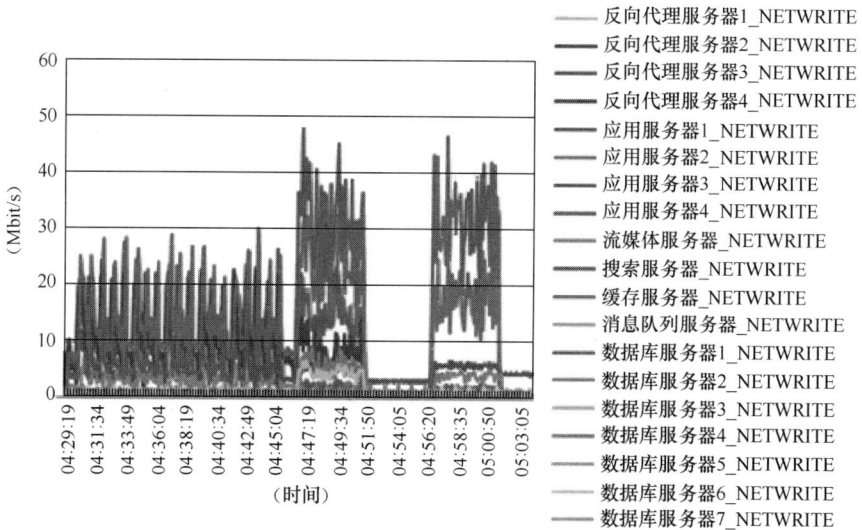

图 7-19　10000VU 考试测试场景各服务器网络流量趋势

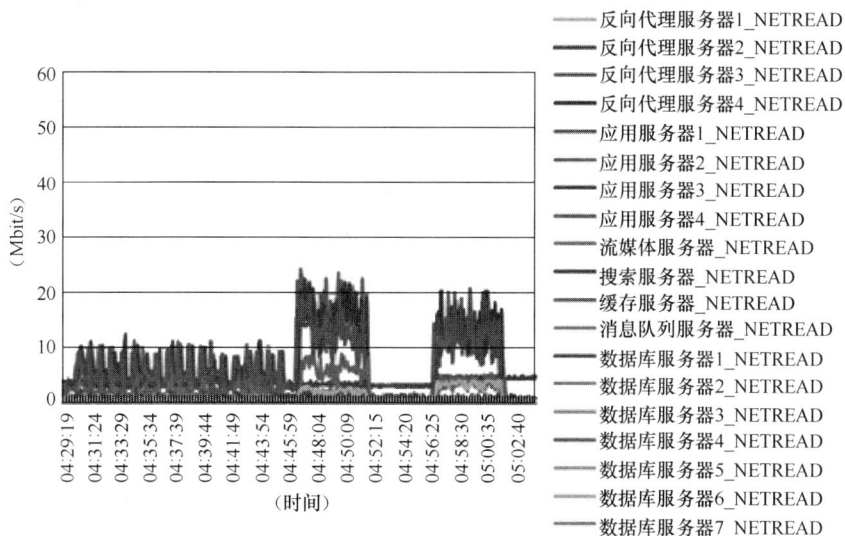

图 7-19 10000VU 考试测试场景各服务器网络流量趋势（续）

从上述分析可以看到，学习视频单业务场景以及考试单业务场景可以满足业务需求。

7. 典型问题

应用系统的性能测试一般不是一蹴而就的，需要在测试过程不断发现问题、分析问题、解决问题和验证问题，从而使应用系统的处理性能达到最优的状态。在本案例中也对测试过程发现的一些性能问题进行了调优，下面分析说明典型问题。

（1）登录响应时间长

1）问题描述

在执行 2000VU 的学习视频测试场景中，登录步骤的平均响应时间长达 12s。

2）问题分析

MONyog 数据库监控工具监控显示登录步骤存在慢 SQL（也可以通过查看 MySQL 的日志 /var/lib/mysql/mysql-slow.log 分析慢 SQL）：

select user_id,emploee_id,user_name,password,approve_status,free zed,edit_user_name,is_out_internet,photo,dep_id,psw_modify_time from sys_baseuser WHERE（user_name = ? and is_deleted = ?）or（emploee_id = ? and is_deleted = ?）AND is_deleted = ?;

此 SQL 执行全表扫描，未建立索引。

3）解决方案

给 sys_baseuser 表增加了索引"index_3"。

4）测试验证

增加索引以后，重新执行 2000VU 的学习视频测试场景，登录步骤的平均响应时间小于 2s。

（2）系统资源存在瓶颈

1）问题描述

用户登录是所有交易的前提。在 4000VU 集中 5min 登录的测试场景中，登录步骤的平均响应时间长达 21.47s，四台应用服务器以及全文搜索服务器的 CPU 峰值使用率达 100.00%，四台应用服务器均存在内存换页，具体见表 7-18。

表 7-18　4000VU 登录测试场景的实测性能指标

交易步骤	平均响应时间（秒）	最大响应时间（s）	90% 响应时间（s）	交易成功笔数	失败笔数	成功率
01_ 打开首页	2.504	26.415	7.886	4000	0	100.00%
02_ 登录	21.47	86.692	42.858	4000	0	100.00%
03_ 退出	0.184	0.729	0.269	4000	0	100.00%

4000VU 登录测试场景的资源使用情况见表 7-19。

4000VU 登录测试场景应用服务器和全文搜索服务器 CPU 资源使用趋势如图 7-20 所示。

2）问题分析

从上述结果来看，应用服务器和全文搜索服务器 CPU 资源使用率接近 100.00%，CPU 资源存在瓶颈；应用服务器的内存存在换页的现象，内存存在瓶颈。

3）解决方案

将四台应用服务器以及一台全文检索服务器的资源配置由 4C/8GB 扩容至 8C/16GB。五台服务器的内存扩容以后，相应地调整 JVM 虚拟内存的大小：最小值由 1GB 调整为 4GB，最大值由 4GB 调整为 12GB。

表 7-19　4000VU 登录测试场景的资源使用情况

文件名	CPU 使用率 (%)		内存 实际使用内存 (MB)		页面空间换进 (页/秒) geSpaceIn (rate/s)		页面空间换出 (页/秒) geSpaceOut (rate/s)		网络读 (MB/s) T_Total_Read (MB/s)		网络写 (MB/s) T_Total_Write (MB/s)		磁盘 DiskRead (MB/s)		磁盘 DiskWrite (MB/s)		I/O/s	
	R均值W	峰值Max	均值Avg	峰值Max	均值Avg	峰值Max	均值Avg	峰值Max	均值Avg	峰值Max	均值Avg	峰值Max	均值Avg	峰值Max	均值Avg	峰值Max	均值Avg	峰值Max
内网反向代理 01	6.34	13.7	3382	3393	0	0	0	0	0.4	5.2	3.9	30.5	0	0	0.1	1.9	16.4	174.8
内网反向代理 02	5.91	12.1	3470.2	3482.9	0	0	0	0	0.4	6.1	3.7	29.1	0	0	0.1	2.5	17.4	220.8
内网反向代理 03	5.96	14.3	3439.7	3449.5	0	0	0	0	0.4	5.2	4	35.7	0	0	0.1	1.8	16.4	163.8
内网反向代理 04	7.25	17.2	7570	7582.7	0	0	0	0	0.5	6.7	3.7	27.9	0	0	0.2	2.4	21.4	215.6
内网应用服务器 01	42.11	99.3	5800	5859.4	0	8	0	0	3.9	49.1	0.3	2.8	0	0	0.2	3.3	24.1	297
内网应用服务器 02	50.22	98.6	7789.7	7816.6	3.8	857	1	107	4	34.2	0.3	2.7	0	2	0.2	3	25.3	265.3
内网应用服务器 03	44.66	96.5	7760.8	7817.1	0.3	69	0.5	96	3.9	33.5	0.3	2.7	0	0.2	0.2	3.6	23.7	318.8
内网应用服务器 04	51.25	99.5	7717.5	7815.9	0.6	78	0.1	14	3.9	40.9	0.3	2.7	0	0.3	0.2	3.3	24.2	290.3
流媒体服务器	13.91	37.5	7634.9	7640.9	0	0	0	0	0.1	0.9	1.2	19.5	0	0	0.3	1	32	94.2
全文检索服务器	72.62	100	7184.8	7267.3	0	0	0	0	0.1	0.9	10.8	98.7	0	0	0.1	1.4	15.5	125
缓存服务器	7.81	19.4	1587.1	1599.1	0	0	0	0	0.8	8.6	4.8	54.4	0	0	0.8	17.8	79.1	1554.2
消息队列服务器	3.89	5.7	6213.1	6216	0	0	0	0	0	0	0	0	0	0	0.1	0.3	15.8	43.2
数据库服务器 01	11.3	28.1	3637.5	3647.2	0	0	0	0	0.6	2.8	0.2	1.4	0	0	19	51.4	1768.6	4702.3
数据库服务器 02	11.18	28.9	2752.2	2759.4	0	0	0	0	0.5	1.4	1	2.8	0	0	20.8	71	1924.7	6361.8
数据库服务器 03	11.41	28	2708.9	2712.5	0	0	0	0	0.6	2.7	0.2	1.5	0	0	21.1	51.8	1949.7	4679.2
数据库服务器 04	9.78	25.5	872.7	879.3	0	0	0	0	0.2	2.3	0.3	2.3	0	0	0.4	2.1	42.2	200.8
数据库服务器 05	9.71	25.2	860.1	865.3	0	0	0	0	0.1	0.6	0.1	1.2	0	0	0.4	2.2	41.6	206.8
数据库服务器 06	9.9	27.2	8101.2	8108.5	0	0	0	0	0.2	1.6	0.4	2.9	0	0	1.3	17.2	159.5	870.7
数据库服务器 07	18.61	29.4	7530.6	7537.3	0	0	0	0	0.1	0.8	0.2	1.6	0	0.1	2.1	18.7	195.8	1086.7

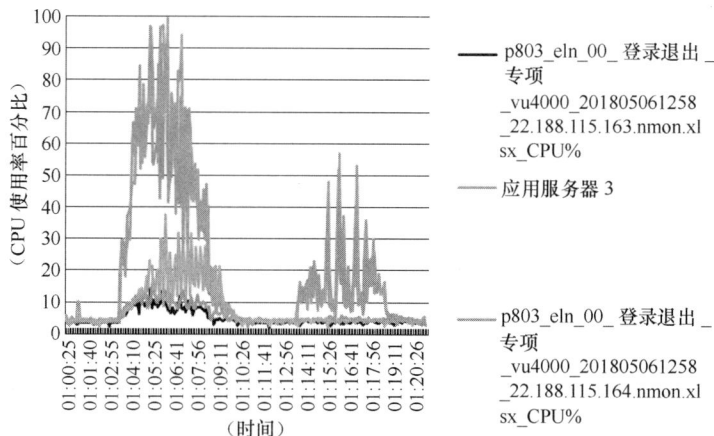

图 7-20　4000VU 登录测试场景应用服务器和全文搜索服务器 CPU 资源使用趋势

4）测试验证

扩容资源以后，应用系统可满足 10000VU 集中 5min 登录的测试场景。

（3）登录成功率低

1）问题描述

在执行 10000VU 集中 5min 登录的测试场景中，登录步骤的成功率低于 99%，报错信息为："请输入正确的图片验证码"。

2）问题分析

经开发项目组分析，此问题是在高并发下打开首页时未成功生成验证码。

3）解决方案

开发项目组反馈生成验证码的程序为第三方插件，这是第三方插件的 BUG。先遗留此问题，待后续解决。

（4）应用服务器报空指针错误

1）问题描述

在执行 1000VU 的学习视频课程测试场景中，有 8 个 VU 在保存进度的步骤中报错退出，错误原因是服务器 120s 未响应或者是服务器异常。通过查看应用日志有如下报错信息：

ERROR c.r.e.c.web.CourseProgressController - null

java.lang.NullPointerException: null

2）问题分析

经开发项目组排查，此问题是应用程序的判断逻辑问题。

3）解决方案

开发项目组修改了程序代码。

4）测试验证

重新执行1000VU的学习视频课程测试场景，未出现保存进度步骤报错的现象，监控应用服务器日志也未发现报空指针的错误。

（5）搜索服务器更新用户考试信息效率低

1）问题描述

在执行2000VU、4000VU和8000VU考试测试场景中发现，执行完场景以后（用户提交答卷并退出登录），搜索服务器仍保持将近20%CPU使用率，并分别持续30min、1h和2h。8000VU考试测试搜索服务器CPU使用趋势如图7-21所示。

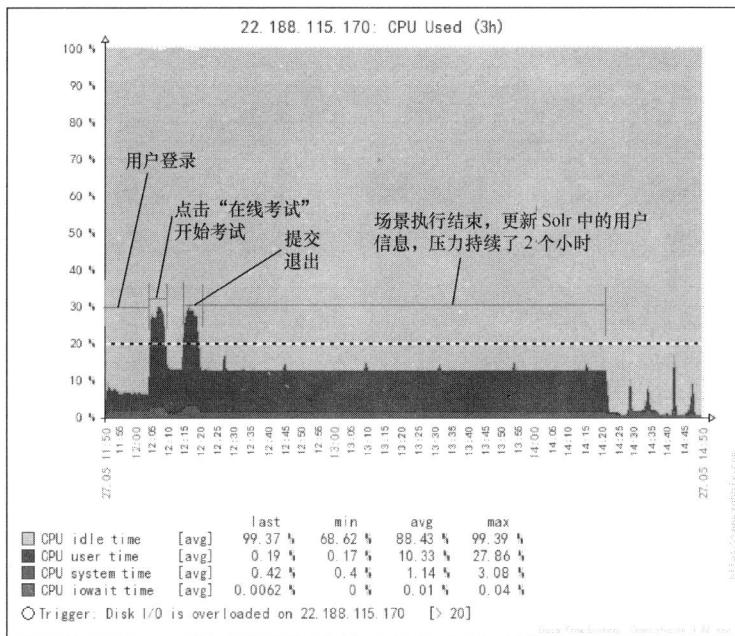

图7-21　8000VU考试测试搜索服务器CPU使用趋势

2）问题分析

在该应用系统中，一场考试在Solr（全文搜索服务器）中对应一个存储对象，该对象存储了考试发布范围对应的所有用户信息。考试提交以后，应用程序需要异步更新 Solr 中该对象中的用户考试状态。为了保证数据的一致性，更新操作必须串行地一个一个更新用户考试状态，更新效率低。此问题会导致用户界面显示的考试状态更新时延。

3）解决方案

导致此问题主要原因是 Solr 中存储的对象结构设计不合理。要解决此问题，需要调整 Solr 中存储的对象结构，开发项目组无法在短时间内提供解决方案。先遗留此问题，待后续解决。

（6）服务器内存溢出

1）问题描述

在测试过程中，应用服务器和搜索服务器均多次出现内存溢出的现象，应用服务器的报错信息如下。

① java.lang.OutOfMemoryError：unable to create new native thread。

② java.lang.OutOfMemoryError：GC overhead limit exceeded。

③ java.lang.OutOfMemoryError：Java heap space。

2）问题分析

第①种内存溢出：应用服务器和全文搜索服务器的内存均为 16GB，分配给 JVM 12GB，系统及其他内存占用 4GB。应用服务器和全文搜索服务器上 Tomcat 设置的最大线程数为 3000，且一个线程占用 1MB 左右的内存。在大并发的情况下，由于内存不够，无法申请新的 Tomcat 线程。

关于第②种和第③种内存溢：由于 Solr 存储对象的结构设计不合理，单个存储对象过大，大量空间被缓存占用，应用处理时间也随之变长，缓存回收周期也变长。

3）解决方案

先遗留此问题，待后续解决。

8. 经验总结

在本案例中，严格以质量为中心，以业务目标为导向，以生产情况为依据，细致地编写测试脚本，精心地设计测试场景。通过多轮次的测试，发现了 H 系统的一系列性能问题："登录响应时间长""资源存在瓶颈"和"应用服务器报空指针错误"等问题经过分析，分别通过"增加索引""资源扩容"和"修改应用代码"有效地解决了回避；而对于"登录成功率低""搜索服务器更新用户考试信息效率低"和"服务器内存溢出"等问题，虽未在本次测试中解决，但是也为开发项目组后续调优指明了方向。H 系统采用容量测试的方法，在经过一系列调优以后，应用系统的处理性能有了显著提高,且测试出应用系统"学习视频"和"参加考试"等功能支持的最大在线并发用户数,为应用系统的业务推广以及为应用系统上线平稳运行提供了有力保障。

容量测试就是为了考察系统处于最大负载状态或某项指标达到所能接受的最大阈值下对请求的最大处理能力。在此案例中,最大并发用户数是容量测试考量的关键指标。容量测试的方法还运用到柜员系统、客服系统等,考察柜员或者客服集中做(比如登录等)相关操作时,系统可容纳的最大并发用户数。

7.1.5　大数据性能测试案例 E

1. 案例背景

I 系统是全行个人用户的统一数据平台,汇总了全行各对私交易系统的用户、账户、交易、资产、负债、产品持有情况等全方位的个人用户数据,通过分析和挖掘上述数据,实现用户资产管理(用户资产 T+0 实时视图、用户资产全球统一视图等)、智能营销(用户标签管理和用户画像、产品智能推荐、事件营销等)、辅助营销、产品销售管理、绩效评价、资金流分析等个人用户营销管理工作。最初,I 系统的数据加工处理全部由关系型数据库完成,但随着业务需求和处理数据量的快速增长,传统的关系型数据库已无法满足稳定高效的数据处理要求。为此,I 系统引入大数据技术,将大规模的数据处理工作由关系型数据库转移至大数据平台,关系型数据库的功能角色逐渐转向结构化数据的导入、大数据平台加工结果的落地以及对外提供联机查询服务等工作。下面将以 I 系统大数据平台为例,介绍大数据的性能测试方法。

大数据是指无法在一定时间范围内用传统的计算机技术处理的海量数据集,是需要新处理模式才能具有更强的决策力、洞察发现力和流程优化能力的信息资产,具有 3V 特性,即大量(Volume)、多样性(Variety)和高速(Velocity)。大数据技术是为了解决如何高效处理大数据而形成的新兴技术体系。目前主流的大数据技术框架通常以 Apache Hadoop 为基础,根据逻辑功能可以划分为数据采集层、数据存储层、协调管理层、计算引擎层和分析挖掘层 5 个层次:数据采集层是负责把各种类型的外部数据接入大数据平台;数据存储层负责将接入的数据进行存储(包括分布式文件系统、关系型数据库和 NoSQL 数据库);协调管理层负责各组件的协调管理、资源调度以及任务调度等工作;计算引擎层是核心层,负责对大数据进行底层的加工和计算;分析挖掘层是应用层,在计算引擎层提供的底层运算支持的基础上进行大数据的分析和挖掘。各层常用技术见表7-20。

表 7-20　大数据各技术层常用技术

大数据技术分层		常用技术
数据采集层		Flume/Kafka/Sqoop/Datax
数据存储层		HDFS(Hadoop)/MySQL/HBase/Cassandra/MangoDB/Redis
协调管理层		Yarn(Hadoop)/Zookeeper/Oozie
计算引擎层	离线计算	MapReduce(Hadoop)/Spark
	流式计算	Spark Streaming/Storm
分析挖掘层		Hive/Pig/Impala/ElasticSearch/Presto/Phoenix/SparkMLlib/Mahout

大数据的处理通常可以分为两大业务场景，即离线计算和流式计算：离线计算就是在计算开始前已知所有输入数据且输入数据在计算过程中不会产生变化，且在解决一个问题后就要立即得到结果的前提下进行的计算，类似于传统系统中的批量场景；流式计算的输入数据是实时产生，实时传输，以一种序列化的方式逐个输入并进行处理的，也就是说在开始的时候并不需要知道所有的输入数据，是一种实时或准实时的计算场景，例如 Spark Streaming 将实时的数据流切分成微小的批次（最小0.5s），使用 Spark 计算引擎逐批处理，典型的应用场景为实时日志数据分析、交易数据分拣等。

2.需求分析

在本例中，I系统的大数据平台的业务场景也可以分为上述两类场景，其中离线计算场景用于实现个人用户数据各维度下的计算、汇总，构建用户画像，为用户推荐产品，生成报表等功能，涉及具体作业见表7-21。

表 7-21　被测离线计算作业简介

作业名称	功能简述
L1	根据标签的定义，给用户打上对应的标签，构建用户画像；根据推荐模型，给用户推荐产品
L2	根据用户资产余额汇总各层账户归属、用户归属的机构资产、客户经理资产
L3	产品销售交易汇总得出用户交易的归属机构和客户经理
L4	根据全量用户数据从账户及用户维度加工全量用户绩效考核、金融资产和资产配置报表
L5	用户月日均数据加工
L6	用户产品特有数据加工

本例中的流式计算场景主要用于实时处理用户的交易数据，进行准实时的用户资产计算以及产品营销推荐，共包含两类作业详见表 7-22。

表 7-22　被测流式计算作业简介

作业名称	功能简述
S1	实时获取用户的交易数据，计算用户的实时资产变化情况
S2	实时获取用户的交易数据，根据事先设定的规则给用户推荐产品

为实现上述业务场景，本例中各层采用的技术组件见表 7-23。

表 7-23　本案例各层采用技术

大数据技术分层		采用技术
数据采集层		Kafka/Datax
数据存储层		HDFS(Hadoop)/MySQL/HBase
协调管理层		Yarn(Hadoop)/Zookeeper/Oozie
计算引擎层	离线计算	MapReduce(Hadoop)/Spark
	流式计算	Spark Streaming
分析挖掘层		Hive/Presto/Phoenix

离线计算和流式计算两类业务场景的主要处理流程如图 7-22 所示，也是本案例的逻辑架构。

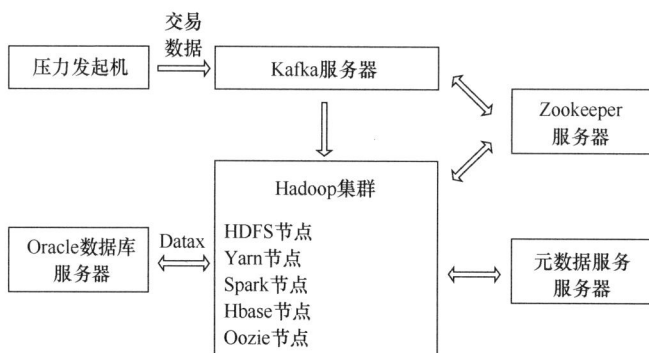

图 7-22　本案例的逻辑架构

离线计算：离线计算作业通过 Oozie 进行作业的调度和任务的管理，各作业的执行时间和频率等方面调度通过 Coordinator 实现，而各作业内部任务执行的先后顺序和依赖关系等通过 Workflow 定义。各作业的主要处理流程如下。

① 通过 Datax 组件将待处理的原始数据从 Oracle 数据库抽取到 Hadoop 的 HDFS 中，数据以 Hive 表的形式存储。

② 通过 Spark SQL 和 Hive 分析加工上步抽取的数据，加工的结果以 Hive 表的形式写入 HDFS 中。

③ 通过 Datax 组件将加工的结果从 HDFS 推送回 Oracle 数据库中，用于联机查询等操作。

流式计算：外部交易系统以生产者的身份将实时产生的个人用户交易数据推送至 Kafka 服务器，Spark Streaming 作业将实时的数据流切分成微小的批次处理，处理的结果一部分以 Hive 表的形式写入 HDFS 中，一部分写入至 Oracle 数据库中。

依照业务场景的划分，本案例中的测试场景也分为离线计算测试场景和流式计算测试场景，各场景下的被测作业参加上文中的表格。在本案例中，I 系统大数据平台为新投产模块，无生产运行情况参考，最终性能评价指标参见下节。

在本案例中，测试数据的准备有两种情况：对于离线计算场景，待加工数据是从 Oracle 数据库中抽取的，为有效评估系统投产后生产环境的运行情况，这部分测试数据可以从现有生产系统中获取，将数据进行脱敏处理后导入性能测试环境，此场景下测试数据的分布规模与生产环境一致；对于流式计算场景，用户实时交易数据通过压力发起工具模拟产生，交易数据中所需的用户信息相关数据项可以从生产环境脱敏数据中抽取，所需的交易信息可以通过模拟拼接报文的方式得到，各类交易的占比参照统计生产系统各交易占比设置。

3. 性能评价指标

（1）数据加工时长

离线计算场景的性能评价指标与传统批量测试场景类似，最终需要考查各作业在一定数据规模下的数据加工时长。如各离线作业集中在某一时间段调度，且离线作业是否完成会影响其他交易场景的运行，则除了各作业的加工时长外，还需考察整个离线作业场景的运行时长，在此情况下分析离线作业场景下的关键作业路径也是十分重要的。在本案例中，由于各离线作业是在不同时段分散调度的，且是否完成作业不影响联机查询交易的运行，因此，需求方仅提出对各作业数据加工时长的要求，详见表 7-24。

表 7-24 离线计算作业评价指标要求

作业名称	数据加工时长要求（h）	数据加工规模
L1	5	40 亿
L2	3	14 亿
L3	1	4000 万
L4	3	20 亿
L5	4	9 亿
L6	3	4 亿

如上表所示，由于数据加工时长与待加工的数据量有关，因此，需求方提出数据加工时长要求的同时，也提出了加工的数据规模要求。在进行测试数据准备时，需要考虑各作业的测试数据是否满足需求方的数据规模要求。

（2）吞吐量

在流式计算场景，由于是一种准实时的处理场景，我们需要关心每个微批次加工多少笔数据，加工这些数据需要多长时间，进而可以推算得到流式计算的交易吞吐量，即每秒加工多少笔数据。需要注意的是，对于 Spark Streaming 作业，有两个非常关键的参数：每个微批量之间的时间间隔（STREAM_BATCH_TIME）和每秒钟每个 PARTITION 获取的条数（STREAM_MAX_RATE_PER_PARTITION）。其中参数 STREAM_MAX_RATE_PER_PARTITION 决定了作业吞吐量的理论上限值，即作业的吞吐量不会超过 STREAM_MAX_RATE_PER_PARTITION*Kafka Topic 分区数。考虑到"双 11"等高峰业务场景，在本案例中，需求方对两个流式计算作业提出的吞吐量要求见表 7-25。

表 7-25 流式计算作业评价指标要求

作业名称	吞吐量要求（笔 /s）
S1	5000
S2	5000

4. 测试工具

（1）压力发起工具

在本案例中，流式计算场景需要压力发起工具模拟交易系统向 Kafka 服务器发送用户交易数据，本案例选用 LoadRunner 作为压力发起工具，通过调用 Kafka producer 相应的 jar 包发送交易。在离线计算场景下，通过 Oozie 进行任务调度即可，无须额外的压力发起工具。

（2）监控工具

在本案例中，涉及的主要监控项和所用监控工具见表7-26。

表7-26　本案例涉及的监控项及监控工具

监控项	监控工具
系统资源使用情况（CPU、内存、网络等）	ZABBIX
Kafka 消息的消费情况	Kafka Offset Monitor
Spark 任务执行情况	Yarn Web 监控页面
离线作业执行情况	Oozie Web 监控页面
Hbase 运行情况	Hbase Web 监控页面
Oracle 数据库	AWR/Spotlight

5. 测试方法和步骤

（1）离线计算场景测试步骤

步骤一，待处理数据验证。

在进行大数据测试时，首先要验证待处理数据的有效性，并同时统计待处理数据的数据量，以便作为衡量测试结果的性能指标。我们数据来源可能是关系型数据、日志系统、落入 kafka 中的交易数据等，我们首先要确保数据源数据的数据量和数据的有效性符合既定的要求，原则就是数据规模和分布尽量贴近生产环境。验证加载到大数据平台中的数据与源数据是否一致，以保证我们后续步骤中被处理数据的有效性。统计加载到大数据平台中的待处理数据的数据量，作为测试指标的计算依据。

步骤二，根据预先设置的 Oozie 作业调度信息，启动被测作业。

根据预先设定的各作业启动时间和策略，修改各 Oozie 作业的 job.properties 中的相关内容。然后，通过命令启动各 Oozie 作业的 Coordinator，Coordinator 会根据事先配置的作业调度策略启动运行相应作业。

步骤三，测试过程中各作业完成情况的验证。

对于离线计算作业，通过 Oozie 和 Yarn 的监控页面查看作业的执行情况，验证作业的各任务是否成功执行。通过 Oozie 页面可以查看各作业中各任务的执行状态，同时可以通过 Yarn 页面查看任务的具体执行情况以及运行日志。

步骤四，各作业最终加工结果的验证。

通过验证加工结果数据是否符合预期等方式验证各作业是否按要求完成数据加工，包括数据转换规则是否正确应用、数据完整性等方面的验证。在本案例中，由于数据加工结果最终要回传至 Oracle 数据库，因此，可以通过验证 Oracle 数据库中各落地表中的数据是否满足预期即可。

步骤五，统计各作业的加工时长。

通过 Oozie 页面可以获取各作业的启动时间和结束时间，进而计算得到各作业的加工时长。此外，如果作业之间有先后依赖关系，统计作业加工时长时，需要减去作业内部的等待时间。

（2）流式计算场景的测试步骤

步骤一，待处理数据预埋。

为了排除数据发送速率的影响，测试前通过压力发起工具将待处理的用户交易数据埋入至 Kafka 中，记录各 Kafka Topic 中已埋入但未消费的数据量。

步骤二，启动流式计算作业。

通过 Spark-submit 命令启动 Spark Streaming 作业，该命令涉及的资源分配参数 num-executors、executor-memory 和 executor-cores 根据实际需要进行设置，上述三个参数也是进行 Spark 类作业性能测试时需要重点关注的参数，实际意义分别是作业启动的 executor 数、为每个 executor 分配的内存大小以及为 executor 分配的 CPU 核数。

步骤三，测试过程中各作业完成情况的验证。

在流式计算作业处理的过程中，通过 Yarn 页面查看流式计算作业的具体执行情况以及运行日志，通过 Kafka Offset Monitor 监控 Kafka 消息是否被及时消费。

步骤四，各作业最终加工结果的验证。

通过 Kafka Offset Monitor 确定预埋消息均被消费，测试场景结束。在本案例中，流式计算作业的加工结果一部分会写入 Oracle 数据库中，另一部分会以 Hive 表的形式写入 HDFS 中。因此，结果的验证一方面需要验证 Oracle 数据库中各落地表中的数据是否满足预期，另一方面需要验证 Hive 表中落地数据是否满足预期。

步骤五，统计各作业的吞吐量。

根据作业开始执行时间 $T1$、处理完成时间 $T2$ 以及预埋消息数据量 M 计算作业的吞吐量，公式如下：

$$吞吐量=M/（T2-T1）$$

6. 测试结果

经过多轮次的测试和调优，得到本案例中 I 系统大数据平台的性能测试结果，测试过程中遇到的问题详见典型问题，离线计算场景测试结果见表 7-27。

表 7-27 离线计算作业测试结果

作业名称	数据加工时长	数据加工规模
L1	4:44:49	4476848165
L2	2:37:43	1434575137
L3	0:38:05	41161860
L4	1:34:32	2592745077
L5	3:30:31	986305594
L6	2:19:11	460164404

流式计算场景测试结果见表 7-28。

表 7-28 流式计算作业测试结果

作业名称	吞吐量（笔 /s）
S1	5236
S2	7889

综上可以看出，离线计算场景中各作业的数据加工时长和数据加工规模以及流式计算场景中各作业的吞吐量均可以达到需求方的性能评价指标要求。

7. 典型问题

（1）离线计算场景中 L1 作业 A 任务执行失败

【问题描述】

在离线计算测试场景中，L1 作业的 A 任务报错退出，Oozie 中对应作业的 workflow 中止。

【问题分析】

经过分析应用日志的报错信息，原因是 Spark 作业的计算资源分配不足。

【解决方案】

调整 A 任务提交 Spark 作业的 spark-submit 命令涉及计算资源分配的参数，将 executor-memory、total-executor-cores 参数值由 4G、4 修改为 10G、40，将 num-executors 参数值由 10 提高至 20。调整后，A 任务执行成功，解

决问题。

【Tips】

在进行 Spark 作业测试时，需密切关注上述计算资源分配的参数，根据集群整体资源配置情况，选择合理的参数。

（2）离线计算场景中 L2 作业 T 任务执行失败

【问题描述】

在离线计算测试场景中，L2 作业的 T 任务报错退出，Oozie 中对应作业的 workflow 中止。

【问题分析】

经过查看应用日志，报错信息为 java heap space 内存溢出。经分析，报错原因是 mapreduce 的 map 操作的堆内存设置过小。

【解决方案】

将 hadoop 的配置文件 mapred-site.xml 中的 mapreduce.map.memory.mb、mapreduce.map.java.opts、mapred.child.java.opts 值由 4096MB、3800MB、200MB 调整为 8192MB、7000MB、7000MB。复测场景，T 任务成功执行，解决问题。

【Tips】

在测试的作业中如果有任务涉及 mapreduce 操作，需关注相关参数的设置是否满足要求。

（3）离线计算场景中 L1 作业 X 任务执行失败

【问题描述】

在离线计算测试场景中，L1 作业的 X 任务报错退出，Oozie 中对应作业的 workflow 中止。

【问题分析】

经分析应用错误日志，发现由于数据量较大，需要序列化的数据大于 spark.driver.maxResultSize 参数设置值 1024M，参数 spark.driver.maxResultSize 的值决定每个 Spark Action 动作所有分区的序列化结果的总大小。

【解决方案】

将 X 任务提交 Spark 作业的 spark-submit 命令中增加 spark.driver.maxResultSize=0 的配置，当该参数值为"0"时代表不对序列化结果的总大小进行限制。复测场景，X 任务成功执行，解决问题。

【Tips】

在进行 Spark 作业测试时，如果需要序列化的数据量较大，可在提交作业时将 spark.driver.maxResultSize 参数设置为 "0"，不对序列化结果的大小限制。

（4）离线计算场景中 L3 作业 C 任务执行失败

【问题描述】

在离线计算测试场景中，L3 作业的 C 任务报错退出，Oozie 中对应作业的 workflow 中止。

【问题分析】

经分析应用错误日志，报错信息显示应用无法连接 Hbase。随后，检查 Hbase 进程状态，发现 Hbase master 和 regionserver 进程均异常退出。进而分析 Hbase 系统日志，发现进程异常退出原因为无法连接 Zookeeper，问题原因可能在 Zookeeper 端。因此，进一步分析 Zookeeper 日志，发现来自各 Hbase 节点的连接数超过了 Zookeeper 对单个 IP 最大用户端连接数限制 maxClientCnxns，该参数默认值为 "60"。

【解决方案】

将 Zookeeper 对单个 IP 最大用户端连接数限制 maxClientCnxns 参数值由 60 调整到 1000 后，复测场景，C 任务成功执行，解决问题。

【Tips】

在使用 Hbase 等对 Zookeeper 可能产生较多连接的组件时，需注意提高 maxClientCnxns 参数值。

8. 总结和展望

本次测试的结果基本达到了预期目标，通过对 Hadoop、Spark、Zookeeper 等大数据组件进行参数优化解决了遇到的问题，并在系统上线前，优化调整了生产环境的参数，以保证系统投产后的稳定运行。

经过此次大数据系统的性能测试实践，我们感受到与传统银行应用系统的性能测试相比，大数据性能测试面临着诸多挑战。

① 大数据技术体系多样且复杂。如前文所述，大数据不同技术分层内均有多种技术方案，而不同的技术相互组合可产生多种不同的大数据解决方案。面对不同的大数据解决方案，我们不仅需要掌握不同的技术，还要制定不同的测试解决方案。

② 无统一的监控手段。如前所述，由于大数据各技术分层组件众多，而每一层的组件通常为开源组件，目前对于各组件的监控通常通过各组件提供的监控页

面分散监控，缺少统一的监控平台。

③ 无通用的测试工具和方法。目前业界暂无标准的大数据性能测试工具和测试方法，压力的发起以及测试方法仍沿袭传统应用系统的工具和方法。

④ 测试环境复杂。与传统银行应用系统相比，大数据系统的测试环境更复杂，体现在服务器多、开源组件多、相互关联多等方面，给测试环境搭建、检查以及问题分析和调优等方面带来了较多困难。

随着商业银行的 IT 技术转型，云计算、大数据、人工智能已成为商业银行 IT 建设的重点方向。而大数据平台能否高效稳定的运行，系统的性能测试是重要一环。因此，形成一套适用于商业银行的大数据性能测试方法已变得十分迫切。本案例中的 I 系统大数据平台测试为大数据类型系统性能测试的首次尝试，还要不断积累掌握大数据的技术和测试方法。

7.2 系统

7.2.1 高可用性测试案例 F

1. 高可用性介绍

（1）应用系统的可用性分级

银行通常会根据用户可容忍中断时长、短时中断的影响，对大量的应用系统制定了可用性分级规范，如某银行应用系统可用性分级规范见表 7-29。系统的可用性分级是制定系统架构和部署方案的重要依据，可用性分级越高（如 A5）要求中断时间越短（小于 30min），我们往往通过制定高可用性的系统架构和增加冗余机器来达到高可用性的目的。高可用性测试也往往是针对高可用性分级高的应用系统或架构进行的。

表 7-29 应用系统可用性分级管理规范

应用系统可用性分级					
级别	A1	A2	A3	A4	A5
容忍中断情况	用户能容忍长时间中断（12h 以上）	用户能容忍较长时间中断（小于 12h）	用户能容忍一段时间中断（小于 6h）	用户能容忍短时间的中断（小于 3h）	用户对短时间中断难以容忍（小于 30min）

续表

应用系统可用性分级					
级别	A1	A2	A3	A4	A5
短时中断的影响 / 用户服务影响	无影响或影响很小	产生一定影响	产生较大影响	产生重大影响	产生特别重大影响
对其他应用系统的影响	无影响或影响很小	可能产生一定影响	可能产生较大影响	可能产生重大影响	可能产生特别重大影响
声誉影响	无影响或影响很小	可能产生一定影响	可能产生较大影响	可能产生重大影响	可能产生特别重大影响

（2）高可用保障

对于高可用性分级高的应用系统，我们可以使用一些手段来保证在一台或多台设备出现问题时，应用系统能继续提供业务，从而达到高可用性的要求。下面我们列出一些保证高可用性的方法以供参考。

1）多个数据中心

同时存在生产中心、同城灾备中心、异地灾备中心等多个数据中心，在生产中心出现故障时，应用系统可以进行同城切换或者异地切换，保证应用系统的高可用性。

2）设备冗余

在应用系统的部署架构中，避免出现单点，通过增加冗余服务器来保证应用系统的高可用性，如图 7-23 所示，增加一台负载均衡服务器和一台 SSL 加速器作为备用，消除部署架构中的单点问题，从而保证整个应用系统的高可用性。

3）通过应用架构分层

在系统的应用架构中，架构设计人员通过分层将功能分解，以保证应用架构的健壮性。在设计每层的应用架构时，会使用集群等技术以保证每层应用的高可用性，我们以图 7-23 为例说明。

9 台 Apache 服务器和 8 台 Jboss 服务器构建 mod_cluster 集群，若其中一台或几台 Apache 服务器或者 Jboss 服务器出现故障时，不影响应用系统的正常运行。

6 台 Redis 服务器构建 Redis 集群，实现了 3 主 3 从的架构。每台 Master 都有一台 Slave 服务器作为备份，且主从关系可以转化，若某台 Redis 主服务器出现故障，该服务器的 Slave 服务器会自动完成从 Slave 至 Master 的角色转换，不会影响应用系统的正常运行。

MySQL 服务器则通过 CMHA 架构保证高可用性。3 台协调器、2 台入口服务器、2 台 DB 节点服务器（一主一备），从而保证了 MySQL 数据层的高可用性。

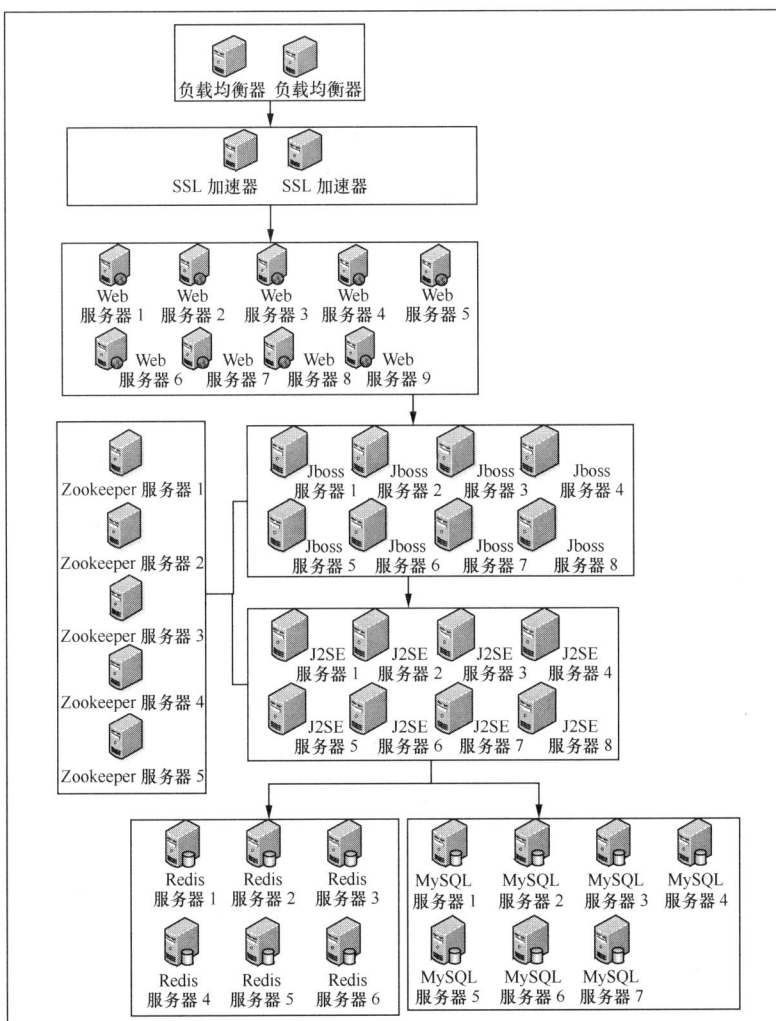

图 7-23　某银行应用系统的部署架构

另外，若有 Oracle 数据库层，架构设计人员会设计 RAC 集群来保证 Oracle 数据的高可用性；若存在 Websphere，设计人员会通过 WAS 集群保证 WAS 应用的高可用性等。

（3）高可用性测试特点

① 高可用性测试早于其他的性能测试。一般在应用系统开发之前就要确定应用系统的高可用性标准，根据该标准选择相应架构以满足高可用性的要求。如果是新架构则需要进行高可用性的测试，高可用性测试结果是系统架构选择和投产

部署方案制定的前提。

② 高可用性测试结果适用范围广。一旦确定了足以保证高可用性的应用架构，相同等级的应用系统可以借鉴使用该架构。

③ 高可用性测试更关注架构的高可用性而非单独某一应用系统的高可用性，测试方法、测试工具、测试指标与应用系统的性能测试有所不同。

2. 高可用性案例

（1）案例背景

某行数据中心要对生产中心（A 站点）和同城备份中心（B 站点）实现双活改造，以实现任意一个数据中心需要维护时，交易负载可以快速切换到另一个数据中心。

根据数据中心的灾备及高可用性建设策略和文件系统的双活策略，构建跨同城站点的 GPFS(General Parallel File System，通用并行文件系统) 双活架构。通过 GPFS 的 failure group 功能在 A/B 两个中心的两台存储设备上构建共享文件系统，使两个中心之间实现文件系统级别的同步镜像；这样，文件系统对上层的应用完全透明，两个中心的应用可以看到同样的文件及其目录。在基本不改变目前的系统拓扑架的情况下，通过操作系统内的 GPFS 实现文件在两个中心同步，使站点失效时恢复简单，如图 7-24 所示。

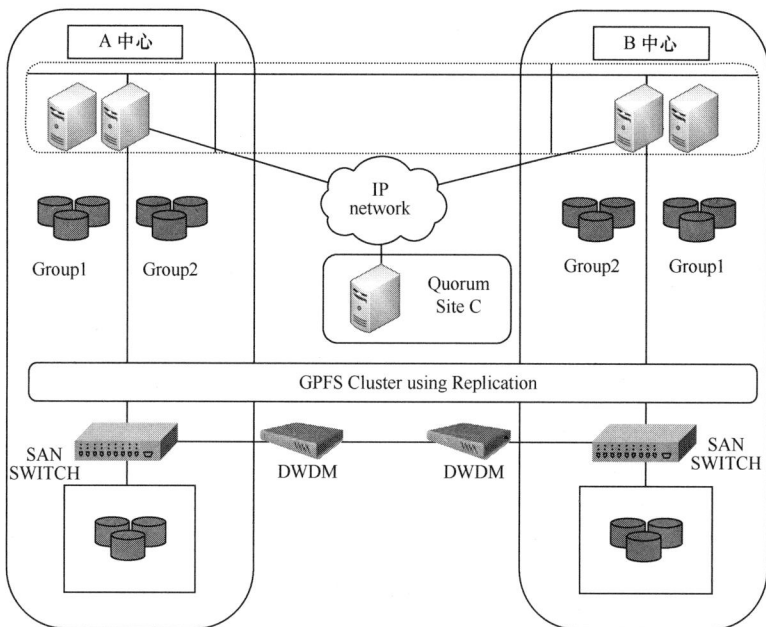

图 7-24　GPFS 双活架构

GPFS 方案是否可以满足要求，在相关方讨论后才能确定，主要基于以下两点：

① 当服务器、存储、网络等节点一处或多处出现故障时，在现有的三种架构下，GPFS 共享文件是否能满足容错性的要求；

② 由于主站点与备站点有 40km 的距离，并且使用广域网进行连接，当两个生产站点间广域网连接遇到恶劣情况时（包括网络时延、网络丢包、IP 网络抖动、SAN 抖动等），需要明确 GPFS 集群对文件读写是否有较大的影响。

因此，为检验灾备及高可用性建设关键技术方案的技术可行性，并为后续相关基础环境及应用系统改造提供支撑依据，需要进行一次高可用性测试。该测试总体上为技术原型测试，在测试过程中原则上不涉及特定系统的业务逻辑。

（2）需求分析

基于上述考虑，我们把测试场景分为容错性测试场景和异常测试场景。

1）容错性测试场景设计

该中心现有的架构包括以下 3 种。

① 基本 GPFS 环境，集群包含 2 个生产节点及 1 个仲裁节点，架构如图 7-25 所示。

② 集群包含 4 个生产节点及 1 个仲裁节点，架构如图 7-26 所示。

③ 架构三与架构二的类似，但是在每个站点的两个节点之间通过 PowerHA 建立集群，架构如图 7-27 所示。

根据架构中服务器（节点）、网络、存储等设备可能出现的故障设计测试案例如下，并以架构三为例进行说明。

① 单节点宕机，如图 7-27 中生产站点 1 中框 A 处所示：测试 GPFS 集群中一个节点宕机对读写文件的影响。

② 单存储器宕机，如图 7-27 中生产站点 1 中框 B 处所示：测试 GPFS 集群中一台存储设备宕机对读写文件的影响。

③ 节点网络故障，如图 7-27 中 C 处所示：测试 GPFS 集群中一个节点的网络故障对读写文件的影响。

④ 站点间 SAN 故障，如图 7-27 中框 D 处所示：测试 GPFS 集群中两个站点间 SAN 断开对读写文件的影响。

⑤ 单站点整体故障，如图 7-27 中框 E 处所示：测试 GPFS 集群中一个生产站点整体故障对读写文件的影响。

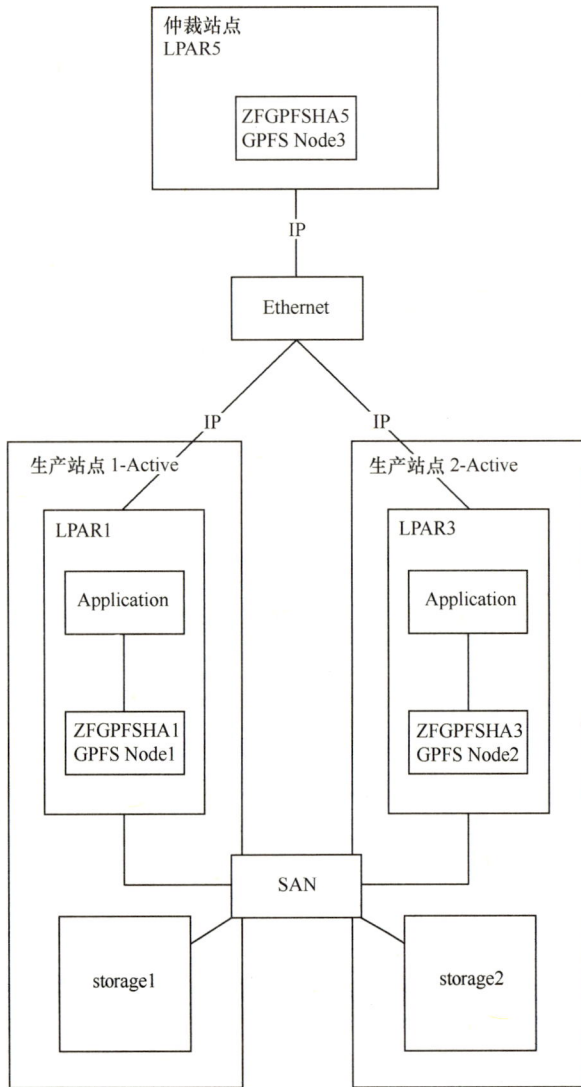

图 7-25　架构一：2 个生产节点及 1 个仲裁节点

⑥ 仲裁站点整体故障，如图 7-27 框 F 处所示：测试 GPFS 集群中仲裁站点整体故障对读写文件的影响。

⑦ 仲裁站点与一个生产站点故障，如图 7-27 中框 E 处和框 F 处所示：测试 GPFS 集群中仲裁站点与一个生产站点同时故障对读写文件的影响。

2）容错性测试的评价标准

在所有容错性测试中，通过记录写入数据的中断时间观察各种场景下的 RTO

（Recovery Time Objective，恢复时间目标，是指灾难发生后，从 IT 系统业务停顿之时开始到 IT 系统恢复正常运营之时，此两点之间的时间段。若灾难发生后半天之内便需要恢复运营的话，那么 RTO 数值就是 12h）。根据《应用系统可用性分级管理规范》，A5 级应用系统的系统恢复目标时间应小于 30min。

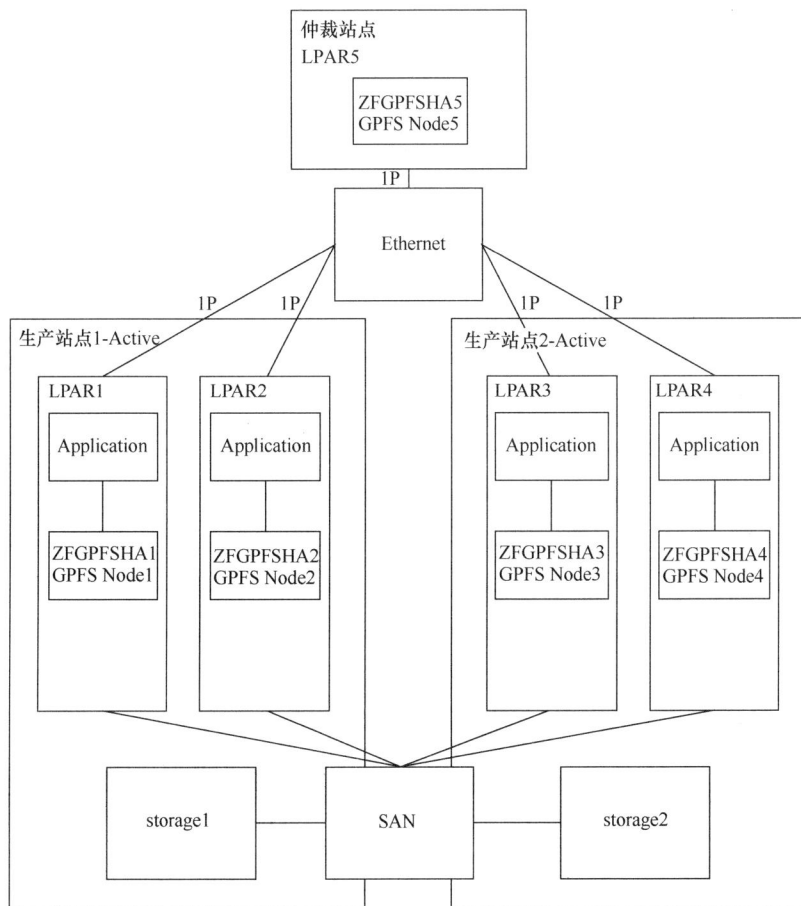

图 7-26　架构二：4 个生产节点及 1 个仲裁节点

经与 IBM 技术人员确认，我们测试中采用秒级的读写文件操作对于测试来说测试粒度是充分的。因此，所设计的测试脚本是按照每秒读写文件操作来模拟应用程序对于 GPFS 文件系统的持续操作。

测试判断标准定义如下：

① 由于测试脚本读写时间粒度为 1s，因此测试中如果查看读写文件记录，

发现读写中断没有超过 1s，我们就认为对于 GPFS 文件系统的读写文件应用是正常的，没有受到容错性测试中模拟故障操作的影响，没有出现停顿。

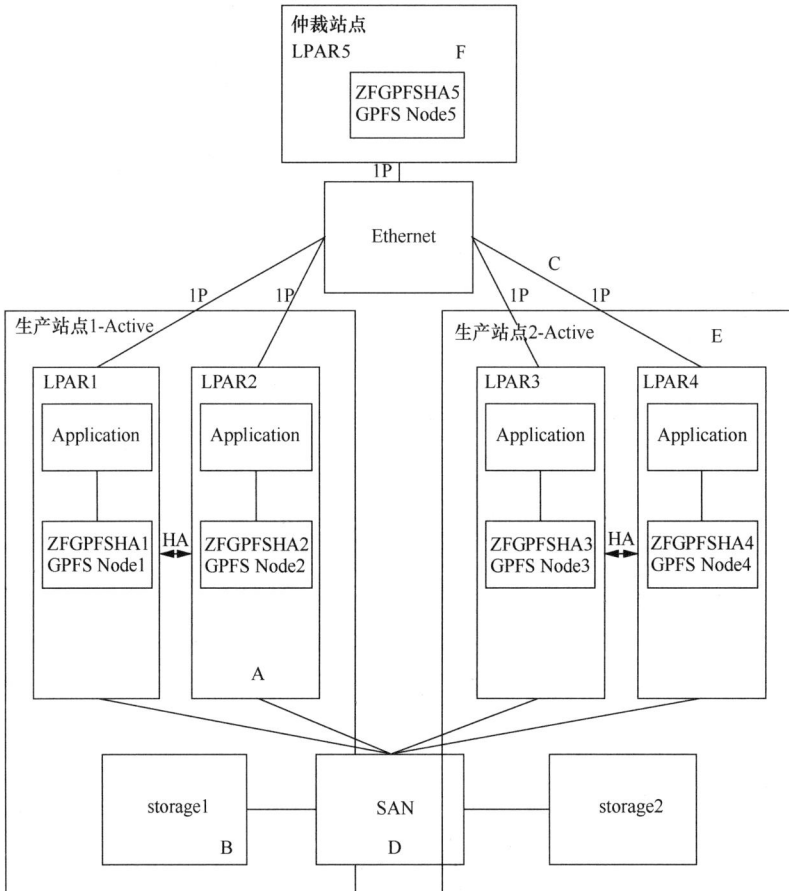

图 7-27　架构三：4 个生产节点及 1 个仲裁节点且通过 HA 建立集群

② 如果测试中查看读写文件记录，发现读写中断超过 1s，我们就认为对于 GPFS 文件系统的读写文件应用是有影响的，具体影响程度要看中断时间的长短，测试中记录该读写停顿时间来反映所受影响的程度。

3）异常测试场景设计

模拟两个站点间的 IP 网络及 SAN 不稳定的情况，设计案例如下。

① 网络时延：随机时延 100ms ～ 300ms、网络正态时延 100ms ～ 300ms、固定时延 10s、固定时延 20s。

② 网络丢包：丢包率分别为 0.1%、0.5%、1%、3%、20%、50%。

③ IP 网络抖动：间隔 1s 抖动一次。

④ SAN 抖动：间隔 1s 抖动一次。

⑤ 广域网出现抖动和丢包：间隔 1s 的网络抖动，丢包率为 1%、2%、3%。

⑥ 广域网出现时延：随机时延 100ms ~ 300ms、网络正态时延 100ms ~ 300ms、固定时延 10s、固定时延 20s、固定时延 50s。

3. 测试执行

（1）测试工具

本次测试压力发起是通过编写测试脚本来持续向被测试文件系统中写入数据。同时，使用 IOZONE 软件工具来构建背景压力进行性能测试。

在异常测试场景中，通过网络仿真仪模拟网络时延、网络丢包、网络不稳定等情况。

（2）测试脚本

在所有容错性测试中，使用如下测试脚本持续向被测试文件系统中写入数据，通过记录写入数据的中断时间观察各种场景下的 RTO。

脚本内容如下：

```
#!/bin/ksh


while true
do
date >> /ZFGPFS/test.'hostname'
sleep 1
done
```

另外，考虑到测试过程中需要对文件系统有一定的读写压力，在所有测试节点上使用 ZOZONE 产生压力：

```
#!/bin/ksh


while true
do
iozone -c -i0 -i1 -s 4G -r 1m -f /ZFGPFS/iozone. 'hostname' > /dev/null 2>&1
done
```

（3）监控工具及方法

在性能测试期间，利用 AIX 操作系统的系统监控命令和 GPFS 的工具监控和收集被测系统的状态和数据。通过查询相关日志文件来分析故障发生时点、故障恢复情况等。

4. 测试结果及测试发现

（1）容错性测试

本次容错性测试中列出的所有场景测试结果与预期结果相符，但是有一些地方需要引起重点关注。

在实际生产中，IP 网络带宽往往会远小于 SAN 的网络带宽，因此在未来的投产环境中，IP 网络不应作为正常情况下的数据传输通道，否则将会导致 IP 网络带宽无法满足要求。

只有仲裁站点与一个生产站点同时故障，才能直接导致 GPFS 下线。因此，在实际生产中需要随时监控各个站点及节点的状态。

（2）异常测试

被测系统中的 IP 网络用于传输控制报文，SAN 用于传输读写存储设备的数据报文。IP 网络传输控制报文时，轻微的网络不稳定（IP 网络时延低于 2s，IP 网络的丢包率低于 20%，网络中断间隔低于 1s）不会影响到 GPFS 的正常运行。

当两个生产站点间 SAN 出现故障而中断的时候，数据报文的传输将会切换到 IP 网络，这时不仅会带来对于 IP 网络流量的突增，而且被测系统对于 IP 网络的丢包、时延都会非常敏感，要求丢包率不要超过 1%，时延不要超过 5ms。

7.2.2 扩展性测试案例 G

在性能测试过程中，扩展性测试主要应用于以下两种测试场景。

① 在当前资源配置情况下系统性能无法满足当前业务量需求时，需要扩容当前资源配置，评估资源扩展后系统的性能表现。

② 评估系统性能与资源扩展之间的关系，建立系统性能和资源扩展模型，为未来的业务量增长进行系统资源扩展时提供参考。

1. 横向扩展测试案例 G

（1）案例背景

系统 G 主要为国内手机银行提供版本更新检查、搜索业务和用户行为信息采集等服务。手机银行作为银行主要的线上渠道，活跃用户增长迅速，为了满足业务的快速发展，需要评估系统服务器横向扩展后的性能表现，为生产环境资源扩容提供数据参考。

（2）需求分析

1）业务需求

满足手机银行活跃用户年增长2倍，支持峰值业务访问量增长2.5倍至4666TPS的业务发展规模，同时满足联机平均交易响应时间小于0.5s，可根据系统访问压力动态扩展硬件资源。

2）架构分析

系统G采用分布式系统架构，系统性能压力主要集中在JBOSS层、J2SE层以及数据库层，JBOSS层、J2SE层均支持横向扩展。本案例选择介绍J2SE层扩展性测试场景。

（3）评价指标

测试时系统需要满足以下性能指标：

①各服务器CPU平均使用率不大于80%；

②联机交易TPS不低于4666笔/s；

③平均交易响应时间小于0.5s；

④交易成功率不低于99.9%；

⑤当以上指标任一个不满足时，测试场景结束。

（4）建立模型

根据业务发展规模4666TPS的性能目标，以及假定8台J2SE可支撑4666TPS访问量的前提下，调整J2SE服务器的数量，考查在不同的J2SE服务器配置下的系统扩展能力。

J2SE服务器分别配置为2、4、6、8台，交易初始TPS分别为100%目标TPS的2/8(1166.70笔/s)、4/8(2333.39笔/s)、6/8(3500.09笔/s)和8/8(4666笔/s)，按照一定幅度增加压力，直至出现性能瓶颈则停止测试。横向扩展测试业务模型见表7-30。

表7-30 横向扩展测试业务模型

业务交易名称	测试目标TPS				
	100%目标 TPS（笔/s）	2/8目标 TPS（笔/s）	4/8目标 TPS（笔/s）	6/8目标 TPS（笔/s）	每次加压 10%
交易1	623.12	155.78	311.56	467.34	65.43
交易2	385.62	96.40	192.81	289.21	40.49
交易3	623.12	155.78	311.56	467.34	65.43

续表

业务交易名称	测试目标 TPS				
	100% 目标 TPS（笔 /s）	2/8 目标 TPS（笔 /s）	4/8 目标 TPS（笔 /s）	6/8 目标 TPS（笔 /s）	每次加压 10%
交易 4	389.78	97.44	194.89	292.33	40.93
交易 5	239.58	59.90	119.79	179.69	25.16
交易 6	623.12	155.78	311.56	467.34	65.43
交易 7	623.12	155.78	311.56	467.34	65.43
交易 8	224.62	56.16	112.31	168.47	23.59
交易 9	623.12	155.78	311.56	467.34	65.43
交易 10	311.56	77.89	155.78	233.67	32.71
合计	4666.79	1166.70	2333.39	3500.09	490.01

（5）测试结果分析

J2SE 服务器分别配置为 2、4、6、8 台，执行极限测试场景，测试结果见表 7-31。

表 7-31 横向扩展测试结果统计

场景名称	实测 TPS	平均交易响应时间（s）	交易成功率	J2SE 服务器 CPU 平均使用率
2 台 J2SE 服务器极限测试	1779.26	< 0.356	100%	70.82%
4 台 J2SE 服务器极限测试	3429.06	< 0.401	100%	77.43%
6 台 J2SE 服务器极限测试	4801.48	< 0.530	100%	71.39%
8 台 J2SE 服务器极限测试	4718.70	< 0.453	100%	59.62%

J2SE 横向扩展测试 TPS 趋势如图 7-28 所示。

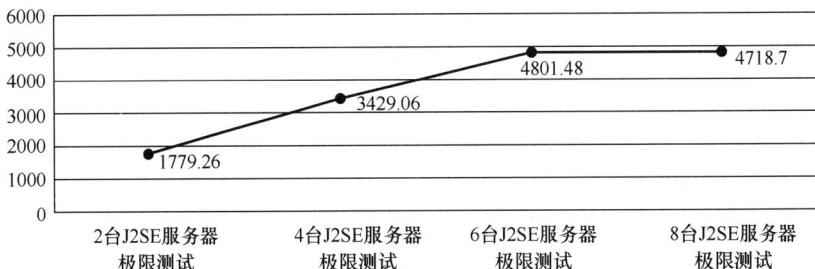

图 7-28 J2SE 横向扩展测试 TPS 趋势

测试结果说明：在满足联机交易响应时间小于 0.5s，以及 J2SE 服务器 CPU 资源使用率在 80% 以下等测试评价指标下，同时其他应用系统层没有性能瓶颈时，J2SE 服务器配置从 2 台、4 台到 6 台，系统性能呈现较好的线性增长。从 6 台增加到 8 台时，应用系统性能受数据库约束，J2SE 服务器 CPU 使用率较低，此时扩展 J2SE 服务器系统性能没有明显的提升。

（6）经验总结

横向扩展测试要求系统架构本身存在横向扩展特性，同时，系统的业务处理逻辑相对稳定，如业务处理逻辑变化频繁并且变化后对资源消耗有较大的差异，扩展性测试结果对资源扩容的数据参考的有效性就会大大降低。

横向扩展测试在不同资源配置下进行测试需同时满足业务需求和资源使用要求，即满足交易响应时间在设定范围内时，系统资源使用率不大于设定的阈值。

横向扩展测试往往是对系统中某类角色节点的测试，依赖于其他角色节点的性能处理能力，横向扩展的处理能力上限不超过系统中其他角色节点的最大处理能力。

2. 纵向扩展测试案例 H

（1）案例背景

系统 H 是信用卡额度调整的后台系统，外接渠道通过信用卡渠道系统调用本系统进行调额业务申请，系统 H 在接收调额业务申请后，任务数据扫描进程调用征信平台进行黑灰名单检测、人行检测以及 CDMS 决策等审批环节。为支持业务部门在微信公众号、缤纷生活等线上渠道以及线下渠道进行信用卡调额推广活动，需评估系统在当前资源配置下是否满足业务发展的需要。

系统 H 使用自动工作流引擎执行自动审批流程，包含调用外部征信系统进行授信处理，涉及较多的数据加解密过程，对 CPU 有较高的要求。

（2）需求分析

业务需求：根据业务发展规划，未来高峰交易日需支持包含各渠道用户共 155 万笔联机交易调用，涉及 145 万笔调额任务数据处理（调额任务数据为联机交易建立的任务数据），调额任务数据处理进程在不考虑外联系统长时间无查询结果的前提下应满足 75 万笔日交易量的处理目标。按照业务峰值推算方法，需满足高峰交易处理能力：联机处理能力不低于 382 笔 /s，工作流处理任务能力不低于 3.125 万笔 /h。

架构分析：应用系统使用 2 台 4 核 CPU 配置的 X86 应用服务器，以及 IBM

小型机部署 Oracle 数据库集群，在资源配置上，应用服务器可能存在资源瓶颈，需进行纵向扩容。

（3）评价指标

测试时系统需要满足以下性能指标：

① 各服务器 CPU 平均使用率不大于 80%；

② 联机交易 TPS 不低于 382 笔 /s；

③ 平均交易响应时间小于 1s；

④ 交易成功率不低于 99.9%；

⑤ 工作流每 h 处理任务数不低于 3.125 万笔 /h；

⑥ 当以上指标任一个不满足时，测试场景结束。

（4）建立模型

根据业务规划设定的性能目标，进行应用服务器 CPU 纵向扩容测试，调整 CPU 配置数量，考查在不同的 CPU 配置下的系统扩展能力。

CPU 分别配置为 4、8、12、16 核，交易初始 TPS 为 100% 目标 TPS，如达到目标则按照一定幅度增加压力，直至出现性能瓶颈则停止测试。纵向扩展测试业务模型见表 7-32。

表 7-32　纵向扩展测试业务模型

业务交易名称	测试目标 TPS	
	100% 目标 TPS（笔 /s）	每次加压 10%
用户额度计算并提额	382	38.2

（5）测试结果分析

CPU 分别配置为 4、8、12、16 核，执行极限测试场景，测试结果见表 7-33。

表 7-33　纵向扩展测试结果统计

场景名称	实测 TPS	平均交易响应时间（s）	交易成功率	应用服务器 CPU 平均使用率
4 核配置测试场景	153.29	0.136	100%	83.3%
8 核配置测试场景	229.18	0.200	100%	79.3%
12 核配置测试场景	243	0.500	100%	70.41%
16 核配置测试场景	258.8	3.0	100%	90%、50%

CPU 纵向扩展测试 TPS 趋势如图 7-29 所示。

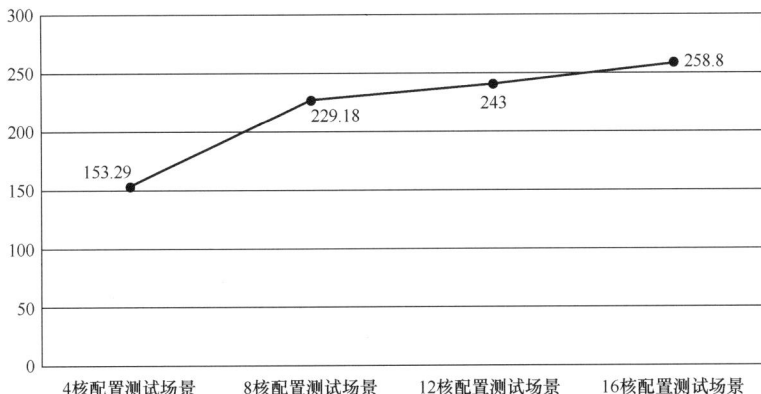

图 7-29 纵向扩展测试 TPS 趋势图

测试结果说明：当 CPU 从 4 核增加到 8 核时，系统处理能力有较大幅度的提高；当继续增加 CPU 时，系统处理能力没有明显的提高，尤其当 CPU 增加到 16 核时，两台应用服务器 CPU 使用非常不均衡，资源使用高的应用服务器 SYS% 占用高达 35% 以上。因测试环境为虚拟化环境，当 CPU 配置过大时，在高负载下会发生资源调度异常，系统性能下降。CPU 扩展性测试结果说明，CPU 纵向扩容系统性能提升效果不明显，应选择横向扩容进行测试验证。

7.2.3 配置测试案例 I

1. 案例背景

系统 I 是储蓄卡金融交易上送核心系统的总线系统，系统 I 交易响应时间的抖动往往会导致外围系统产生很大的波动，因此对系统 I 处理效率和稳定性有较高的要求。在虚拟部署环境下，CPU Shared 模式会导致资源竞争，在高峰压力下导致系统处理能力下降。为验证 CPU Mode 对 IPS 系统性能的影响，对 CPU 的 Dedicated 模式以及 Shared 模式进行配置对比测试。

2. 需求分析

（1）业务需求

系统 I 业务请求压力共包含以下两部分：一是来自 ATM 渠道系统、电子银行等渠道系统的存量业务压力；二是支付宝、财付通等电商渠道"双 11"、春节等节假日高峰大促期间的高峰访问压力。

在电商渠道大促期间，高峰访问压力增长迅猛，要求系统 I 各类支持交易访问请求共 3000 笔 /s，其中电商渠道为 1780 笔 /s。

（2）架构分析

系统 I 使用 CICS 集群和 Oracle RAC 架构，采用 IBM 小型机虚拟部署环境。IPS 针对行内渠道和电商渠道交易进行集群拆分，分别使用不同的应用集群接收交易。因对其处理效率和稳定性要求较高的特点，需验证 CPU Mode 对系统性能的影响程度，本次测试选择电商渠道应用集群进行测试验证。

3. 评价指标

测试时，系统需要满足以下性能指标：

① 各服务器 CPU 平均使用率不大于 80%；

② 联机交易 TPS 不低于 1780 笔 /s；

③ 平均交易响应时间小于 1s；

④ 交易成功率成功率不低于 99.9%；

⑤ 当以上指标任一个不满足时，测试场景结束。

4. 建立模型

根据电商渠道交易访问量，对电商渠道应用集群的 CPU Mode 配置进行对比测试，分别设置 CPU Mode 为 Shared 模式和 Dedicated 模式，进行目标 1780TPS 的混合交易负载测试。配置测试业务模型见表 7-34。

表 7-34　配置测试业务模型

CPU Mode	业务交易名称	测试目标（笔 /s）	合计（笔 /s）
Shared 模式	交易 1	412	1780
	交易 2	1368	
Dedicated 模式	交易 1	412	1780
	交易 2	1368	

5. 测试结果分析

CPU Mode 分别配置为 Shared 模式和 Dedicated 模式，执行混合负载测试场景，测试结果见表 7-35。

表 7-35　配置测试统计结果

场景名称	实测 TPS	平均交易响应时间（s）	交易成功率	应用服务器 CPU 平均使用率
Shared 模式测试场景	1586.40	0.72	100%	91.87%
Dedicated 模式测试场景	1777.92	0.18	100%	76.03%

CPU 配置测试结果对比如图 7-30 所示。

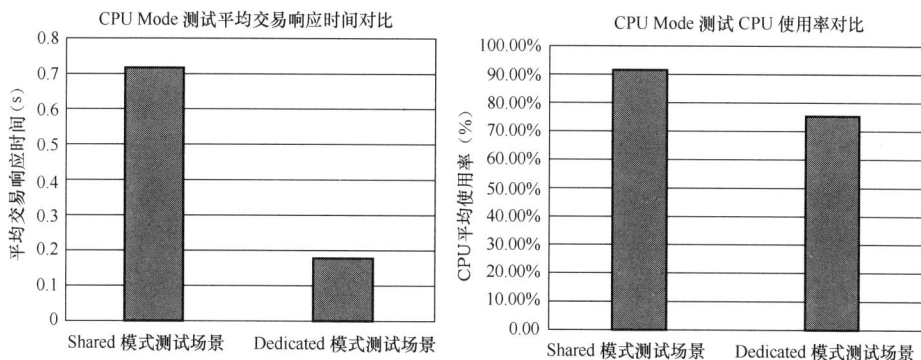

图 7-30 CPU 配置测试结果对比

从以上测试可以看出，在同等资源配置下，将 CPU Mode 由 Shared 调整为 Dedicated 后，平均交易响应时间大幅降低，应用服务器的 CPU 使用率也下降了 15 个百分点。由此可见，在性能测试环境，CPU 颗数相同的条件下，IPS 的 CPU Mode 设置为 Dedicated 模式的系统性能要明显优于 Shared 模式。

7.3 设备与网络

7.3.1 设备测试案例 J

1. 国产高端存储技术测试项目

国产高端存储技术测试项目是对参测的高端存储设备的常规、基本功能、高级特性、操作维护功能、可靠性、可扩展性、兼容性及性能等特性进行测试和评估，检测参测设备是否满足需求。

银行业对于存储的要求较高，响应速度、并行处理能力、高可用性、系统性能等是本次测试的重点。在案例的设计上，先测试设备的基本功能，这一部分测试标准参照市场产品的基本功能需求来制定；然后针对性地结合业务需求和实际使用需求进行特殊项测试和性能测试。

（1）高可用性测试

高可用性测试是为了验证各个参测厂商高端存储阵列的存储系统异常掉电、硬盘故障、控制器故障对性能影响、控制器故障业务连续性、主机接口卡热拔插、电源模块故障、电池模块故障、风扇模块故障、磁盘扩展卡故障、磁盘扩展柜故障、主机多路径业务连续性。

业务对高端存储的要求之一就是不间断性。存储的高可用性决定了业务的连续性目标是否能达成的重要指标之一。

高可用性测试通过对故障情况的模拟，测试存储对故障的反应、数据是否丢失、已写入的数据是否一致等判断被测设备的高可用性是否达到测试需求。

所设计的案例包括以下测试内容和测试结果说明，详见表 7-36。

表 7-36　高可用性测试内容和测试结果说明

测试内容	测试结果说明
存储系统异常掉电测试	存储系统异常掉电后，无数据丢失，已写入的数据一致
硬盘故障测试	硬盘故障后对主机数据库业务无影响，系统自动启动重构；插入硬盘后对主机数据库业务无影响
控制器故障对性能影响测试	1 个控制器故障后，该控制器上的 I/O 流量切换到其他 3 个控制器，记录 I/O 切换时间，I/O 切换前后性能相同，主机日志和多路径日志有相应记录；插入控制器恢复后，I/O 流量无缝切换到所有控制器，性能无明显波动；在整个过程中，主机业务不中断
控制器故障业务连续性测试	依次再拔出控制器中的其他任意控制器并恢复，业务不中断，I/O 流量切换到剩余的控制器上；插回控制器后，业务不中断，I/O 流量切换到所有控制器上，每个控制器上流量相等
主机接口卡热拔插测试	支持在线添加 FC 接口卡，流量自动无缝均衡到新添加的 FC 端口；支持在线拔出 FC 接口卡，流量自动无缝均衡到剩余的 FC 端口。在整个过程中，主机数据库业务连续未中断，存储系统无控制器复位或死机等情况
电源模块故障测试	控制框和硬盘框电源模块故障及恢复，主机数据库业务均不受影响
电池模块故障测试	电池模块故障及恢复，主机数据库业务不受影响
风扇模块故障测试	2 个风扇同时故障后，主机数据库业务运行 8h 不受影响。风扇故障恢复，主机数据库业务不受影响
磁盘扩展卡故障测试	磁盘扩展卡故障及恢复，主机数据库业务不受影响
磁盘扩展柜故障测试	磁盘扩展柜故障及恢复，主机数据库业务读写不中断，不报错

续表

测试内容	测试结果说明
主机多路径业务连续性测试	断开主机到控制器 A 的路径，流量切换到控制器 B、C、D，记录切换时间。恢复控制器 A 的路径后，流量平滑回切到四个控制器，无 I/O 归零； 同时断开四个控制器的所有链路，链路断开期间：I/O 归零但数据库业务不会中断；链路恢复后，数据库业务继续正常读写； 拔插控制器 A 的路径 3 次后，链路降级，没有 I/O 流量； 拔出控制器 B、C、D 的路径后，流量全切换到控制器 A 上，记录切换时间小于 5s； 在整个测试过程中，数据库业务未中断，I/O 切换前后性能值一致

（2）可管理性测试

可管理性测试是为了验证各个参测厂商高端存储阵列的日志功能、SNMP 的协议支持、NTP 的协议支持、API 的接口支持、实时性能统计功能、历史性能数据管理功能。

对存储性能表现的直观数据统计是对产品性能表现的一个较好的观察窗口。一个成熟的产品，也需配备较详细直观的日志和监控数据软件。日志功能和性能数据管理功能是对设备数据统计的必要功能，协议和接口的支持则是针对业内普遍通用的协议接口的遍历，当改造或升级应用系统后，设备仍能在一定程度上兼容改造。

所设计的案例包括以下测试内容和测试结果说明，详见表 7-37。

表 7-37 可管理性测试内容和测试结果说明

测试内容	测试结果说明
日志功能测试	支持日志功能，有创建 LUN、删除 LUN 等操作的信息记录
SNMP 的协议支持测试	支持 SNMP TRAP，支持 SNMP 查询，支持"紧急（critical）""重要（major）"和"警告（warning）"三种 SNMP 告警级别
NTP 的协议支持测试	存储系统自动同步 NTP 服务器时间
API 的接口支持测试	SNIA 官方网站 SMI-S 认证列表包含 18000 V3； 支持通过 SMI-S 创建、删除 LUN，创建、删除映射等操作
实时性能统计功能测试	支持实时性能统计功能，包含 CPU 利用率，硬盘利用率，硬盘 IOPS，前端端口的 IOPS、MBPS、响应时间，LUN 的 IOPS、MBPS、响应时间，数据块大小等
历史性能数据管理功能测试	支持历史性能数据管理功能，包含 CPU 利用率，硬盘利用率，硬盘 IOPS，前端端口的 IOPS、MBPS、响应时间，LUN 的 IOPS、MBPS、响应时间，数据块大小等，并支持导出 PDF 报表

（3）可维护性测试

可维护性测试是验证各个参测厂商高端存储阵列的控制器在线更换、磁盘扩展卡在线更换、电源模块在线更换、风扇模块在线更换、硬盘在线更换、主机接口卡在线更换、电池模块在线更换、在线版本升级。

在生产过程中，难免会遇到软硬件模块的更新升级或者老化替换，在操作成功的前提下，能够保证生产不中断，也是设备功能性能的一项重要体现。银行应用系统全天候不间断的工作特性，决定了可维护性测试是设备功能性能测试中不能忽视的一环。

所设计的案例包括以下测试内容和测试结果说明，详见表 7-38。

表 7-38　可维护性测试内容和测试结果说明

测试内容	测试结果说明
控制器在线更换测试	支持控制器在线更换，在整个过程中，出现 1s I/O 跌零，之后恢复，存储性能监控中剩余三个控制器对应端口都有流量且均衡
磁盘扩展卡在线更换测试	磁盘扩展卡在线更换，读写不中断、不报错
电源模块在线更换测试	在线更换控制框和硬盘框的电源模块，读写不中断、不报错
风扇模块在线更换测试	风扇在线更换，读写不中断、不报错
硬盘在线更换测试	支持硬盘在线更换，读写不中断、不报错
主机接口卡在线更换测试	支持在线添加 FC 接口卡，流量自动无缝均衡到新添加的 FC 端口；支持在线拔出 FC 接口卡，流量自动无缝均衡到剩余的 FC 端口。整个过程读写不中断、不报错，存储系统未出现控制器复位或死机等情况
电池模块在线更换测试	支持电池模块在线更换，读写不中断、不报错
在线版本升级测试	支持在线升级，四控升级完成耗时约 1h。在升级过程中，主机读写业务不中断，结果打印中，无任何 1s I/O 跌零

（4）可扩展性测试

可扩展性测试是验证各个参测厂商高端存储阵列的接口卡在线扩展、硬盘在线扩展。

接口卡和硬盘是存储容量升级的内容物。随着系统的日常运行，扩容是系统运维的必要阶段。保证在扩容过程中应用系统不中断是本模块测试的主要目的。

所设计的案例包括以下测试内容和测试结果说明，详见表 7-39。

表 7-39　可扩展性测试内容和测试结果说明

测试内容	测试结果说明
接口卡在线扩展测试	支持在线扩展 FC 接口卡，流量自动无缝均衡到新添加的 FC 端口。在整个过程中，读写不中断、不报错，存储系统未出现控制器复位或死机等情况
硬盘在线扩展测试	支持在线扩展硬盘，硬盘扩展后，容量成功在线添加到原有的文件系统中，在整个过程中，读写不中断、不报错

（5）兼容性测试

兼容性测试是为了验证各个参测厂商高端存储阵列的 AIX 兼容性、AIX SANboot 兼容性、AIX SCSI 预留功能、Linux 兼容性、Windows 及 Hyper-V 兼容性、VMware 兼容性。

银行系统运维存储所应用的应用系统平台是多样的。验证与 AIX、AIX SANboot 等平台的兼容性是为了今后更好地应用在多平台的系统中。

所设计的案例包括以下测试内容和测试结果说明，详见表 7-40。

表 7-40　兼容性测试内容和测试结果说明

测试内容	测试结果说明
AIX 兼容性测试	创建 vg；创建 lv、扩容 vg、扩容 lv、扩容文件系统； 创建文件系统； 文件系统缩容，从 vg 移除 pv； 支持 fail-over 和 round-robin 模式
AIX SANboot 兼容性测试	成功在存储安装 AIX 系统，重启系统成功，写入数据成功
AIX SCSI 预留功能测试	支持 no_reserve、single_path、PR_exclusive、PR_share 四种预留策略
Linux 兼容性测试	fdisk 命令创建 10 个 50GB 分区；parted 命令创建 1 个 3TB 分区； 创建 pv、创建 vg、创建 lv 以及删除 lv； 在 RR 和 AS 两种模式下，路径断开后 I/O 切换，路径恢复时 I/O 无缝切换； 支持 RR 和 AS 均衡模式
Windows 及 Hyper-V 兼容性测试	物理磁盘快速格式化； 虚拟磁盘快速格式化
VMware 兼容性测试	可兼容单个虚拟机使用磁盘，兼容多个虚拟机共享 VMDK 磁盘，兼容多个虚拟机共享物理 RDM 设备

（6）系统性能测试

系统性能测试是为了验证高端存储阵列的模拟 SPC-1 性能测试——RAID10、模拟 SPC-1 性能测试——RAID6、全命中读 IOPS 测试、全命中写 IOPS 测试、全命中读带宽测试、全命中写带宽测试。

性能测试应用极限测试的方法，测试设备在极限性能时的吞吐量、响应时间等指标。

所设计的案例包括以下测试内容和测试结果说明见表 7-41。

表 7-41　系统性能测试内容和测试结果说明

测试内容	测试结果说明
模拟 SPC-1 性能测试——RAID6	监控 IOPS、MBPS、平均 I/O 响应时间
模拟 SPC-1 性能测试——RAID10	监控 IOPS、MBPS、平均 I/O 响应时间
全命中读 IOPS 测试	监控 IOPS、平均 I/O 响应时间
全命中写 IOPS 测试	监控 IOPS、平均 I/O 响应时间
全命中读带宽测试	监控带宽
全命中写带宽测试	监控带宽

2. 中高速扫描仪选型测试项目

扫描仪是日常的办公设备，中高速扫描仪的主要应用场景是票据的扫描。票据扫描的特点是纸张特殊，大小材质不一，数量多。这就要求设备本身有较高的扫描速度和纸张识别能力。

（1）扫描速度测试

扫描速度测试是扫描多张票据，取平均时间。需要注意的是，扫描仪有多种设置，扫描速度测试一般选用生产过程中使用最多的设置，如果有多台设备同时测试需进行比较，扫描仪需调整成同样的设置。计时时间一般从按下扫描按钮开始计时至出现一张的扫描文件，记录下时间跨度，除以扫描文件个数，得出单张扫描的时间。

（2）疲劳测试

扫描文件生成后会首先存入扫描仪设备的内存中，遇到长时间的扫描任务，若内存释放不及时，则会严重影响扫描速度。一般来说，长时间扫描的速度与扫描仪本身的内存大小和内存释放算法有关。由于中高速扫描仪通常处理的都是大批量文件，疲劳测试也是非常有必要的。

疲劳测试一般使用规整的扫描文件，通过反复放入扫描仪 ADF 上做到不间断扫描。一般扫描数量 1000 份的文件，扫描时间为 20min 左右为佳。表现较好的扫描设备在扫描过程中无明显的速度下降，记录扫描时间以及卡纸、重张、撕纸、丢图、死机次数。

（3）纸张识别能力

大多数票据的形状大小、纸张材质、硬度厚度都有一定的区别。扫描大批量文件时，有时会混入无关的杂物影响扫描质量和扫描速度。这就要求扫描设备有较强的扫描文件、扫描纸张识别能力。

① 混合扫描：对薄厚混合的票据能否进行扫描，同时记录扫描质量。将多种票据混合，放入 A4 黑白文档若干页并混入会计进帐单、电汇凭证、支取凭条等不同介质，然后扫描。观察设备是否能够逐一将所有文件进行扫描并出清晰图。

② 重张检测：开启重张功能，放入重张，如存折等，设备提示重张，可设置扫描是否继续进行。

③ 对卡片进行扫描：放入身份证或银行卡等卡片，记录最大可一次性放入卡片数量和扫描情况。

④ 对粘连票据进行扫描：将粘连票据放入 ADF，记录扫描情况。要求不撕裂票据，扫描清晰。

7.3.2　网络测试案例 K

1. SSL 卸载设备 ATS 适应性项目测试

在手机应用操作日益便捷的如今，人们更倾向于在手机端完成一些原本需要在电脑端才能完成的操作。银行的部分应用，为了满足用户的需求和用户使用习惯，也渐渐地向手机用户端迁移。如手机银行等系统应用就是与手机相关，需要配合市面上主流的手机系统开发和上线应用。

在市面上，苹果手机有较高的占比，从苹果手机端发起的应用交易会对系统造成一定的压力。在高峰时间段，甚至需要运维人员对系统运行进行较高级别的监控和告警。用户从手机端上送的交易，包含有加密信息，银行端需要使用 SSL 加解密设备加解密报文。

苹果公司会定期升级手机端 ATS 证书。由于 ATS 证书的升级是切换式的，无新旧证书并行的时间段。当新证书上线的时候，旧证书自动失效。这就需要我们对 SSL 卸载设备针对苹果 ATS 证书升级的事项进行功能性测试，以保证原有的 SSL 卸载设备能够兼容新证书的加解密传输；同时，还须对 SSL 卸载设备进行针对新证书的性能测试，以保证当应用高峰时间段运行时，SSL 卸载设备能够使用系统要求的加解密算法进行高效的运算。同时，评估 ATS 新证书在原 SSL 卸载设备上的性能表现，估算系统的容量，当业务发展迅速时能及时扩容，保证系统满足业务性能需求，高峰时段业务不出现明显性能问题。

SSL 卸载设备 ATS 适应性项目测试网络架构如图 7-31 所示。

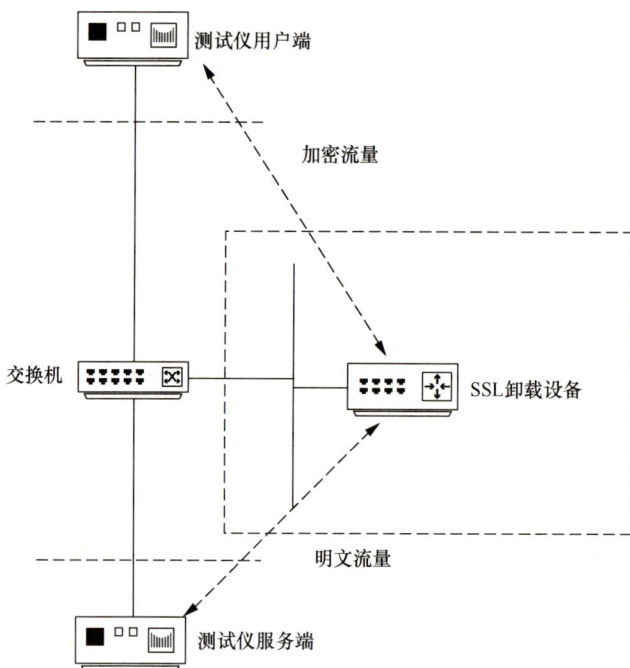

图 7-31　SSL 卸载设备 ATS 适应性项目测试网络架构

（1）ATS 性能极限测试

ATS 性能极限测试可选用两种方案。

① 使用 LoadRunner 软件发起压力，使用 LoadRunner Controller 收集和统计交易数据。

② 使用思博伦设备发起压力，从思博伦设备软件中读取交易监控数据。

使用这两种方法各有优劣。

若使用 LoadRunner 软件，优点在于 LoadRunner 软件技术成熟，编写脚本灵活。缺点在于根据 SSL 卸载设备的资源配置和加载算法的不同，一般设备极限值在 30000TPS 以上，高端设备可达到 100000TPS 以上，模拟如此高的压力对本身压力发起设备有很高的性能要求。同时，数据收集和统计也会占用一部分的系统资源，造成测量设备极限值的误差。LoadRunner 的设备极限测试需要反复尝试，若使用较长时间的场景进行测试，则测试将会耗费较多的时间。

若使用思博伦设备，优点在于思博伦设备能够同时发起较多的链接，并且能够根据设备资源的消耗直接测量出极限值。缺点在于思博伦设备的费用较高，使用方法较专业。

经过比较两种方案，决定 ATS 性能极限测试使用思博伦设备发起压力。

设备性能极限的认定条件为满足以下三个条件之一即认为到达设备压力极限：CPU 使用率高于 90%、成功率低于 99%、交易响应时间大于 100ms。

（2）稳定性测试

稳定性测试选取 10000TPS 运行 3h 场景数据测试。

10000TPS 是部分中低端设备的极限值，中高端设备的内存消耗也可达到 75% 左右。稳定性测试主要是为了验证设备在长时间的运行中，能否保持稳定性能运转。

稳定性测试一般取 CPU 使用量、内存使用量、吞吐量、连接数、HTTP 请求、SSL 交易等数据来衡量设备的稳定性。要求设备稳定运行后，各项数据无明显波动，CPU 使用量、内存使用量大致在同一水平线，没有随时间推移缓慢增长的迹象。若 CPU 使用量、内存使用量在稳定性场景中运行并不平稳，则要考虑设备是否存在内存泄漏、内存释放不及时、CPU 分配算法出错等问题。

2. 网络交换机产品的测试项目

网络设备是系统环境搭建的必要设备，网络设备的性能表现也直接影响到联网系统的性能表现。当系统访问流量增大时，网络设备作为前端流量导入类设备，若有系统性能瓶颈，则会对系统的性能表现造成非常大的影响。

网络设备测试一般包含设备功能测试、性能及可靠性测试、安全及管理测试，针对系统使用功能，还可加入虚拟化测试、组网测试等。网络设备的性能测试项目和测试要点见表 7-42。

表 7-42　网络设备的性能测试项目和测试要点

测试项目	测试要点
10GE 业务板跨板蛇行线速转发能力测试	48 口 10GE 业务板包转发容量（Gbit/s）
40GE 业务板跨板蛇行线速转发能力测试	40GE 业务板包转发容量（Gbit/s）报文大小 64Byte
	最高密度线速端口数
表项性能测试（整机）	路由表容量（条）
	路由表学习速率（条 / 秒）
	ACL 表容量（条）
	ACL 表容量满载，观察 48 口 1GE 业务板转发流量是否会丢包（个），报文大小 64
	MAC 地址表容量（条）
	MAC 地址学习速率（条 /s）
	ARP 容量（条）
	ARP 学习速率（条 /s）
	ACL 配置条目数
表项性能测试（虚机）	路由表容量（条）
	路由表学习速率（条 /s）
	ACL 表容量（条）
	ACL 表容量满载，观察 48 口 1GE 业务板转发流量是否会丢包（个），报文大小 64
	MAC 地址表容量（条）
	MAC 地址学习速率（条 /s）
	ARP 容量（条）
	ARP 学习速率（条 /s）
策略路由容量及效率测试	策略路由容量（条）（白名单）
	策略路由容量满载，48 口 10GE 业务板包转发能力（Mpps），报文大小 64（白名单）
	策略路由容量满载，报文转发时延（us）（白名单）
	策略路由容量（条）（黑名单）
	策略路由容量满载，48 口 10GE 业务板包转发能力（Mpps），报文大小 64（黑名单）
	策略路由容量满载，报文转发时延（us）（黑名单）

续表

测试项目	测试要点
链路聚合切换收敛及 负载分担测试	点对点流量情况下，断开一条链路收敛时间（ms）
	点对多点流量情况下，断开一条链路收敛时间（ms）
	多点对多点流量情况下，断开一条链路收敛时间（ms）
广播风暴抑制测试（整机）	支持设置基于包速率限速的粒度（是 / 否）——可配置最小单位
	支持基于带宽限速的粒度（是 / 否）——可配置最小单位
广播风暴抑制测试（虚机）	支持设置基于包速率限速的粒度（是 / 否）——可配置最小单位
	支持基于带宽限速的粒度（是 / 否）——可配置最小单位
IPFIX/NetStream 功能测试（整机）	导出频率可调整（是 / 否），最低导出间隔下的 CPU 使用率
IPFIX/NetStream 功能测试（虚机）	导出频率可调整（是 / 否），最低导出间隔下的 CPU 使用率
Console、telnet 及 SSH2 登录	最大可支持远程登录 session 数量（个）

第 8 章

银行业数据中心性能测试新趋势探索

随着敏捷开发方法和 DevOps 的发展，以及机器学习等新技术的进步，性能测试的工艺也面临新的挑战和发展机遇。近几年，各大银行在建设新一代网络银行信息系统时，在软件研发领域引入敏捷开发框架及实践，并通过 DevOps 持续集成提高自动化水平，提升效率，保证质量，实现产品和业务价值的持续快速交付。在这个过程中，性能测试如何"敏捷起来"，如何助力持续交付，是值得探讨的课题。本章将针对性能测试在敏捷方法、DevOps 持续交付中的应用进行探索和研究，并展望性能与容量管理以及机器学习等新技术对性能测试的影响。

8.1　敏捷、DevOps 与性能测试

敏捷开发方法是一种基于更紧密的团队协作和持续的用户参与和反馈，有效应对快速变化需求、快速交付高质量软件的迭代和增量的新型软件开发方法，以其价值优先、注重快速交付、用户体验等特点，已被互联网企业广泛采用。面对互联网的快速发展和互联网金融的冲击，银行等金融机构越来越关注敏捷，关注价值，关注持续集成。

DevOps(英文 Development 和 Operations 的组合)，是一系列软件开发实践，强调开发人员 (Dev)、运维人员 (Ops) 以及质量保障人员 (QA) 之间的沟通合作，通过自动化流程构建流水线，使得软件构建、测试、发布更加快捷、频繁和可靠，实现持续交付。近年来，为了突出其中测试 / 质量保障的重要性，越来越多出现了"Dev-Test-Ops"或"Dev-QA-Ops"的提法。

针对大型商业银行涉及系统范围广、系统关联性强、业务逻辑复杂的情况，为了实现网络金融类、用户体验类、创新类等产品的"小步快跑"，并解决与传统银行产品瀑布开发模式交付节奏不一致的问题，传统大型商业银行往往通过"稳态"和"敏态"双轨并行，在"敏态"环境逐步形成适合自身情况的敏捷开发框架和持续交付机制，以实现缩短开发周期、提高交付频率、提升整体效率和质量、满足市场及用户需求、获取业务价值等目的。

在针对此类产品建构敏捷开发框架和持续交付机制的实践中，往往需要建立分层敏捷测试体系，包括迭代内测试、功能测试以及性能测试。其中，针对性能测试，需梳理建立各环节的敏捷测试过程，开发自动化辅助工具，建立完整的测试工具体系，建立性能测试知识库，持续改进测试过程。

8.1.1 敏捷性能测试的内涵

传统瀑布模式下的性能测试过于滞后敏捷迭代过程，如果将过去传统的测试流程和方法生硬地套入敏捷开发流程中，测试工作可能会事倍功半，测试人员可能天天加班也难以跟得上敏捷迭代的进度，无法发挥应有的作用。因此，A 银行组织研究了敏捷性能测试，目标是解决敏捷项目如何在迭代内执行性能测试。

为了适应敏捷开发项目增量发布快速迭代的特点，需对传统性能测试的流程和方法进行适应性裁剪及改造，建立基于迭代的轻量级性能测试模型、测试流程及方法，针对产品的迭代变化进行性能测试，快速反馈产品的性能特征和优化建议，支持持续集成和持续交付。简单地说，敏捷性能测试就是持续地反馈软件的性能。

1. 敏捷性能测试流程研究，测试纳入迭代

在敏捷项目中，需求变化快，产品开发周期短，比如采用四周作为一个迭代周期，每月发布一个新版本。开发周期短，功能不断累加，给性能测试工作带来很大的挑战，软件性能测试流程需要进行相应的调整。例如，在原有的测试规范中，需要先建立测试方案（包括测试计划和测试场景等），测试方案有严格的模板，而且需要和项目组各相关方进行评审和签字才能通过。仅测试方案的准备和评审，一般就得半个多月。在敏捷性能测试中，不再要求几十页的测试方案，而是在每个迭代周期写出一页纸的测试计划，列出测试策略、方法、重点范围等测试要点就可以了，并且也可以相应简化测试场景，可以直接验证用户故事（User Story）。

在一个迭代周期之初，首先要明确需进行性能测试的用户故事，定义可量化的性能测试目标，然后添加性能测试的任务。性能测试是否需要单独创建用户故事要依产品而定。

① 对于即刻发布的版本（以移动应用为例）：最好把性能测试与用户故事放到一块，并在一起，这样才能更好地跟踪（track）用户故事的是否可交付（是否做完性能测试）。

② 对于周期长，潜在可发布版本不会立即到用户手中的项目：建议单独为性能测试创建用户故事。因为这种项目比较庞大，各个用户故事之间的集成比较复杂，同一个性能测试关联的用户故事非常多，单独创建能够更清晰，也不会影响提交（commit）用户故事。

测试对象：由于一个个的用户故事相对独立，所以测试的对象可以是小到一个个函数或接口，大到一个端到端的场景（这种情况下需要考虑其他模块或第三方软件对性能的影响）。

测试的执行：对于单个的性能测试任务，其测试流程基本和传统性能测试相同，但整个流程需要对该用户故事的每一个改动后的可测版本执行以下操作：

① 定义性能场景；

② 选取监控指标［可参考 AC，Acceptance Criteria，验收标准；包含性能等非功能标准）］；

③ 模拟负载（可以通过自动化脚本和工具产生）；

④ 收集数据和生成报表。

验收：主要是参照迭代规划（sprint planning）中定义的性能 acceptance criteria 评估潜在可交付版本的性能。

通过对一类 X86 平台系统性能模型扩展性和敏捷性能测试的实践研究，A 银行针对性地裁剪和优化当前批次化性能测试的流程，形成了敏捷性能测试工作整体流程，如图 8-1 所示。在迭代结束时，在迭代回顾会议中进行应用系统性能议题，研究上一迭代期间开发和测试工作中出现的性能问题，并形成性能测试的需求列表（backlog），据此计划开展下一迭代期间的性能测试工作。

2. 敏捷性能测试方法实践，效率提升数倍

A 银行的实践结果表明，针对迭代版本的敏捷性能测试，总的测试时间为两周，在计划时间内完成测试内容的执行以及变更交易的调优，测试结果满足预期目标，测试进度满足敏捷性能测试的要求。

实践中引入了 Dynatrace 等多种辅助工具。传统的问题排查往往是通过查看日志的方式，针对交易响应时间较长等问题需要查询多组服务器的应用日志，单次查询日志

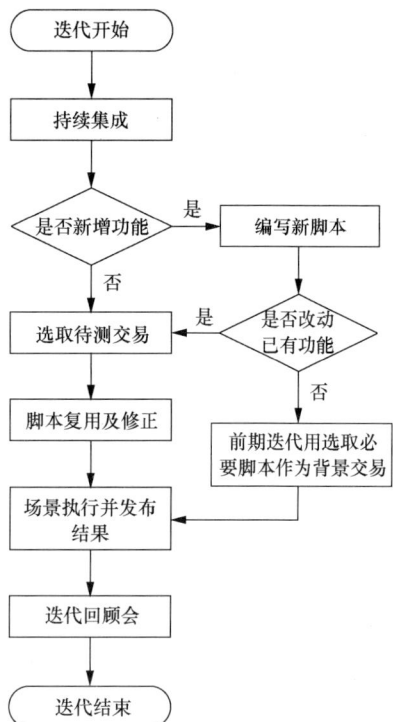

图 8-1　性能测试整体流程改造

至少需要十几分钟到半小时来定位问题，通过 Dynatrace 工具的可视化界面可在 1min 之内直接定位处理时间较长的环节，加速定位问题。

综上所述，迭代期内只有脚本更新及测试执行需要占用独立的时间，需求分析、环境准备等工作都可以与开发工作并行，性能测试工作占用整体迭代周期内关键路径时间 1～2 个工作日，整个测试工作量约 8 人·天。每两周迭代一次，一个批次（按 3 个月计算）的时间内工作量大约 48 天，传统的性能测试一个项目组 3 个人，测试周期约 3 个月，工作量约 198 人·天，一个批次的传统性能测试工作量大约相当于（针对某一特定应用系统持续进行）一年敏捷测试的工作量。更主要的是，通过敏捷性能测试方法及工具体系可以在两周左右的周期内完成迭代测试，而传统的性能测试完成一次完整的测试平均需要 3 个月，单次测试效率的提升是倍数级的，这样就可以持续快速反馈上线版本的性能情况。

8.1.2　DevOps 中的性能测试

在商业银行等金融机构中，开发、测试、运维人员通常隶属于不同部门，有着不同的工作环境，采用不同的沟通方式，使用不同的开发或运维工具，并且有着不同的绩效目标，这使得他们之间往往有一道隐形的"墙"。

DevOps 实际是一种文化上的变迁，强调开发、测试、运维等环节之间的沟通合作；意在帮助不同部门的人们向着一个共同的目标努力——尽可能为公司提供更多价值。

DevOps 更是一种实践。对 DevOps 的一种简单理解，就是将敏捷方法延伸到产品发布。DevOps 主要是为了将敏捷开发实践扩展到运维阶段，进一步完善软件构建、验证、部署、交付等流程，使得跨职能团队能够完成从设计到生产支持等各环节的工作。

DevOps 是一种融合了一系列基本原则和实践的方法论，并从这些实践中派生出了各种工具。这些工具体现在软件开发和交付过程的不同阶段。

编码：代码开发和审阅，版本控制工具、代码合并工具。

构建：持续集成工具、构建状态统计工具。

测试：通过测试和结果确定绩效的工具。

打包：成品仓库、应用程序部署前暂存。

发布：变更管理、发布审批、发布自动化。

配置：基础架构配置和部署，基础架构即代码工具。

监视：应用程序性能监视、最终用户体验。

那么，DevOps 对测试提出了哪些挑战呢？

（1）频繁部署与快速测试

在采用 DevOps 之后，需要能够根据项目的具体情况做到每天甚至一天多次部署项目。在生产环境频繁部署软件，最大的挑战就是测试：以前，测试基本上都在开发阶段之后和产品上线之前完成；现在，不再有充足的时间留给测试团队去发现问题再抛给开发团队来修复。那么，速度成了测试面临的一大挑战。

（2）自动化

DevOps 强调将流程自动化，测试作为其中一个重要环节，势必要大规模实现自动化。因此，测试人员的自动化编码能力正在面临极大的挑战。

（3）实践和反馈

敏捷提倡我们要拥抱变化，更多的是要适应需求的不断变化。虽然一部分功能性需求是明确又具体的，我们清楚地知道用户想要什么，也因此易于测试。然而，也有一些非功能性需求的验收标准没那么明确，如提高应用性能达到良好的用户体验。我们如何才能验证用户体验是否真的良好呢？仅仅通过性能指标吗？当然不是，满足指标只能说明一部分问题，唯有真实的用户数据和反馈才是最可靠的。

（4）协作

敏捷强调全功能开发团队的共同协作，但这仅仅止于开发阶段。而 DevOps 注重 Dev、Test/QA、Ops 三个群体之间的密切协作。因此，良好的角色定位能够帮助测试人员将价值最大化。

Laurent 曾经在 Hiptest 上发表了博客《Shift left and shift right: the testing Swing》，提出了一个有意思的测试矩阵，从四个维度进行分析，描述了当软件开发模式从瀑布到敏捷、再到 DevOps 转型时，测试该如何响应变化。

Laurent 提出一个测试左移和右移的概念：测试左移就是指在开发阶段之前定义测试；测试右移就是直接在生产环境中监控，并且实时获取用户反馈。

在敏捷开发的生命周期中，我们通过每一次迭代来丰富和更新产品，以使其最大限度地符合用户对系统的需求。当时测试的关注点基本停留在开发阶段，以保证产品达到上线标准。引入 DevOps 之后，我们不仅要关注产品的质量是否达标，还需要使价值假设得到及时的验证。因此，我们不仅要将测试左移，在开发之前定义测试；还要将测试右移，通过监控产品在生产环境的运行情况来验证其价值并获得反馈，从而持续改进。

组织在 DevOps 中实践性能测试时，需要考虑以下 3 个问题。

（1）如何保证新功能得以实现？

在开发环境，我们开发新功能，并且通过测试保证其达到产品验收标准。

首先，使用 BDD(Behavior Driven Development，行为驱动开发) 的方式定义用户需求，这样用特定的语言来描述用户行为，能够使各个角色（测试、开发、产品负责人、市场等）一致地理解业务价值，从需求到测试验证中进行高度的协作和沟通，最后交付最有价值的功能。同时，测试人员（含性能测试人员）能够提前 Review 用户故事卡，补充 AC(Acceptance Criteria，验收标准)（包含性能等非功能标准)。除此之外，BDD 方式的用户需求可以直接指导测试。

其次，采用单元测试来验证最基本的代码逻辑。在编写单元测试时，建议开发人员和测试人员结对工作。单元测试可以认为是编码的一部分，测试人员要深入地了解系统的代码逻辑，因此，开发人员是最合适的人选，而测试人员可以帮助测试覆盖的更全面。

最后，每一个功能都要严格按照故事卡的 AC 验收，并采用探索性测试方法来对新功能进行无死角测试（包括性能测试)。

（2）如何确保已有功能不被破坏？

在软件开发中，任何代码都不可能完全独立存在的，一行代码的变更也有可能导致系统的全面崩溃。那么，如何保证在开发新功能的同时，已有功能不被破坏？换句话说，如何做到全面的回归测试？人力是最高成本，也有现实的局限性，比如，人手不够时，重复做同样的事情人会变得烦躁，手不够快导致效率低下等。因此，自动化测试才是不二的选择。

将 BDD 需求直接转化为自动化测试用例。每个测试用例都应该讲一个关于应用程序的故事。当一个测试用例使用一致的业务术语定义时，它的可读性会比较高，且容易自动化。与此同时，上一个迭代的用例在下一个迭代就可以迅速转化为回归测试的基线。

产品经理用 BDD 方式定义用户需求，质量保证 Review 并补充 AC，然后将其编写为自动化的测试脚本。如果测试人员的编码能力较弱，可以让开发人员协助完成代码的实现部分。这也充分说明了协作的意义。

最后，也是更重要的部分，性能测试应该纳入持续集成和持续交付中。每一次发布都要去执行性能测试，验证产品性能是否受到影响。这样才会对没有预期到的变化产生的问题给出快速反馈。

另外，做一些针对性的兼容性测试和安全性测试等。

（3）怎样验证产品的性能和可靠性？

有时候，某些缺陷并不是源于代码的错误，而是一个不好的用户体验，或者只有当数据达到一定量时才会出现，测试人员是无法提前预知和模拟这种类型的测试的，因此直接在生产环境监控变得高效又可靠。通常需要监控两种特性：性能和可用性。

使用工具持续获取用户数据，或者使用监控日志（log）持续获取性能信息。这有助于监控产品部署到生产环境后是如何正确运行的。快速启用一个功能，在生产环境实时监控验证其业务价值，获取到有效且快速的用户反馈，加之拥有持续部署的能力，我们能够在出现问题的时候快速做出反应，从而使得产品更加可靠。

这里实际上融入了《QA in Production》的理念。现如今，已经有很多工具和方法支持在生产环境做测试了，下一节讨论这个话题。

整体实践可以总结如下。

• 用BDD的方式定义用户需求、编写测试，有益于不同角色之间的一致理解和共同协作。

• 自动化测试解决了频繁部署所带来的挑战，同时保证产品的整体功能持续得到回归和验证。

• 在线监控能有效地验证不确定的需求，通过生产数据的分析和预警问题的发生，快速获取用户反馈并及时调整。除此之外，这一点也充分体现了开发、测试和运维的协作，像监控等原本只能运维人员做的事，现在开发人员或测试人员都一样可以做。

• 测试是一种活动，我们曾经通过它来验证产品是否达到上线标准。现在DevOps模式下，我们需要在各个阶段不断地执行测试活动，以达到产品质量的持续改进。

• 敏捷一直强调"团队为质量负责"，质量保证不再是测试人员的专属，而测试人员仅仅是一种较多进行测试活动的角色。DevOps模式更是对测试，尤其是自动化测试提出了更高的要求，也对测试人员的编码能力提出了极大的挑战。作为团队成员，每个人都有责任了解开发流程、提高测试技能，把好测试这一关。但是，测试活动作为测试人员的主要职责之一，提高自动化测试技能就成为DevOps实践中每个测试人员最紧急且重要的事情了。

8.1.3 从瀑布到敏捷再到持续交付

传统瀑布开发模式，在整个项目生命周期中，前半部分时间用于设计和编码，后半部分时间用来测试。在开发测试的整个过程中产品从未交到用户手上，因此无法验证它所带来的价值，也没有任何机会得到用户反馈从而适应变化。

敏捷的开发模式是全功能团队，采用开发与测试并行的方式，每 2 ～ 4 周就交付一个版本。而这个软件版本如果没有真正发布到生产环境，我们仍然无法及时得到有效的用户反馈。

采用 DevOps 的优秀实践，开发、测试、运维协同工作。每个迭代完成，或者每修复一个线上缺陷就立即部署到生产环境，交付业务价值，因此我们就能迅速从用户获得反馈并且快速做出响应。

通过传统、敏捷和 DevOps 项目的对比，可以看到流程的改进对团队以及项目的产出和质量所带来的改变。前途是光明的，但道路是曲折的。传统商业银行等金融机构进行敏捷和 DevOps 转型时，首先遇到的挑战就是严格的部门划分和职责定义。由于业务监管及合规性的强要求，金融机构的 IT 组织一般继承了业务的特点，倾向于流程上的集中强管控，稳定和安全是首要任务，而软件开发大都采用传统瀑布模式。虽然近年很多组织都尝试在互联网金融领域先行试点敏捷，但是由于组织的集中管理结构，必然要求在整个组织的角度来定义敏捷的实施及推广。敏捷提倡的"价值为导向的高响应力小团队结构"成为转型中的一大挑战。而 DevOps 强化的开发、测试、运维等环节之间的沟通合作，也需要在团队内部文化和企业组织文化两个层面做出努力。

基于 A 银行的实践以及对多家金融机构的调研，一些共同的成功经验如下。

（1）管理层大力支持，塑造敏捷文化

敏捷转型的重点在于思维的转变，尤其在互联网应用方面，更需要转化思维概念，从以产品为中心的视角来开展设计、开发和运营工作。而以产品为中心的工作方法需要打造高响应力的组织，管理层坚定的信心以及强力的支持是敏捷实践持续不断向前迈进的保障。

如 A 银行管理层深刻理解互联网金融发展的趋势和互联网应用的特点，更是敏锐地觉察出敏捷带来的变革和优势，在互联网金融产品领域率先提出使用敏捷开发的方法。在敏捷转型的过程中，在局部进行试点，允许试点团队试错，最终达到以点带面的效果。同时，管理层也积极组织与外界的交流，包括同业间的交流以及与互联网先进企业的交流等，强化敏捷文化和思维在银行内的传播。

（2）组织结构优化，促进测试融合

测试是保证软件质量的重要手段。在金融领域，软件质量更是重中之重。在传统开发领域，开发和测试工作往往分别由不同的部门来承担；而在敏捷开发模式下，对敏捷团队的要求是跨领域、全功能，要求测试人员在开发阶段提前介入，并且在迭代内完成测试。

敏捷导入伊始，A银行意识到迭代内完成测试是一项非常重要的工作，需要从管理和技术上突破。开发测试融合，首先要做的就是物理融合，敏捷团队（Scrum Team）的工位搬到一起，全部参加迭代计划会、站会、评审会以及回顾会等；其次，测试人员提前分析用户故事，开发的同时进行测试分析，故事完成开发即可开始测试，加速反馈，提高效率；第三，开发人员和测试人员作为敏捷团队成员进行自组织管理，敏捷教练（Scrum Master）负责把控整体流程的顺利和流畅。

看似简单的组织架构优化，对迭代的成功起着决定性的作用，是敏捷转型的基础。

（3）聚焦用户价值，优先做对的事情

相对于传统瀑布模型的计划驱动，敏捷强调价值驱动，即在资源成本和时间固定的情况下，范围是可变的，看价值来决定做多少。敏捷项目评估的三个目标可归纳为：价值目标——提供可交付的产品；质量目标——提供可靠的、适应性强的可交付产品；约束目标——在可接受的约束内，实现价值和质量目标。价值驱动模式如图8-2所示。

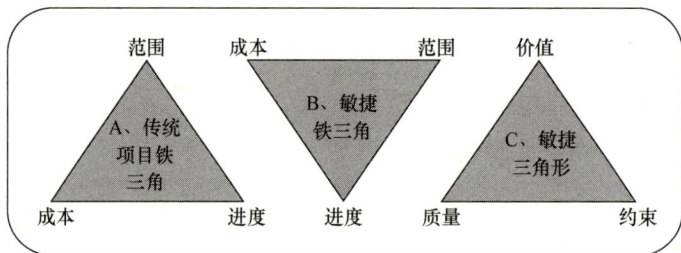

图8-2　价值驱动

在敏捷端到端交付方面，试点团队转变思维，以价值为导向，坚持优先做有价值的事情，通过需求挖掘、设计思维等实践聚焦用户价值。

敏捷流畅度模型也可以作为一个工具，用来做衡量和比对，助力敏捷转型。2012年8月，Martin Fowler在他的个人网站发布了文章"Your Path through

Agile Fluency"，其中描述了敏捷流畅度模型。从价值的角度去分析企业的敏捷流畅度，"敏捷能否在整个组织中取得成功，要取决于团队的流畅度。团队的流畅度则更多地取决于团队中每个成员的能力，也取决于管理结构、关系、组织的文化等方面。"敏捷团队的敏捷流畅度会通过关注价值（一星级流畅度）、交付价值（二星级流畅度）、优化价值（三星级流畅度）和优化系统（四星级流畅度）4个不同的阶段演进。追求达到二星、三星或四星级流畅度的团队似乎在试图以一种可预测的模式获得流畅度，首先是获取在团队工作中所需的技能、专注于业务与用户价值，随后建立起足够的工程技术知识，根据市场节奏交付。根据目前的观察，一些银行的互联网金融类产品线上已初步实现二星——交付价值；而更多的产品线目前也开始关注价值。一些一线互联网企业的产品团队往往能达到三星，一些初创企业的团队有的可达到四星（尚未观察到大组织中的团队可达到四星的流畅度）。

（4）突破已有流程，提升专注响应力

对于大型企业来讲，开发工艺的改变必然会带来流程方面的冲击，如果不突破现有的流程，转型将举步维艰。

某产品团队在实施端到端全流程敏捷伊始，就制定了"快速交付业务价值"的愿景，并提出"两周一次交付投产"的清晰目标，秉承"管理和流程轻量化"的原则，进行敏捷实践。在开发、测试以及项目管理方面均突破了现有流程，包括主线开发、需求串行、生产任务按需申请、迭代完成即交付、技术投产解决解耦问题等。某产品团队愿景如图8-3所示。

流程是为产品和业务服务的，如果现有的流程阻碍了产品和业务的发展，那么就要突破，形成新的流程。这也是敏捷转型必须跨越的一道鸿沟。

（5）人员能力提升，追求技术卓越

人员技能是硬实力，当组织级敏捷转型进行到一定程度时，人员技能的短板就会凸显出来。无论是持续集成的成熟度还是个人的技术水平，都会成为进一步推进敏捷的阻碍。

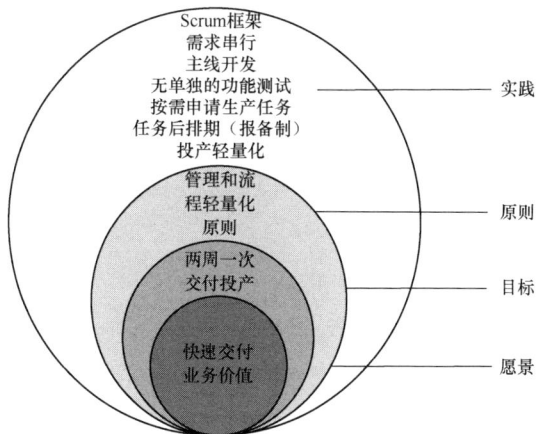

图 8-3　某产品团队愿景图

某产品团队在测试前移、聚焦价值以及流程突破后，也碰到了人员技能的短板，比如技术原因导致迭代不能如期完成、频繁地调整架构和重构代码等。面对一线的实际问题，该团队引入了面向对象训练营、代码道场、code review 等技术实践，通过实战提升开发人员的硬技能。同时，也导入了演进式架构和微服务的思想。

个人能力的提升就是组织能力的提升，而在自组织、全功能的敏捷团队中，更要避免短板效应。

以上探讨了敏捷转型中的一些共性问题，各家金融机构的实际情况不同，敏捷转型实践中遇到的问题也有差异，需根据实际情况分析应用。

8.2　真实环境下的性能测试及容量管理

8.2.1　真实环境下的性能测试

近年来，一个新的主题——生产环境下的质量保证（QA in Production）受关注度越来越高，在生产环境进行测试，尤其是在生产环境进行性能测试的实践（又称生产"全链路压测"）也越来越多。这实质上是"测试右移"的延续和深化。

那么，生产环境下的质量保证可以做什么呢？有什么挑战，又有哪些好处？它与开发测试环境的质量保证有何区别？是否就是开发测试环境质量保证方法的延伸？生产环境有运维支持团队，生产环境下的质量保证跟运维工程师所做的事情又有什么区别与联系？

为了尽量减少应用系统在生产环境出现问题的概率，通常采取的措施更多的是从开发测试环境考虑，一步步做好质量保证。其实，如果能从生产环境做些质量保证工作，比如性能测试，从而能获得真实生产环境下的产品可用性、性能表现，对于产品质量的提高也是有很大的帮助的。想要做生产环境下的性能测试，首先得先了解生产环境的特点：

（1）真实、不可破坏

生产环境都是真实用户在使用，是真正地支持企业业务运转的系统，不可以随意在生产环境做测试，尤其是破坏性的测试。

（2）基础设施差异

生产环境往往有着比开发测试环境要复杂和健全的基础设施，可能会出现开发测试环境不能预测到的缺陷和异常。

（3）系统复杂度

生产环境需要与多个不同的系统集成，系统复杂度会比开发测试环境高得多，这种复杂的系统集成很有可能导致出现一些意外的情况。

（4）数据复杂度

生产环境的数据量和数据复杂度也是开发测试环境无法比拟的，通常都不是一个数量级的数据，容易引发性能问题或者一些复杂的数据组合导致的问题。

（5）用户行为千奇百怪

生产环境的用户分布广泛，使用习惯各种各样，导致用户行为千奇百怪，某些使用行为可能就会产生意想不到的问题。

（6）访问受限

生产环境由于是真实业务线上的系统，对安全性和稳定性要求更高，开发测试人员不是可以随便访问服务器的，这种访问受限的情况对排查生产环境的一些缺陷带来了很大的不便。

（7）真实的用户反馈

真实用户能够提出一些真实而重要的反馈，但是开发测试团队往往不能直接接触终端用户，也就没有办法获得第一手的用户反馈，这些反馈往往需要通过运维团队转述。

生产环境的这些特点决定了测试人员在生产环境不是想做什么就能做什么的，原来性能测试的那套理论和方法都行不通了。生产环境下的测试并不是测试活动的简单后延，它有着自己独特的特点。那么，生产环境下的性能测试又有哪些特点呢？

（1）不能独立存在

生产环境所设置的监控标准往往是根据产品的特点和在开发测试环境下的表现来定义的，生产环境下各项反馈的分析结果反过来又影响着开发测试过程，而且这两者是相辅相成的，只有形成了良性环路，才能做好生产环境下的性能测试。

（2）有别于运维

生产环境设置监控预警和收集用户反馈不都是运维（Ops）团队可以做的事情吗？还要性能测试人员参与什么？那是因为性能测试人员有着独特的思维模式和视角，性能测试人员的参与能够帮助更好地分析生产环境下收集到的各种反馈，并且结合自身对系统的了解，能够将这些反馈更好地应用到日常的开发工作中。

性能测试人员或站点可靠性工程师（SRE，Site Reliability Engineer）在整个监控预警、收集和分析用户反馈的过程中主要充当分析者和协调者的角色，对生产环境下的性能测试工作起到至关重要的作用。

这时的测试人员戴着质量保证和运维的帽子，兼具质量保证和运维的部分职责，类似于质量保证运维（QAOps），不过现在都提倡不要有独立的 DevOps，我们也不提倡独立的质量保证运维角色，只是延伸和扩展测试这个角色可做的事情，本质上还是测试。

（3）跟 APM 的侧重点不同

可能有人会觉得生产环境下的质量保证跟 APM 有相似之处，那么这两者是不是一回事呢？

APM 更多的是从性能角度出发去管理和优化应用的可用性，可以发生在各个阶段，不一定在生产环境。生产环境下的质量保证是指在生产环境进行一系列的监控和数据收集，从系统功能、性能、易用性等多个方面进行优化，从而最终优化业务价值。因此，两者是有差异的。

8.2.2　真实环境下的性能测试方法

银行等金融机构在生产环境进行主动式性能测试实践中，刚起步时往往不具备条件，此时可以先配合使用引入监控和收集反馈等措施。引入生产系统的监控，制定监控预警标准，找出生产环境下使用的质量度量。比如：分析生产环境日志，收集系统运行的错误、异常和失败等信息；或者利用网站分析工具收集用户使用应用程序的数据，分析数据量需求、产品的性能趋势、用户的地域特征、用户的行为习惯等。收集生产环境下最终用户的反馈，对反馈进行分类分析。用户反馈通常有缺陷、抱怨和建议等不同类型，对于不同类型的反馈需要采取不同的处理方式，利用用户反馈，改进系统功能，提高产品质量，同时优化业务价值，扩大产品的市场影响力，提高企业的竞争力。另外可以使用 A/B Test 等方法配合用户使用和反馈。当积累了足够的经验，且有了适当的流程、高效的工具、有经验的人员，可以主动进行真实生产环境下的性能测试。

在实际生产环境中，通过一定手段对信息系统服务器进行加压，收集服务器在大压力情况下的操作系统、中间件、应用等的运行数据并进行分析，以验证服务器容量、性能拐点、资源瓶颈等是否与预期相符，提供系统优化、资源调整的依据。使用已投产的生产环境，真实交易数据，使生产环境性能测试得到的容量指标更加准确。

在线性能测试方法：测试时间应选在交易量相对较低并平稳的时段，且应通过预估判断交易量可达到测试目的；在进行压力测试的过程中，逐步减少目标部署单元的服务器数量，将压力逐步引向少数服务器；当系统容量接近理论临界值时，应以最小粒度减少系统容量，以便于测试结果分析。

为了在保障生产安全的前提下，尽可能准确地测试出信息系统的性能瓶颈和容量，在进行案例设计、测试准备和测试实施过程中应关注以下各个环节。

① 在设计压力测试时，应明确测试的目标信息系统、模块、部署单元，避免前后端信息系统、模块、部署单元对测试结果产生影响。

② 在设计生产环境压力测试场景前，应全面评估可能对性能、容量产生明显影响的软硬件配置，在测试场景设计过程中设计不同配置的测试场景。

③ 若在生产环境中同时存在软、硬件配置不同的服务器，应优先设计低配服务器的测试场景，避免系统在大压力的情况下出现木桶效应。

④ 设计的测试场景应充分利用测试时间窗口。在每个场景中，应至少保证10 分钟以上的系统稳定运行时间。

⑤ 应针对每个测试场景设计应急预案及应急预案的触发条件，避免测试影响安全生产；应具备秒级监控和调控流量的能力，建立熔断降级和过载保护机制。

⑥ 一旦测试人员发现系统异常或出现系统告警，数据记录员记录异常情况内容及时间点，测试现场指挥员应根据异常和告警内容判断是否继续进行测试或是否进入系统应急流程。

⑦ 需提前准备好测试用的数据，需考虑数据的分散性和代表性，既能满足监管要求，又能便于展开测试。一般需使用真实的账户、卡号、用户信息等，可开立专门的测试用真实账户或向内 / 外部志愿者征集。需提前确定好数据清理机制，保障在测试完成后可快速清理测试数据，将账户等信息恢复测试前的状态；尤其是涉及转账、支付类动账交易的测试，需提前做好批量清除数据的脚本，并做好验证，以保障测试完成后的数据清理快速有效。数据准备和清理也作为整体测试方案的一部分，往往作为生产变更方案，需提前经过技术专家委员会等部门的审核。

如近几年为了支持电商"双 11"等大促和春节红包等业务推广活动，商业银行往往需和第三方支付机构进行联合在线性能测试，测试压力发起端在上游的第三方支付机构，银行的支付系统作为后端系统参与。实践中需提前约定好发起测试的相关卡号、账户等，选择凌晨等时间窗口，进行多笔小额支付类交易测试，按照提前议定的测试场景进行测试。会模拟全球不同来源的流量，一般会提前做好熔断机制或流量限额设置，如遇异常可立即停止加压，防止影响生产安全。在线全链路压测的实际效果显著，会发现性能测试环境中无法发现的一些瓶颈点和问题，帮助更好地进行生产容量管理。

生产环境下的性能测试将工作范围扩大到生产环境，增加了更多的反馈来源，给质量保障的工具箱添加了更多的工具，提供了更多评估和提高系统质量的选项，与持续交付结合，可以帮助持续提高产品质量、持续优化业务价值，是测试人员值得深入研究的课题。

生产环境下的性能测试不能走的太远、走的太快，必须先做好开发测试环境的性能测试，并且仅适用于持续交付实践比较好的组织。如果都做不好开发测试环境的性能测试，而就想着去做生产环境下的性能测试，那只能是舍本逐末、事倍功半。

不同组织可以根据自身的实际情况，先从监控和性能数据分析做起，逐步在生产环境融入性能测试的工作内容。

8.2.3　容量管理

（1）数据中心容量管理的定义

容量管理（Capacity Management）是指计划、管理和优化 IT 基础架构资源利用，以实现应用程序高性能和基础架构低成本的目标。容量管理致力于在恰当的时间以一种经济节约的方式为数据处理和存储提供所需的容量。对于本书来说，"容量"一词是为了方便而使用的，根据上下文，该词可能表示资源容量（如存储器、处理器速度、网络或人力资源）或一个端到端的 IT 服务容量（如传递消息、用户关系管理 CRM 或订单处理）。无论被优化的容量的类型是什么，很多关于最佳做法的原则和建议仍然适用。

为达到低成本与高性能的平衡，需要有对当下以及未来计算机使用、存储和网络资源的深刻洞见，实践中需要综合运用好性能测试、生产监控、全链路压测等手段和工具。良好的容量管理可以帮助消除某些"最后时刻"的临时应急式的盲目采购，或者超量采购。这两种情形都可以节约成本。比如，许多数据中心在其业务运作的时间内，一直都是以不高于 20% 的平均利用率（使用的容量）在运行。当你只有几台服务器时，这种情况还不至于太坏。而当你拥有成千上万的服务器时，如此低的利用率就意味着巨额的浪费。

容量管理主要涉及下列的几个方面的内容：

① 处理容量的购买成本相对于业务需求来说，是否合理以及处理容量是否以

最有效的方式（成本 VS 容量）被加以利用？

② 当前的处理容量是否足够满足用户当前以及未来的需求（供给 VS 需求）？

③ 现有的处理容量是否发挥了最大的效率（性能调整）？

④ 额外的处理容量准确地讲应该在什么时候形成？

⑤ 我们是否知道未来需要什么样的 IT 容量以及何时需要这种容量？

为了实现其目标，容量管理需要与业务及 IT 战略流程保持密切的联系。因此，该流程既是反应性的（评价和改进），也是主动性的（分析和预测）。

（2）为什么需要容量管理

容量管理致力于根据当前和未来的业务需求，在恰当的时间以恰当的成本协调地提供所需的 IT 资源。

这样，容量管理不仅要预测那些对用户可能产生影响的业务发展，同时也要预测技术的发展情况。容量管理流程在确定投资回报和成本合理性方面也扮演了重要的角色。

容量管理的效益有以下几个方面。

① 设备和产品的性能被持续地监控，降低了与服务相关的风险。

② 通过应用选型可以了解新的或改进的服务对现有系统的影响，从而降低与新的或改进的服务项目相关的风险。

③ 资源被有效地加以管理，可以在恰当的时候进行投资，这意味着采购流程再也不需要应付临时的采购或超前于需求而购买过度的容量，降低了总体成本。

④ 通过在确定变更对 IT 容量的影响时与变更管理密切配合，防止了由于不恰当或不正确的容量估计所导致的紧急变更，从而降低了业务运作中断的次数。

⑤ 更灵活的预测使得对用户需求的响应变得更快速和更准确。

⑥ 由于在更早的阶段均衡 IT 容量的需求和供给，提高了 IT 容量管理的效率。

⑦ 由于 IT 容量利用的效率更高，管理甚至降低了与容量相关的开支。

产生的这些效益可以改善与用户的关系。容量管理在更早的阶段与用户协商沟通，并提前预定用户的需求。改善与供应商的关系。可以更有效地规划有关采购、交付、安装和维护的协议。

（3）容量管理的基本内容

容量管理包括的重要概念如下。

① 性能管理（Performance Management）：为优化整体运营绩效而评价、监控和调整 IT 基础设施组件的性能的活动。

② 应用选型（Application Sizing）：确定需要用来支付新的或改进后的服务以及预计的未来负载量的硬件或网络容量的过程。

③ 模拟（Modelling）：使用分析、模拟和趋势预测模型来确定服务的容量需求以及确定最佳容量方案的过程。模拟需要分析各种不同的情形，并分析各种"如果……怎么办"式的问题。

④ 负载管理（Workload Management）：主要是了解不同的业务驱动会产生怎样的结果，需要哪些资源（它既可以作为模拟的一个基本组成部分，也可以是单独的一种活动）。

⑤ 容量规划（Capacity Planning）：根据容量管理数据库，分析当前的情况、预测 IT 基础设施未来的使用情况以及为满足预计的 IT 服务需求而需要的资源，从而制定容量计划的过程。

容量管理由 3 个子过程组成：

① 业务容量管理；

② 服务容量管理；

③ 资源容量管理。

所有这些子过程都具有一组相同的活动，这些活动从不同的角度应用。它们包括以下活动：

① 建模；

② 服务监视；

③ 性能管理；

④ 需求管理；

⑤ 负载管理；

⑥ 分析；

⑦ 更改初始值；

⑧ 优化；

⑨ 趋势分析。

这 3 个子过程都用于容量规划的生产和维护，并引发通过适当渠道更改的需求。这些活动全都支持正确管理资源和服务性能等级，以符合当前和预期的业务需求。

（4）在现代数据中心确保应用程序的性能

自从基于服务器的计算出现以来，容量管理作为一门运营学科已经存在多年了，甚至可追溯到大型主机时代。而鉴于每一代的服务器平台都会创造自己独特的需求，这使得支持这一学科的相关商业工具也已经存在 30 多年了。伴随着数据中心从大型主机发展到终端计算，又从用户端服务器向虚拟化方向发展，使得数据中心业界也在逐步发展容量管理工具的需求。

任何数据中心运营团队的主要目标之一都是确保其应用程序的性能，同时最大限度地利用所需的基础架构资源。在现代数据中心运营中所进行的每项活动（包括配置、监控、容量管理和自动化）几乎都是为了支持这一主要目标。

虽然有一些观点认为，通过自动化补充的容量管理可以解决智能工作负载管理问题，但这往往是不充分的。传统容量管理对于确定未来的容量需求和规划迁移是相当有用的，但是，事后考虑增加自动化并不能为确保应用程序的性能提供适当的平台，并不能填补虚拟机管理程序层之外的智能工作负载管理的差距。采用这种方法的解决方案会带来以下方面的不足。

① 这些解决方案使用不适合的分析算法，仅仅只专注于基础设施的利用，而没有考虑应用程序的性能。

② 这些解决方案完全依赖于历史数据，因此无法处理遇到不可预测的需求模式的应用程序。

③ 这些解决方案的强力分析迫使他们需要批量执行分析，并定期自动化，妨碍了这些解决方案对不断变化的需求做出反应。

④ 这些解决方案所提出的建议往往在被执行之前就已然被淘汰了。

⑤ 这些解决方案依赖于历史数据，并不适用于云原生应用程序工作负载。

近几年，一些容量管理工具增加了根据其分析生成建议的能力，在某些情况下，可以通过脚本或与外部业务流程系统集成来处理这些建议。

然而，在所有情况下，这种容量管理工具所使用的分析集中在提高基础设施利用率，而不是确保应用程序的性能。这是有问题的，因为重新配置基础架构时只讲实现效率而不考虑性能可能会导致严重的应用程序性能问题。

当涉及到虚拟机的安置时，容量管理解决方案依赖于一种装箱问题（bin-packing）算法，其中利用率峰值与峰谷匹配，以便优化基础设施的密度。这种方法有几个基本问题。

① 无法实时执行。

在计算理论中，装箱算法被归类为一种组合的 NP 难（NP-Hard，NP 即 Non-deterministic Polynomial，非确定性多项式）问题。这意味着找到该问题的解决方案是属于非常计算密集型的，由此导致的结果是依赖于装箱算法的分析必须以批量的方式连续地实时运行。因此，由分析产生的自动化操作是周期性的而不是持续执行的。这种方法的核心问题是它根本无法确保应用程序的性能，因为只有实时自动化可以通过不断配置基础设施资源来满足当前应用程序的需求，进而应对波动的应用程序需求。

② 无法处理不可预测的需求。

鉴于分析是批量定期运行的，它们只是基于历史数据，只有当未来的需求紧密反映了历史需求时，这些数据才是准确的。

虽然这种方法对于定期的容量管理可能是已经足够了，但是却完全不适合实时应用程序的性能控制。许多现代应用程序具有不可预测的需求模式，故而仅仅依赖于历史数据分析是不足的。

例如，虚拟桌面工作负载并没有一致的历史数据。即使传统的交易处理应用程序也会遇到不可预测的需求峰值，正是这些情况对业务流程产生了负面影响。为了使分析引擎能够确保应用程序的性能，其必须充分考虑到历史和当前的实时工作负载的需求。

此外，由于自动化操作（如虚拟机安置决策）只能定期执行，并且无法解决不可预测的需求，因此必须依靠净空分配（headroom allocation）来允许足够的备用容量来处理意外的需求峰值。这种净空分配实际上降低了底层基础设施的有效使用，并不是解决波动需求的充分解决方案。使用净空方法，企业数据中心必须选择留下足够的未使用容量来处理任何预期的需求高峰或风险的性能问题。适当的解决方案能够实时响应波动的需求，消除过度配置和 / 或将带来性能风险之间的困难选择。

③ 无法规模化的扩展缩放。

由于装箱问题算法是 NP 难，其添加了多个维度，所以不容易实现规模化的扩展缩放。事实上，在基础架构领域，随着算法扩展到不仅仅考虑计算，而且需要考虑存储、网络和应用程序，执行分析所需的时间和资源也在呈指数级增长。因此，不仅算法不规模化扩展缩放，其也不能实时转换为执行，因此无法保证应用程序的性能。最后，跨越多个领域扩展是非常困难的——不仅仅是计算，而且还包括网络、存储和应用程序。

④ 自动化属于事后的想法。

传统的容量管理工具的出现早于软件定义的数据中心，最初并没有考虑自动化的因素。因此，执行分析、操作计划的制定及执行是独立执行的阶段。在通常情况下，自动化是通过脚本或第三方业务流程来实现的，这使得解决方案的部署、配置和维护被大大复杂化了。另外，因为自动化只能在完成分析之后发生，所以不能实时执行。

⑤ 操作执行计划不可靠。

由容量管理工具所制定的操作执行计划会遭受到一些致命的困扰——这些操作执行计划可能而且通常是不可用的。因为分析是基于历史数据而批量运行的，所以由这些数据所生成的所有操作执行计划都是基于这样的假设前提：当执行操作时，环境处于与数据捕获分析时相同的状态。因此，如果环境在数据捕获的时间与执行动作的时间之间发生了任何方式的变化，则这些操作将是无效的。

此外，因为所有操作是相互依赖的，所以单个更改（例如一台迁移的虚拟机）可能会使得整个操作计划无效。这种变化可能会发生在（由于算法的计算密度，通常需要花费几小时）分析正在执行时，甚至在行动计划本身正在执行的过程中。事实上，如果在尝试执行行动计划之前没有办法确定是否发生了任何无效的变更，这种状况将进一步加剧。因此，在动态变化的基础设施中执行操作行动计划的任何尝试都是不可靠的。

⑥ 不适用于云原生工作负载。

最后，基于历史分析的批量的容量管理完全不适用于云原生工作负载。越来越多的应用程序正在通过使用部署在容器（container）中的微服务来水平扩展。这些基于容器的微服务器将根据应用程序的需求而不断创建和实时销毁。因此，历史数据不足以执行批量容量分析。传统的批量容量管理解决方案完全不适用于云原生工作负载，这意味着在不久的将来它们将面临淘汰。事实上，云原生工作负载只能由实时控制系统管理。

（5）容量管理最佳实践

做好容量管理，首先需要回答两个简单的实际问题：组织真正需要管理的容量内容是什么？目标是什么？上述问题的答案有助于制定容量管理方案。以下三项操作可作为起步的参考方向。

① 确定目标优先级：实施容量管理通常有降低成本、降低风险、深入了解基础架构的利用情况和支出三大目标。

② 定义管理范围：确定当下以及未来想要管理的具体资源。大多数企业会先从校准计算资源开始的。

③ 合理利用人才、流程和工具：容量管理流程的负责人是谁？参与者有哪些？过程中会使用哪些工具？

而正如上文所述，传统容量管理工具并不适合确保应用程序的性能，因为它们无法实时执行、无法处理不可预测的需求、不能规模化扩展缩放、生成的操作执行计划也根本不可靠，并且完全不适用于云原生工作负载。确保现代数据中心应用程序性能所需要的是一款实时的控制系统和机制，也就是动态容量管理。

动态容量管理是指利用自动化，实时调整虚拟和云资源以适应不断变化的工作负载需求，保障应用的性能始终良好，还能优化虚拟和云基础架构服务的使用。整合数据中心已有的和全新的技术（如私有云和公共云、网络容器、微服务等），利用持续交付迭代内的性能测试和真实生产环境下的性能测试，以及近年来愈来愈兴盛的机器学习等技术，也会给容量管理提供数据支撑和参考。

8.3 未来展望

性能测试以及整个质量保证工作，其实只是软件工程中的一环，最终目的仍是为了保证软件产品的质量，为用户交付合适的软件产品，解决用户问题，带来业务价值。从这个最终目的上来看，方法和手段的新旧与否、复杂与简单与否都不是最重要的，能帮我们达到目的才是关键。

未来的性能测试，一方面可能如上文所述，不断"左移"和"右移"，最终覆盖软件从需求到投产运维的整个过程中，不断深化，成为全面应用性能管理的重要内容，在持续集成、持续交付流水线中扮演重要的角色。另一方面，性能管理也可能内化成编程技术的一部分，可以采用标准的开发套件，使用标准微服务模式开发产品，微服务模块自身的性能可控，只需要考虑微服务间的关联性能问题以及自动扩容和容量管理策略。

另外，近年来快速发展的机器学习技术尤其是深度学习技术也可以与性能测试结合，在关键性能指标异常检测、性能瓶颈定位、容量管理、应用系统交易能力评估和预测、用户行为特征模拟及自动化测试等方面，通过训练模型进行预测，帮助我们在性能测试、应用性能管理、容量管理、监控动态阈值、业务量预测等方面提高成效。

总之，性能测试的策略、方法论、技术、工具等都会随着计算机技术、软件工程甚至人工智能技术的发展而不断更新、不断进步。

附录 A

术语表

性能测试：是指通过自动化的测试工具模拟多种正常、峰值以及异常负载条件来对系统的各项性能指标进行测试。

基准测试：在给系统施加较低压力时，查看系统的运行状况并记录相关数做为基础参考。

负载测试：是指对系统不断地增加压力或增加一定压力下的持续时间，直到系统的某项或多项性能指标达到安全临界值，例如某种资源已经达到饱和状态等。

压力测试：压力测试是评估系统处于或超过预期负载时系统的运行情况，关注点在于系统在峰值负载或超出最大载荷情况下的处理能力。

稳定性测试：在给系统加载一定业务压力的情况下，使系统运行一段时间，以此检测系统是否稳定。

并发测试：测试多个用户同时访问同一个应用、同一个模块或者数据记录时是否存在死锁或者其他性能问题。

瀑布开发方法：是一种基于瀑布模型（Waterfall Model）的被广泛采用的软件开发方法，该方法将软件生命周期划分为制订计划、需求分析、软件设计、程序编写、软件测试和运行维护六个基本阶段，并按固定顺序连接各阶段工作和基本活动，形如瀑布流水，最终得到软件产品。在 1970 年温斯顿·罗伊斯（Winston Royce）提出"瀑布模型"后，直到 1980 年代早期，它一直是唯一被广泛采用的软件开发模型。直至今日，很多软件开发项目仍使用此方法。但是近些年的实践表明此方法不适用于需求变化较快的软件开发项目。

敏捷开发方法：Agile Development，是从 1990 年代开始逐渐引起广泛关注的一些新型软件开发方法，有很多流派，虽然具体名称、理念、过程、术语都不尽相同，但共同点是基于更紧密的团队协作和持续的用户参与和反馈，有效应对快速变化需求，快速交付高质量软件的迭代和增量；关注价值优先，注重快速交付和用户体验，提供一种应对快速变化需求的软件开发能力。

DevOps：英文 Development 和 Operations 的组合，字面可直译为"开发运维一体化"，实际是一种文化变迁，强调开发人员（Dev）、运维人员（Ops）以及质量保障人员（QA）之间的沟通合作；并且融合了一系列基本原则和软件开发实践的方法论，通过自动化流程构建流水线，使得软件构建、测试、发布更加快捷、频繁和可靠，实现持续交付。

APM(Application Performance Management，应用性能管理）：它是一个比较新的网络管理方向，主要指对企业的关键业务应用进行监测、优化，提高企业应用的可靠性和质量，保证用户得到良好的服务，降低 IT 总拥有成本（TCO）。使用全业务链的敏捷 APM 监控，可使一个企业的关键业务应用的性能更强大，可以提高竞争力。

QA（Quality Assurance，质量保证）。其在 ISO8402：1994 中的定义是"为了提供足够的信任表明实体能够满足质量要求，而在质量管理体系中实施并根据需要进行证实的全部有计划和有系统的活动"。有些推行 ISO9000 的组织会设置这样的部门或岗位，负责 ISO9000 标准所要求的有关质量保证的职能，担任这类工作的人员就叫做 QA 人员。在软件研发过程中的测试人员就属于 QA 人员。

容量管理（Capacity Management）：是指计划、管理和优化 IT 基础架构资源利用，以实现应用程序高性能和基础架构低成本的目标。

附录 B

参考文献

[1]　杨志国. 管理体系在银行业数据中心的创新与实践 [M]. 北京：人民邮电出版社，2017.

[2]　美国项目管理协会. 项目管理知识体系指南（PMBOK® 指南）（第 5 版）[M]. 许江林，等译. 北京：电子工业出版社，2013.

[3]　邹波. 基于敏捷开发模式下的软件测试的改进和应用 [D]. 成都：电子科技大学，2010.

[4]　付谦，刘旭. 数据中心容量数据管理和分析研究 [J]. 中国金融电脑，2018.

[5]　李祥. 基于机器学习的性能预测方法 [D]. 浙江：浙江大学，2010.

国家互联网数据中心产业技术创新战略联盟

国家互联网数据中心产业技术创新战略联盟（NIISA）（以下简称"联盟"），是按照《关于推动产业技术创新战略联盟构建的指导意见》等文件规范和标准构建产业联盟的要求，在中国民营科技促进会联盟培育服务中心（国家产业技术创新战略培育联盟）的孵化、培育、指导下正式组建成立的技术创新合作组织。联盟内汇集来自国内外知名企业单位、科研机构、高等院校的高管、行业及学术带头人，按照"国家搭建平台，平台集聚资源，资源服务创新、创新发展产业"的思路，在国家相关政策的引导下，行业主管部门的业务指导和监督管理下，以促进产业规范健康发展为战略目标，建设以企业为主体、以市场为导向、产学研相结合的创新机制，并围绕产业的关键共性问题开展合作，突破产业发展的核心技术，引导和支持创新要素向企业集聚，促进科技成果向现实生产力转化，推动互联网数据中心产业持续健康发展。

联盟组织机构设置：联盟大会、常务理事会、专家委员会、秘书处。

联盟大会为联盟最高的权力机构；常务理事会是联盟大会闭会期间的代行决策机构，即联盟常设决策机构；专家委员会为咨询机构；秘书处为联盟常设执行机构。

联盟决策机构（常务理事会）具体设置如下。

➤ 联盟理事长单位：沈阳诚高科技股份有限公司。

➤ 联盟副理事长单位：天阳宏业科技股份有限公司。

➤ 常务理事单位：保利集团、中国科学院计算机所、中国中元国际工程有限公司、网智天元科技集团股份有限公司、东北大学计算机科学与工程学院。

联盟主要工作范围（包括但不限于）：

① 产业的技术创新；

② 产业的技术创新效果，包括掌握核心技术，形成技术标准，提升经济、社会效益等；

③ 服务产业，包括制定产业规划、提供行业服务、扩散创新成果等；

④ 运行管理，包括组织机构运行、管理制度执行等情况；

⑤ 利益保障，包括反映成员需求、保障成员利益等。

联盟公众号：互联网数据中心产业创新战略联盟

国家互联网数据中心产业技术创新战略联盟理事长单位

沈阳诚高科技股份有限公司（股票代码：839520）成立于2000年4月，是一家集电信增值IDC/ISP,CDN,大数据,云计算,数据中心机房设计建设和自主软硬件产品设备生产、销售、安装、服务为一体的技术创新型公司。作为国家互联网数据中心产业技术创新战略联盟理事长单位，沈阳诚高科技股份有限公司是一家IDC业务领域从设计到建设至运营维护（含电信业务增值全链条）体系下、具备全部资质及实施人员队伍的公司，是一家自主业务涉及数据中心（含产品研发、生产、销售，数据中心的设计、建设、运营和维护于一体、自建自运维等全链条产业）的高新技术企业。

沈阳诚高科技股份有限公司秉承"心存诚信、志在高远、全面解决、专注行业"的发展理念，经过近二十年发展，在数据中心领域精耕细作，以务实稳健的行事之风，在行业内积攒了口碑和声誉，维系了忠诚的客户、优质的供货商，通过稳定的信用，积淀了深厚的企业文化和企业家精神。

沈阳诚高科技股份有限公司将围绕国家科技创新的战略部署，带领互联网数据中心产业上下游企业，通过"产学研政用金介"融合创新的生态发展，与企业、政府、高校、科研院所共同开展技术创新、资源互补、联合技术攻关、国际交流等，实现企业、行业、产业"三位一体"协同发展，推动互联网数据中心产业的发展。

Vamtoo-DSGF 数据安全治理框架

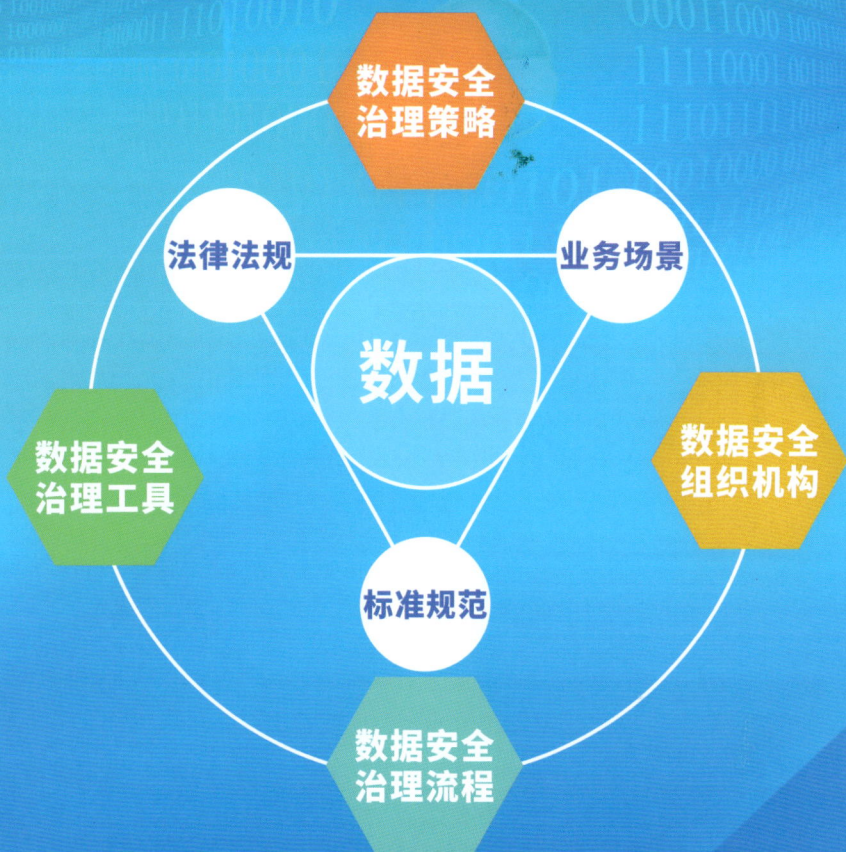

数据安全治理策略

法律法规　　　业务场景

数据

数据安全治理工具

数据安全组织机构

标准规范

数据安全治理流程

■┃ 华途数据安全治理理念 ┃■

1 个目标：以数据安全为目标

2 类数据：结构化数据、非结构化数据

3 个满足：法规需求、业务需求、标准需求

4 个层面：策略、组织、流程、工具

📞400-675-9090　　📍杭州市西湖区萍水西街 80 号优盘时代 1 号楼 20 层